明代の女真人

『女真訳語』から『永寧寺記碑』へ

愛新覚羅 烏拉熙春 著
Aisin Gioro Ulhicun

明代の女真人

『女真訳語』から『永寧寺記碑』へ

愛新覚羅 烏拉熙春

序　言

　　本書の目的は、1413年に女真人自身によって書かれた『永寧寺記碑』及び明朝初頭に四夷館によって編纂された『女真訳語』雑字の全面的解読をもとに、15世紀における、碑文書写者の遼東女真人が使用した言語、及びそれと若干異なる『女真訳語』に反映される言語を文字・音韻・文法の諸方面にわたって分析することにある。文化史的推移や女真部族の発展・遷移など民族史研究の考察をも併せて行う。

　　従来の明代女真史に関する論著においては、女真文字資料が用いられることはむしろ稀であった。だが、明代女真人の歴史を研究するには、女真人の視野から女真人の世界を観察せねばならない。そうした主旨のもと、本書は、明代の女真人を真に理解するために、かれら自身の文字で書き残された資料を研究するものである。『永寧寺記碑』は明朝の東北アジア支配並びに当時極東の辺縁に住んでいた満洲ツングース人とパレオ＝アジア人の歴史を女真大字で記し、第一級史料といえる価値をもつものである。『女真訳語』雑字は金代の『女直字書』と承継関係があり、語彙の豊富さと音韻変遷の明晰さは明代女真文化史の再建に唯一無二の史料価値をもつ。こうした意味で、本書は契丹文字資料より契丹人の歴史を再検討することで重厚な成果を得た前著『契丹文墓誌より見た遼史』と同様に画期的な意味をもち、今後のアジア民族の研究史の起点をなすものとなろう。

　　現存の12件の女真大字石刻のうち、11件は12～13世紀の金代に集中しており、3件の紙資料のうち、2件はやはり金代に属するものである[①]。金末の『女真進士題名碑』から明初の『女真訳語』にかけての180余年の間は、女真文字は空白状態となっている。15世紀における女真人の歴史を論ずるには、『永寧寺記碑』と『女真訳語』が不可欠の材料となる。明代漢文史料に見える「野人女真」は、まさに碑文に記録される「諸種野人」のことであり、概ね今のツングース南語派諸族に相当する。明朝政府が碑文にわざわざ女真大字を刻んだことは、これらの民族集団を、文化的に遼東女真より開化が遅れた「野人」として扱ったものの、言語的に広義の「女真語」に帰属させたこと、並びに当時の東北アジアにおける女真文字使用の隆盛を示しており、女真史料研究の重要性を顕示するものである。

　　15世紀における女真人に対する研究は、歴史が長く、かつ成果がおびただしい。とくに近年、東北アジアの諸民族と日本列島との歴史的関係に注目した学際的研究が盛んに行われており、15世紀の女真人を新たな視点によって再検討することが必要となっている。女真人自身の文字記録を切り

---

① 12件の石刻は、金代の『朝鮮慶源郡女真國書碑』『海龍女真國書摩崖』『大金得勝陀頌碑』『昭勇大將軍同知雄州節度使墓碑』『蒙古九峰石壁女真大字石刻』『奥屯良弼餞飲碑』『奥屯良弼詩石刻』『朝鮮北青女真大字石刻』『女真進士題名碑』『金上京女真大字勧学碑』『女真大字石函銘文』及び明代の『永寧寺記碑』である。3件の紙資料は、金代の『女真文字書残頁』『黒水城女真大字残頁』及び明代の『女真訳語』である。

口に考えてみると、いままでの歴史像とは違った歴史像を描くことができる。こうして獲得された女真人の新しい歴史像を東北アジア史・中国史に位置づけていくことは、元朝・明朝やアイヌなどを対象とする歴史研究にも大きく裨益するものとなろう。

　女真の歴史や文化に関する研究は、日本・ロシア・中国・韓国において長い歴史をもつ。それは女真が歴史的にサハリン・ロシア沿海州・中原地区においてニヴフ・アイヌ・漢人など数多くの民族と関係をもっていたためである。本書で提示した15世紀女真大字資料の理解は、国際的にも従来的な漢文史料への依存を克服する契機となる。ロシアでは、2005年に『ヌルガン永寧寺遺跡と碑文─15世紀の北東アジアとアイヌ民族─』が出版された。ロシアの考古学者の数回にわたる遺跡発掘の重大な成果であるが、研究価値が高い女真大字碑文に関してはごく簡単に紹介されるのみである。日本では、文部科学省平成15～19年度特定領域研究の北海道研究班「中世の東北アジア史と考古学」などの研究課題が15世紀の女真に言及する際にも女真大字資料の内容に立ち入った考察は行われていない。このように、本書は中世の東北アジアをめぐる研究にきわめて大きな意義をもつ資料を提供するものとなっている。

　本書の構成は以下の如くである。

　〈第一章　元明時代の女真〉は、以下の内容を中心として論述している。元明時代の女真はモンゴル人・漢人・朝鮮人と著しい接触があり、この接触は女真の文化・経済に深刻な痕跡を残し、女真諸部族の分裂－統一や移動の歴史に直接的・間接的に影響した。金代の女真文化は100年にわたって元代のモンゴル文化の影響を受け、明代にはモンゴルの色彩の濃厚な新しい女真文化を徐々に形成した。これは清代の満洲文化の基礎であった。元代にマンチュリアにとどまった女真人は、漢人や朝鮮人の影響を受け、農業経済が徐々に南から北へと拡大した。明や朝鮮への朝貢の結果、女真人の貿易は著しく発展し、商品経済が出現した。経済の発展は女真の社会に深刻な変化を産み出し、部族間の統一戦争は明の支配体制を徐々に無効にしていった。明朝の末期に、建州女真のヌルハチが女真諸部族を統一し、後金王朝を開いた。

　〈第二章　『女真訳語』〉は、以下の内容を中心として論述している。15世紀初頭に明朝四夷館が編纂した『女真訳語』雑字は、金太祖天輔三年（1119）に編纂された金朝における唯一の女真文字教科書である『女直字書』との直接的継承関係をもつ女真大字語彙集である。本章では、『女直字書』の写本残頁・女真文石刻との対比のもとに『女真訳語』に収録される女真大字を全面的に研究することを目指している。第一に、原文を収録し、正確な字数と語彙数を統計した結果として、699字と815条の単語という数値が獲得された。第二に、契丹大字との淵源関係をもつ女真大字の表音方式を取りまとめ、それをもとに、『字書』と石刻に重出する女真大字を手掛かりに、表意字・不完全な表意字・表音字にわけて文字と語彙の音韻復元及び動詞活用語尾の文法的解釈を施す。第三に、雑字に見える数多くの誤記・誤植を訂正し、門類に混入する数が想像を大きく上回る「漢風女真語」を確認した上で『女真訳語』雑字の原型を求める。第四に、雑字の注音漢字に存在する諸々の問題を、便宜上の注音・漢語の意味にこじつける注音など7種類にまとめて考察する。加えて、同時代の『永寧寺記碑』が記録する遼東女真方言との比較を通じて、『女真訳語』が依拠するのが

前者と若干に異なる言語であることを確認した。第五に、『女真訳語』の各門類に数が一定せずかつ時代が異なる増補語彙が存在することから、現存のテキストが最初の原本ではないこと、数多くの連語が女真人自身に由来するものではなく四夷館通事の創作であることを確認し、それによって、これら連語の追加年代がおおむね女真文字の使用が衰え始める明の正統年間であることを推定する。

〈第三章 『永寧寺記碑』〉は、1413年に建てられた漢文・モンゴル文・女真文の三体合璧碑文の女真大字部分に対し最新かつ全面的な釈文を施したものであり、解読した単語数はこれまでで最も多い231個に、録出した女真大字もこれまでで最も多い676個に達している。『永寧寺記碑』は金代以降に発見された唯一の女真大字石刻であり、金代石刻と較べると、字体や綴りから音韻の表記にいたるまで諸々の面で相違が顕著である。碑文が記録した女真語は、女真大字の書写者「遼東女真康安」自身が使用していた一種の女真方言であり、時期的には四夷館『女真訳語』より降り、方言的には四夷館『女真訳語』と会同館『女真訳語』のどちらとも異なるところが見えており、とくに後者が代表する海西女真方言との隔たりが大きい。碑文女真語における音韻上の一大特徴は、語尾（または語幹末）における子音ないし音節の普遍的脱落にある。こうした変異が文字に反映された、「表意字への回帰」と呼ばれる現象が現れており、その数は四夷館『女真訳語』を上回る。もう一つの特徴は、母音調和の緩みによる文法語尾の減少にある。考察の結果としては、副動詞語尾・与位格語尾・対格語尾ともに合併の傾向が示されている。碑文のモンゴル文と女真文は漢文より簡略化されているが、同一のテキストより出たものであり、モンゴル文字と女真大字との対比をふまえ、両者の文脈が基本的に吻合しながらも女真大字のほうが原本であったとの結論を獲得した。碑文女真大字に示される遼東女真語は、単語の解読によってツングース南語派諸語との親縁関係が深いことが改めて確認される。1433年に立てられた漢文の『重建永寧寺記碑』には、女真文が刻まれていないが、康安が通訳に携わった上に百戸という職に就いたとされることから、女真文字の使用が現地において衰退しつつあったことが窺われる。

女真学は資料の乏しさ及び女真文字の難解さに制約され、満洲学ほどポピュラーではない。本書は大量の女真文字の復元や語彙の解読を達成したことで今後の関連研究に新しい展望を開くものとしてかなり大きな意義をもち、加えて、国際的にも大きなインパクトをもちうる。本書の刊行を契機とする女真学への関心の高まりを期待したい。

目　次

序　言……………………………………………………………………………………… i

第一章　元明時代の女真………………………………………………………………… 1
　第一節　歴史上の「女真」と「女直」…………………………………………………… 1
　第二節　女真の民族文化………………………………………………………………… 3
　　一　言語文字…………………………………………………………………………… 6
　　二　文学………………………………………………………………………………… 7
　　三　名字と姓氏………………………………………………………………………… 10
　　四　生活習俗…………………………………………………………………………… 11
　　五　宗教………………………………………………………………………………… 12
　　六　文化史……………………………………………………………………………… 15
　第三節　女真と周辺民族との関係……………………………………………………… 16
　　一　女真と朝鮮との関係……………………………………………………………… 16
　　二　女真と明朝との関係……………………………………………………………… 19
　　三　女真とモンゴルとの関係………………………………………………………… 22
　第四節　女真の経済生活………………………………………………………………… 24
　　一　牧畜・狩猟・採集………………………………………………………………… 24
　　二　農業………………………………………………………………………………… 25
　　三　手工業……………………………………………………………………………… 26
　　四　貿易………………………………………………………………………………… 26
　第五節　女真の諸部族…………………………………………………………………… 27
第二章　『女真訳語』……………………………………………………………………… 31
　第一節　『女真訳語』解題……………………………………………………………… 31
　第二節　『女真訳語』の雑字…………………………………………………………… 34
　第三節　『女真訳語』雑字の表意字、不完全な表意字及び表音字………………… 36
　第四節　女真大字の表音方式…………………………………………………………… 60
　　一　膠着………………………………………………………………………………… 60
　　二　重合………………………………………………………………………………… 61
　　三　借音………………………………………………………………………………… 62
　　四　重複………………………………………………………………………………… 62

第五節　『女真訳語』雑字の女真大字における問題 ………………………………… 63
　　　一　誤字の問題――その一（本字が判明するもの）………………………… 64
　　　二　誤字の問題――その二（本字が判明しないもの）……………………… 67
　　　三　異体字の問題 …………………………………………………………………… 67
　　第六節　『女真訳語』雑字の女真語彙 …………………………………………………… 69
　　第七節　『女真訳語』雑字の女真語彙における問題 ………………………………… 96
　　　一　余計な格語尾の附く単語 …………………………………………………… 96
　　　二　綴りが誤った単語 …………………………………………………………… 98
　　　三　釈義が誤った単語 …………………………………………………………… 98
　　　四　所属門類が誤った単語 ……………………………………………………… 99
　　　五　女真語文法に合わない連語 ………………………………………………… 100
　　　六　動詞の形態上における不統一 ……………………………………………… 104
　　第八節　『女真訳語』雑字の注音漢字 ………………………………………………… 110
　　　一　便宜上の表音 ………………………………………………………………… 113
　　　二　漢語の意味にこじつけた注音 ……………………………………………… 116
　　　三　女真字の音韻に合致しない注音 …………………………………………… 118
　　　四　音節末の子音に統一的な注音漢字を使用しない ………………………… 120
　　　五　音節末の子音を表記しない ………………………………………………… 122
　　　六　不完全な表意字の注音に統一的原則が存在しない ……………………… 124
　　　七　字に従う注音と単語に従う注音との区別 ………………………………… 125
　　第九節　『女真訳語』雑字の手本 ……………………………………………………… 125
　　　一　『女真訳語』の注音漢字が一部の不完全な表意字に注音するのは
　　　　　『女直字書』の表意字の本来の音韻である ………………………………… 127
　　　二　『女真訳語』の表音字が表記するのは元代の発音である ……………… 127
　　　三　『女真訳語』の女真字は金代石刻よりは『女直字書』のほうに似ている ……… 129
　　　四　『女真訳語』と『女直字書』の門類・語彙における類似性 ………………… 130
第三章　『永寧寺記碑』……………………………………………………………………… 139
　　第一節　石碑の建造経緯 ………………………………………………………………… 139
　　第二節　石碑の発見と関係する記述 …………………………………………………… 140
　　第三節　石碑文字の性格 ………………………………………………………………… 144
　　第四節　女真大字碑文の研究史 ………………………………………………………… 146
　　第五節　女真大字碑文の言語的背景 …………………………………………………… 148
　　　一　音韻上の特徴 ………………………………………………………………… 148
　　　二　語彙上の特徴 ………………………………………………………………… 153
　　　三　文法上の特徴 ………………………………………………………………… 155
　　第六節　女真大字碑文の書写上における特徴 ………………………………………… 159

第七節　碑文に見える「吉列迷」と「諸種野人」	161
第八節　女真大字・モンゴル字碑文の復元	167
第九節　女真大字碑文の訳文	170
第十節　漢字碑文の録文	170
第十一節　女真大字碑文の考証と解読	172
第十二節　女真大字・モンゴル字碑文語彙総録	202
一　女真大字碑文語彙	202
二　モンゴル字碑文語彙	211
附　　録　「明王慎徳、四夷咸賓」	221
結　語	223

第一章　元明時代の女真

第一節　歴史上の「女真」と「女直」

　「女真」という民族名の非漢文史料における初見は、遼道宗咸雍八年（1072）まで遡る。契丹小字の綴りによれば、その音韻はʨulʨIəとなるが、時代が少し降る遼道宗大安六年（1090）の契丹大字の綴りによれば、その音韻はʨulʃIəとなる。契丹小字の方は、三つの表音字で表記する音価が、契丹大字のそれと完全には一致していないが、金世宗大定十一年（1171）の契丹小字の綴りʨulʨIəを考え合わせると、遼金時代では第二音節の頭子音をʨとするのが主流であり、ʨからʃへの移行が確認できるのは、やはり14世紀以降のことである。

　いままで出土した遼代の漢文石刻では一カ所ではあるが「女真」が現れ、それは遼聖宗太平九年（1029）に刻された漢文墓誌に見えるものである。同時代の『高麗史』まで視野を広げれば、もっぱら「女真」ばかりが見え、定宗三年（948）秋九月条に現れるものが時代が最も早い。こうした事例によれば、契丹大小字で表された音韻が遼代において唯一の形式であったわけではないと考えざるを得ない。

　15世紀初頭に明朝四夷館が編纂した『女真訳語』では、女真大字で表された「女直」の音韻はʨuʃənであり、永楽十一年（1413）に刻まれた『永寧寺記碑』の女真大字で表された遼東女真語の形式では語尾n子音が付かないʨuʃəではあるが、同漢字碑文は「女真」と記している。続いて、17世紀初に書かれた『旧満洲檔』の満洲文字ではʨuʃənまたはʨusənとする。ここから、語尾n子音の有無という表記が異なった形式は通時的また共時的たるを問わず併存していたと考えられる。

　加えて正史の記述に基づく考察によっても、傍証を得られる。

　漢文史料には「女真」「女直」双方の表記が見られるが、「諱を避ける」という一般的な通説は、実のところみな徐夢莘『三朝北盟会編』巻三/政宣上帙三「至老（遼）主道宗避宗真廟諱、改曰女直。」を無批判に踏襲したものにほかならない。まずは正史の記述に基づき、女真と女直の出典およびそれぞれの出現回数を統計したものを表示すれば「女真と女直の正史における出典と出現回数表」の如くである。表より以下の結果が明らかになる。

　1.『旧五代史』と『新五代史』は同じく「女真」とする。

　2.『宋史』（至正五年[1345]成書）では絶対多数が「女真」、13例のみが「女直」とする。この13例の出現環境をみると、

　①太祖本紀に7例、②宇文虚中伝に1例（ただ「女真」との混用）、③王庶伝に1例、④劉光祖伝に1例、⑤忠義に1例、⑥外国に2例（夏国の1例は元朝使臣の発言）。

第一章　元明時代の女真

3.『遼史』(至正四年[1344]成書)ではすべて「女直」とする。
4.『金史』(至正四年[1344]成書)ではすべて「女直」とする。
5.『元史』ではほとんど「女直」とするが、12例だけが「女真」とする。この12例の出現環境をみると、
　①地理志一/序に1例、②地理志二/遼陽等処行中書省/開元路に1例、③あとの10例はみな列伝の中にある。
6.『明史』ではすべて「女直」とする。

女真と女直の正史における出典と出現回数		
	女　真	女　直
旧五代史	4	0
新五代史	4	0
宋史	64	13
遼史	0	198
金史	0	290
元史	12	91
明史	0	9

以上の結果からさらに以下の推論を引き出すことができる。

1.『元史』地理志が根拠とする史料は、おそらく『大元一統志』(大徳三年[1299]成書)であろう。地理志は、「女直」の呼称は遼興宗の諱を避けることに由来すると明言しながらも[①]、正文に依然として若干の「女真」を残している。これら各列伝に散見する「女真」は、元朝時代における「女真」「女直」の併存を窺わせる。

2.「女直」の呼称が遼興宗の諱を避けることに由来するという『元史』地理志の記述が事実であれば、『遼史』編纂の際に依拠した遼代の第一次資料の中にはそもそも「女真」が存在せず、すべて「女直」であったはずである。『遼史』に「女直」しか見えないことは一見これを支持するかのように見える。

3.しかるに、遼興宗への避諱をもはや要せず、従って「女真」が用いられていたはずの金代の第

[①]『元史』巻五十九地理志二/遼陽等処行中書省/開元路「開元路、古粛慎之地、隋・唐曰黒水靺鞨。唐初、渠長阿固郎始来朝、後乃臣服、以其地為燕州、置黒水府。其後渤海盛、靺鞨皆役属之。又其後渤海浸弱、為契丹所攻、黒水復擅其地、東瀕海、南界高麗、西北与契丹接壤、即金鼻祖之部落也。**初号女真、後避遼興宗諱、改曰女直**。太祖烏古打既滅遼、即上京設都、海陵遷都於燕、改為会寧府。金末、其将蒲鮮万奴拠遼東。元初癸巳歳、出師伐之、生禽万奴、師至開元・恤品、東土悉平。開元之名、始見於此。乙未歳、立開元・南京二万戸府、治黄龍府。至元四年、更遼東路総管府。二十三年、改為開元路、領咸平府、後割咸平為散府、倶隷遼東道宣慰司。至順銭糧戸数四千三百六十七。」

一次史料に依拠した『金史』に一カ所も「女真」が現れていないことは、むしろ元朝史臣による金代の第一次史料に対する改竄を疑わせる。

　4．『宋史』によれば、改竄の可能性はますます大きくなる。『宋史』に現れる「女直」のほとんどは『宋史』の冒頭である太祖本紀に集中している。『宋史』の膨大さのため、元朝史臣が改竄を途中で放棄したのであろう。

　5．『明史』はすべて「女直」とするが、その原因はおそらく前朝の修史用語の伝統を踏襲したわけではなく、その原史料が当時の女真語のある方言に基づいて音訳したものであったためであろう。明成祖永楽年間（1403-24）に編纂された『女真訳語』には、人物門と来文に「女直」があるが、対訳される女真大字はʨuʃən（注音漢字は「朱先」）とする。永楽十一年（1413）に奴児干都司衙門の所在地に立てられた『永寧寺記碑』の女真文にもʨuʃəという語が現れ（漢字碑文の対訳は「女真」）、綴られる女真大字は『女真訳語』のそれとは異なるが、表された意味は同じく「女真」を指す。注意すべきは、『女真訳語』が綴る音韻は語尾のn子音を帯びているが、碑文の方は帯びていないことである。『女真訳語』の編纂時期は碑文の立てられた時期とさほど隔たっていないが、こうした差異が生じる原因の一つとして、方言の異同が推定される。『永寧寺記碑』の女真大字は遼東女真人康安により著されたとあり、かれが書き残した女真語は遼東方言に属するものに違いない。『女真訳語』がよる方言は不明だが、語尾n子音の附いた女真大字が明示する形式は遼東方言とは異なっている。第二の原因は、女真語における一部の名詞語尾においてnの有無が一定しないことであり、nを附けなければ母音で終わる形式で書き写すことになる。

　『元史』の中にも少数とはいえ、一部の「女真」が存在していることを見れば、「女直」の称謂は、諱を避けることとは無関係であると考えられる。

　ここから、「女真」と「女直」の史書における併存は、同一現象ではあっても２種類の原因に基づくものという結論に導かれる。

第二節　女真の民族文化

　金代の女真文石刻によれば、金代の女真語に方言的差異が存在することがわかるが、そうした差異は明代に至っても依然存在した。明代女真語資料としては、第一に上述した四夷館の編纂した『女真訳語』、第二に会同館が編纂した『女真訳語』がある。二種類の資料に記された女真語は音韻・文法にかなりの違いが認められる。永楽十一年（1413）に刻された『永寧寺記碑』の書写者は「遼東女真康安」とあるが、この碑文の女真語が四夷館『女真訳語』に近いことから、四夷館『女真訳語』が記述するのは遼東女真の一方言であることを推測しうる。会同館が編纂した『女真訳語』の方は、時代的に前者より遅れ、編纂の目的も前者のそれと異なる（四夷館『女真訳語』の編纂目的は女真人の上奏文、すなわち「来文」を翻訳すること、一方会同館『女真訳語』は主に進貢する女真人に詔諭するために編纂された）。現存する79通の「来文」の約80％は海西女真各衛所からのもの

第一章　元明時代の女真

であるから、会同館『女真訳語』が記した遼東女真方言とは異なり、海西女真方言であることがわかる。

　金朝滅亡後、東北地域の女真人が大金復興を目指して創作した「三仙女の伝説」は口伝によって北は黒龍江沿岸より、南は遼東に至る女真各部に広く伝承し、17世紀初頭に満洲文字を用いて書写された。こうした史実は、明代女真語には方言の差異があるものの、互いに意思の疎通ができないほどではないことを物語っている。『満文老檔』の記述によれば、天命四年（1619）に後金国がすべての ʤuʃən gisun i gurun（女真語の国）を征服したとあり、当時の「女真語」の使用範囲が「漢人国家以東から東海にかけて、朝鮮国以北およびモンゴル国以南」を包括する果てしなく広い地域であり、こうした地域に生息している人々が使用する互いに多少とも異なる言語を、明代女真人が同一の女真語と認めていたことがわかる。

　従って、「女真」という名称は、当時マンチュリアに生活していたあらゆる満洲ツングース系統に属する人々に対する総称であり、その中には今日の満洲族の祖先も含めば、ツングース諸民族をも含んでいるのである。同様に、「女真語」はこれら民族が使用する言語や方言、すなわち今日の満洲ツングース諸語を指すものであった。

　女真人は契丹人と同様に、二度にわたって文字を製作した。金朝建国の4年後天輔三年（1119）に作成されたものは史上「女真大字」と称され、天眷元年（1138）に作成されたものは「女真小字」と称される。現在遺留されている女真文字資料の絶対多数は女真大字によって書写されたものであるが、1972年から2007年に至るまでに中国の河北省・黒龍江省・吉林省で出土した六面の金製・銀製・木製の符牌に刻まれている文字だけは女真小字である[①]。女真大字の資料には豊富多彩な内容が含まれており、それは金代唯一の女真大字教材である『女直字書』を抄録した手習い、寺院の出家者による金蒙戦事に関する私的な記録、金太祖の対遼戦勝を記念する石碑、仏寺建造の後援者を掲げた石碑、対タタル戦勝を記念する石刻、文人同士が詩文を応酬した石刻、上京に開設された女真字学校の生徒を励ます石碑、謀克孛菫家族の石函銘文、金末科挙の題名碑、さらには高麗僧侶による入金求法の石刻さえある[②]。しかしながら、金朝滅亡より明朝初頭に至る180年余りの間については、女真文字資料が伝わっていない。『涵芬樓秘笈』第四集所収の『華夷訳語』の跋文（孫毓修が1918年に撰した）によれば、『至元訳語』のほか、元代にはさらに女真を含む十三国訳語が編纂されたとのことである。『至元訳語』を金初に編纂された『女直字書』残頁と較べてみれば、両者

---

① これらの符牌に刻まれている女真小字は上下二組に分かれており、二個の単語を構成する。五面の文字は同じだが、一面は上方の単語だけが特異な形をとっている。詳細は拙著『愛新覚羅烏拉熙春女真契丹学研究』（松香堂、2009年）所収「女真小字金牌・銀牌・木牌考」を見よ。

② 2件の金代女真大字紙資料と12件の女真大字石刻に関する全面的解読成果については、金啓孮『瀋水集』（内蒙古大学出版社、1992年）所収「西安碑林発現的女真字文書」、拙著『女真文字書研究』（風雅社、2001年）、金光平・金啓孮『女真語言文字研究』（文物出版社、1980年）、拙著『女真語言文字新研究』（明善堂、2002年）及び『愛新覚羅烏拉熙春女真契丹学研究』（松香堂、2009年）を見よ。2009年に発見された『女真大字石函銘文』については、筆者による最初の解読を公刊準備中である。

の目次における伝承関係がはっきり看取される。金朝の制度は遼朝のそれとは異なり、書禁の令が施されておらず、金宣宗（1213-23）の時期にすでに女真文字に通暁する高麗僧侶がおり、金哀宗（1224-34）の時期に高麗に亡命した東真人が高麗朝廷で女真文字を教授したといった史実から推論すれば、元代に金朝の『女直字書』を手本として『女真訳語』を編纂した可能性が十分ある。

　元代に東北地区に留まっていた女真人、ことに東北北部諸王テムゲ・オッチギン（チンギス＝ハーン三弟）の分地内の女真人（興安嶺東麓・マンチュリア北部に住んでいた）は、女真水達達路に隷属し、元朝の「各仍旧俗、随俗而治」（『元史』地理志二）という統治下において、女真文字を習う伝統を終始保っている。

　明代に入ってからの70余年間に、女真文字は東北地区の女真人の間で引き続き使用されている。永楽五年（1407）明朝政府が周辺民族言語の通訳に携わる通事を養成するために設置した四夷館の中には、女真館が数えられる。こうした事情から見れば、当時東北地区の女真人が明朝政府に入貢する際に提出する上奏文が依然として女真文字を使用したので、単独で一つの館を設置したことは明らかである。永楽元年（1403）、明朝三代目の皇帝明成祖が朝鮮を通じて東北の女真・吾都里・兀良哈・兀狄哈などの部落に詔諭した際に、発布した勅諭に使ったのは女真字であった。そのため、朝鮮李朝の君臣はそれを読み取れず、女真人の通訳によってようやくその内容を知ったという（『李朝実録』太宗三年六月辛未条）。永楽十一年（1413）、黒龍江下流域および庫頁島の野人女真（夬圧udigən）・吉列迷（斥佗兵giləmi）・苦夷（舟南ku'i）を招撫するために明朝政府が特林に立てた『永寧寺記碑』は、漢字・女真大字・モンゴル字の３種類の文字で刻まれたものである。永楽十五年（1417）、明成祖が白頭山の寺院を修葺するため内官張信を遣わしたが、明朝使節が軍隊を率いており、加えて白頭山が朝鮮との国境に隣接しているので、辺境の女真人や朝鮮人が驚かないように、事前に木牌を発送し、辺境の住民に通知した。木牌は両面書写のもので、一面に漢字、一面に女真字で同じ内容が書き込まれていた（『李朝実録』太宗十七年四月辛未条）。女真人の対外連絡の時にも女真字が使用されたことは、朝鮮資料に多く見られる。たとえば、宣徳九年（1434）に建州左衛指揮童凡察管下は女真文字で献書し（『李朝実録』世宗十六年八月己未条）、天順六年（1462）に建州衛指揮李満住が朝鮮へ差し出した書簡は「野人文字」を使ったものであった。成化十八年（1482）に朝鮮に「野人書契一道」が届いた（『李朝実録』成宗十三年十月壬辰条）。朝鮮のいわゆる「野人」は、女真を指すものにほかならない。

　海西女真が女真文字を使用する伝統は、おおむね明朝五代目の皇帝英宗の時代まで続いている。正統九年（1444）、松花江沿岸の海西女真玄城衛指揮使撒升哈・脱脱木答魯が、現地の40カ所の衛所の女真人の中に女真文字を読めるものがすでにいないため、朝廷が勅書を下す際にモンゴル文字に改めるよう上奏した（『明実録』正統九年二月甲午条）という史実は、現存する四夷館『女真訳語』所収の79通の「来文」（女真人の進貢時の上奏文）にも傍証を得る。これらの来文が上奏された時期は、明英宗天順年間から明世宗嘉靖年間（1457-1566）に集中している。来文は女真文・漢文の対訳とはいえ、女真文の部分は女真人が書いたものに似ず、いずれも漢語文法によって女真語彙を並べただけの四夷館通事の作品である。その原因としては以下のような事情が推測される。す

なわち、明代においては『四夷館則例』により、周辺民族は進貢の際に上奏文を提出しなければ、その貢品を納めえない。ところが、進貢する女真人はすでに女真文字がわからなくなっていたので、やむなく四夷館通事に代書させた。しかるにこれら通事自身が女真文に習熟せず、予め書き上げられた漢文の原文を女真語彙を漢文文法に従って並べるという方法によって「翻訳」した。こうしたことから、当時の女真文字は数多くの衛所における女真人の間で使用されなくなっていたことがわかる。

建州女真には、およそ明朝第六代の皇帝憲宗の成化年間（1465-87）にいたるまで、僅かではあるが女真文字を読めるものがいた。正統七年（1442）に建州衛指揮李満住が、女真文字に通暁する遼東東寧衛軍人佟玉を自分の書吏とするよう、明朝に請求していることから、建州衛女真人の中に女真文字を読めるものがすでにいなくなっていたことが窺われる[①]。しかしながら40年後の成化十八年（1482）にいたっても、相変わらず女真字の「書契」が朝鮮に届いた記事があることから、女真文字の伝統が当時においてなお中絶していなかったことが証明される。

明代女真人の文化上の特徴につき、金代女真人のそれとの比較を通じて観察してみよう。

一　言語文字

金代女真語と明代女真語との間には、通時的および方言的差異が存在しているばかりでなく、文化的背景の差異まで存在している。

金代女真語は大量の古ツングース語要素を保っており、かつ契丹文化の影響を受け入れている。遼代初頭に製作された契丹文字は、金章宗明昌二年（1191）に廃止されるまで使用されていた。金代女真語に含まれるモンゴル語族との同源語のほとんどは契丹語経由で借用されたようである。10位の数詞はとりわけそれを証明する好例とされる。ここでは、筆者が契丹大小字によって復元した契丹語の10以下の序数詞と女真語の10位の基数詞とを比較してみよう。参照として、『華夷訳語』モンゴル語をも附記しておく。

契丹語［男性形］：mas-gu（第一）、ʥur-ər（第二）、qur-ər（第三）、dur-ər（第四）、tat-or（第五）、ʥir-ər（第六）、dal-ər（第七）、liur-ər（第八）。

契丹語［女性形］：mos-qu（第一）、ʥur-ən（第二）、qur-ən（第三）、dur-ən（第四）、tat-on（第五）、ʥir-ən（第六）、dal-ən（第七）。

女真語：amʃo（十一）、ʥirhon（十二）、gorhon（十三）、durhon（十四）、tobohon（十五）、niurhun（十六）、darhon（十七）、niuhun（十八）、oniohon（十九）。

モンゴル語：niken（一）、qojar（二）、qurban（三）、dörben（四）、tabun（五）、ʥirwa'an（六）、dolo'an（七）、naiman（八）、jisün（九）。

---

① 『遼東志』巻六／人物志、「按遼東例有朝鮮女直通事送四夷館以次銓補鴻臚官、旧止用東寧衛人、蓋取其族類同、語言習也。比来各衛亦或有為之者矣。」

第二節　女真の民族文化

　比較の結果より、女真語の10位の数詞の語幹がモンゴル語とはあまり似ず、明らかに契丹語に由来したことが了解されよう。

　ほかには*aʃi-、*basa、*bohor、*dan、*huru、*nəkür、*ordo、*ödüigən、*quriqan、*tuliなどもそれらに数えられる。明代女真語の方は、多くの古ツングース語要素を失ってしまい、代わりにモンゴル語の影響を広範に受け入れるようになっている。明代女真語においては、モンゴル語からの借用語が大幅に増加しただけでなく、文法範疇内にさえもモンゴル語の浸透を被った（たとえば、従比格語尾*əsə）ようである。明代女真語における多くのモンゴル語からの借用語は、金代女真語ないし清代満洲語には現れない。*dauli-、*dʑorigi、*hufurun、*ʃinia、*tar、*unəなどはそうした例である。一部の明代女真語は、形式から見れば契丹語よりはモンゴル語に似ており、それらが晩期の借用語に属することがわかる。たとえば*hirɣə、*dʑaʃiriの如くである。そうした動きと同時に、モンゴル文字は女真人の間に普及しはじめ、永楽十一年（1413）立石の『永寧寺記碑』の碑陰には、モンゴル文字と女真文字が並べて刻まれているが、碑額をモンゴル文字とすることから、モンゴル文字が当時の女真人の書写に主要な地位を占めていたと考えられる。30年後、モンゴル諸部と隣接していた海西女真人は、最も早く女真文字の伝統を失い、モンゴル文字を用いるようになった。明末に後金国が興起した際に、女真人はもはや「文移往来、必須習蒙古書、訳蒙古語通之（文書の往来には、モンゴル文字を習得し、モンゴル語に通訳せねばならない）」といった状態であった。万暦二十七年（1599）の満洲文字製作ののちも、かなり長い時期にわたって依然としてモンゴル文字との併用がなされていた。これは、金朝の女真文字製作ののち70余年の間、契丹文字が併用された状況と相似している。

　金代女真人と明代女真人はこうしてそれぞれ異なる文化的背景を有していたが、前者が契丹文字習得を前提に女真文字を製作した過程と、後者がモンゴル文字習得を前提に満洲文字を製作した過程は極めて似ている。金代の女真文字は漢字と契丹文字の影響下で作られたが、明代女真人が万暦二十七年（1599）に満洲文字を作ったのはモンゴル文字の影響を受けた結果といえる。

二　文学

　金代女真の書面文学は自民族→漢化の過程を辿った。女真文詩が刻まれている唯一の石刻『奥屯良弼詩石刻』より、文人の女真語による詩作が遅くとも承安五年（1200）までにすでに当初の自民族の頭韻法から漢詩のような脚韻を踏む形式に移行していたことがわかる。

　奥屯良弼の女真詩は漢文七言律詩をまねるもので、格律が漢詩のように厳格になされており、第一、二、四、六、八の各句尾にも韻が踏まれ、第一句尾は再*da、第二句尾は奎*buǧa、第四句尾は肯*bira、第六句尾は月*biǧa、第八句尾は更*dʑuǧaとなっており、韻脚を一律にa母音とする。さらに、第三句と第四句、第五句と第六句は対句をなしており、第三句の札付氏（五馬）を第四句の一歪仵（一旗）に、第五句の早氏禾早亥（筆□）を第六句の寺菌（琴瑟）にと、それぞれの対偶は漢詩に劣らないほど均整が取れている（押韻された箇所の国際音声字母をゴシック体で

第一章　元明時代の女真

示す）。

  halin dolin-do soqanʧa-hai mərgi dan jada-hai **da**
  ulguma-o dəldə-[] []-luba gən-[] puŋ-iŋ-ni **buğa**
  sədɕələ tohurʧu sundɕa muri-r təktün-ni goji haldi
  orgo əldən-bi əmü panar gərən []-[]-[]-[]-həi **bira**
  bir sübitə ər-[]-[] ojo-hu ələ []-lu-[] sohi
  ʧiŋ-sə ürən-məi []-[]-hu mütə-hu onon-buman **biğa**
  oson həʧən-dö []-i bögdilü-bə dərən-lu dɕala goro
  nam-ja bai-fu ambala tühə-hu bolo goiji **dɕuğa**

こうした漢化過程は、つとに遼代契丹の書面文学（墓誌の文末に附加された韻文の銘）に類似の発展を見出しうる。ここで韻脚をi母音とする契丹詩に対比してみよう。

  kən dior nati **ali-i**
  qahan nu pon **sui-i**
  qudug alin au kin
  udulhan kə di **ən-i**
  bajər huirgən dɕin pur
  dɕiadɕu ʧugulgən həməli **uməri**
  aŋ ui dau niaɲia
  kəsgət ʧælqut parbui **ui-i**

　明代女真人はいかなる書面文学をも残しておらず、現代の中国黒龍江省の満洲人村落に保存されている祭祀歌の中に頭韻法のなごりを存し、清代初頭の満洲文詩に頭韻・脚韻を重ね踏むことから、民間の女真語詩作には金代中葉の文人詩作に見えるような漢化的変容はなお生じていなかったと思われる。

　明代女真人の口頭文学作品は、現代黒龍江省の満洲人村落に広く伝わっている清朝始祖に関わる諸々の伝説から、その源を元・明にまで遡りうる。これら満洲語で語られた民間伝承の多くのプロットは正史の記述と互いに裏付けあい、貴重な価値を有する。その中で最も有名なものとして、清朝開国神話「三仙女」を挙げうる。三仙女が天池で水浴した際に、飛んできた霊鵲が朱果を投げつけ、第三仙女仏古倫はそれを食べて身ごもる。誕生した子は清朝始祖の布庫里雍順となる。「仏」は女真語の「古い」、「古倫」は女真語の「国」なので、「仏古倫」そのものは実際は「故国」の意味である。おそらくは清朝始祖が出自する「故国」、すなわち金朝である。金朝は哀宗天興三年（1234）にモンゴルに滅ぼされたので、清太祖努爾哈斉が出身する建州左衛の興起まで、すでに300余年を経過していたが、それにもかかわらず、マンチュリアの女真人は終始金朝を忘れず、「三仙女」は部落の間に口頭で伝承され、後金国はこれによって金朝回復のための輿論を昂揚したのである。

第二節　女真の民族文化

『満洲実録』巻一／三仙女浴布勒瑚里泊

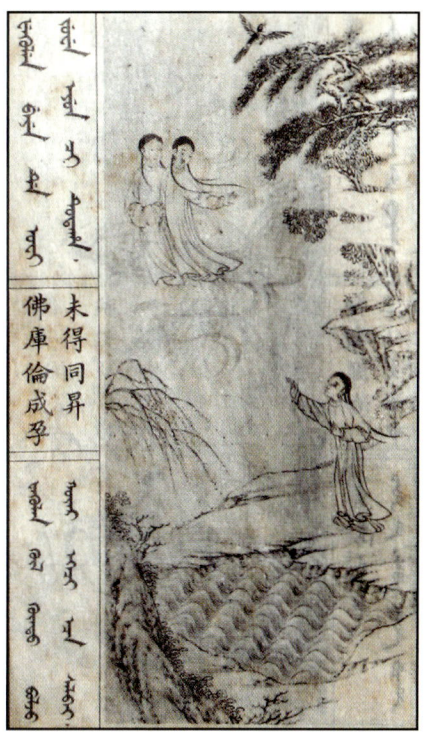

『満洲実録』巻一／仏古倫成孕未得同昇

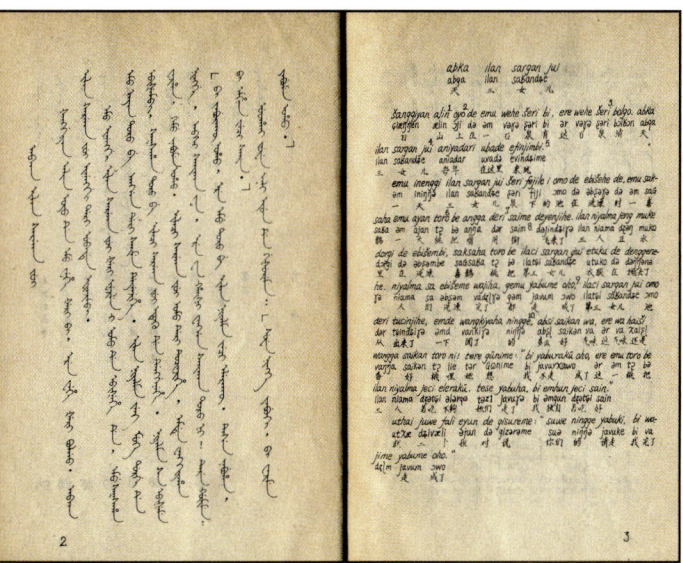

「天三女児」（愛新覚羅烏拉熙春『満族古神話』、内蒙古人民出版社、1987年）

三　名字と姓氏

　金代女真人の冠姓の習俗は、契丹人より受け継いだもの（契丹人は元来冠姓せず、建国後に始めて冠姓するようになる）であり、それと同時に漢名・漢姓を転用するようになる。明代女真人の方は、むしろモンゴル語で名付ける傾向にある。たとえば清太祖努爾哈斉の六世祖「猛哥帖木児」は、モンゴル名である。こうした風潮は元代の100余年にわたる統治の影響であり、明代にかけて一層の普及が見られる。現代中国の黒龍江省満洲家族の諸家譜においては、先祖の名に姓氏を冠せず、モンゴル風の名が頻見するという歴史的特徴が顕著である。明代女真人の命名習俗には、さらにツングース古風の痕跡も保留されており、すなわち清太祖の名nurhaci（努爾哈斉）は、「イノシシの皮」を意味し、努爾哈斉の弟ʃurgaci（舒爾哈斉）とjargaci（雅爾哈斉）の名は、それぞれ「二歳のイノシシの皮」と「ヒョウの皮」を意味する。幼い頃に着用する毛皮によって子供に名付けるという習慣は、19世紀においてもシベリアのバイカル湖以東にあった各部族の間に保存されていた[①]。

　明代女真人の姓氏のほとんどは、その源が金代まで遡る。清太祖努爾哈斉は姓を愛新覚羅とするが、覚羅という姓は、金代の『女真進士題名碑』に見えており、**犀竿***giorとする。それは、当時はさほど目立たない一小氏族にすぎなかったが[②]、明代には、族衆の蕃殖に伴って、伊爾根覚羅・通顔覚羅・舒舒覚羅・阿哈覚羅・察拉覚羅などの如く、各種の徽称が附いた覚羅に分化するようになっている。明代女真人の姓氏のうち、のちに女真民族に加入するモンゴル人、たとえば海西女真葉赫部の那拉氏は、その中にかつて土黙特を姓としたモンゴル人を含み、那拉氏はすなわち金代の納蘭氏である。しかし明代には、氏族の構成にはすでに変化が発生していた。金代女真人が漢姓を名乗ることは、元来一定のルールに従っており、およそ4種類に分かれる。

1. **兪角爪***ündihən（温迪罕）を「温」とする如く、音訳された女真姓氏の語頭字をとる。
2. **甶乇吏米***ongian（完顔）を「王」とする如く、女真姓氏の語頭音節に近似する漢字をとる。
3. **老米***agdian（雷）を「雷」とする如く、女真姓氏の意味をとる。
4. **冬米***ulgian（猪）を「猪」と同音の「朱」とする如く、女真姓氏の意味を同音の別の漢字で表記する[③]。

　こうした伝統は、明代まで引き継がれている。たとえば、金代女真姓氏の**盉臬***ʤühəまたは**盉卒***ʤühün（尤虎）につき、『金史』巻一百三十五/金国語解はそれを訳する漢姓を「董」とするが、朝鮮史料に記載される女真姓氏の「朱胡」はすなわち金代の「尤虎」に当たり、名乗った漢姓も「董」

---

① Georg Nioradze, *Der Schamanismus bei den Sibirischen Volkern*, Strecker undschroder in stuttgart 1925.
② 金啓孮「愛新覚羅姓氏之謎」、『三上次男博士喜寿記念論文集・歴史編』平凡社、1985年。
③ 金啓孮「哈喇和冠姓」、『北京城区的満族』遼寧民族出版社、1998年。

　ここで、あるエピソードを思い出した。数年前、日本在住のある中国人が手紙をよこした。かれは完顔氏の後裔と名乗り、帰化に際して、「完顔」を姓として使用したくないが、女真語の発音と似る日本の姓氏が欲しいとのことだった。私が「遠賀」ではいかが、と返信したところ、かれはたいへん喜んでそれに従った。

とする。「朱胡」はさらに朱と名乗ることができるが、それは「朱胡」の語頭音節の音訳漢字をとったものであり、明代にのみ見られる。金代女真姓氏の朱亢*giagu（夾谷）につき、『金史』巻一百三十五/金国語解はそれを訳する漢姓を「仝」とするが、明代においては用いる漢字を改めて「佟」または「童」とする。明代女真人が名乗った漢姓は金代のそれとはまったく異なるものもある。たとえば金代女真人の姓氏屾夈*oton（奥屯）につき、『金史』巻一百三十五/金国語解はその漢姓を「曹」とするが、それは女真語otonの本義が「槽」であり、「曹」は「槽」と同音語であるからである。しかるに朝鮮史料では「奥屯」に当たる漢姓を「崔」としており、もはや金代の漢姓用字のルールから外れている。要するに朝鮮史料における明代女真人の漢姓には特定のルールを見出しがたく、たとえば古倫に当たる漢姓は金であり、括児牙に当たる漢姓も金である。

女真人における命名習俗の特徴の一つは、漢族の「避諱」のような冗俗がないことである。祖孫同名を避けないどころか、親子同名さえも避けない（こうした習俗は遼代の契丹人にも見られる）。たとえば、fanʃaという名は、女真語の本義は「旗」とされるが、女真人常用の名である。『明実録』に「牙魯衛指揮僉事范察子凡察」とあり、親子の名は漢字はそれぞれ異なっても、女真語は実は同一語である。再び努爾哈斉家族を例とすれば、努爾哈斉の六世祖猛哥帖木児の祖父はfanʃaといい、猛哥帖木児の異母弟もfanʃaという。猛哥帖木児の次子はʧujanといい、努爾哈斉の長子もʧujanという。猛哥帖木児の長子はʧunʃanといい、努爾哈斉の再従兄威準の次子もʧunʃanという。女真史を研究するある学者は、これらを「清朝始祖系譜の混乱」とし、それによって猛哥帖木児と努爾哈斉との間の親族関係を否定しようとしたが、実際のところ、それは女真人のこうした習俗を知らないための誤解である。女真人における命名習俗のもう一つの特徴は、実の兄弟が名をつける際に兄弟順を加えることがあることである。××ʤaʧin（××二番目の子）・××ilaʧin（××三番目の子）の如くであり、それによって序列を明示する。末子は単純に命名せずに、fijaŋguだけを称することがある。女真人における命名習俗の第三の特徴は、兄弟の名に一般に何らかの共通性があることである。たとえば清太祖の兄弟の名は多く獣皮から取っている。さらに頭韻や脚韻に類似した命名法があった。たとえば、充善ʧunʃan・褚宴ʧujan、巴布泰babutai・巴布海babuhai、多爾袞dorgon・多鐸dodo、褚英の子孫である杜爾祜・穆爾祜・特爾祜の如くである。こうした風俗習慣を正確に理解することは、明代女真史を正確に理解するのに不可欠である。

四　生活習俗

　明代女真人の生活習俗については、朝鮮史料に詳細な記述が見えている。
　明代女真人には犬を尊ぶ習俗があり、屠殺・食用・毛皮製作などが一切忌まれる。犬の毛皮を脇に抱える朝鮮人を見かけると大いにこれを嫌うという（「有挾狗皮者、大悪之云」、李民寏『建州聞見録』[万暦四十七年（1619）]）。ただし、史書によれば北魏時代の勿吉人と隋唐時代の靺鞨人の間には犬を尊ぶ習俗がなお形成されていない。よって、それはのちの時代に出現した習俗に属し、現在でも満洲族の間に維持されている。

第一章　元明時代の女真

　明代女真人には嫂婚制、すなわち父が亡くなればその妾を妻とし、兄が亡くなればその妻を娶る（「父死娶其妾、兄亡娶其妻」）習俗がある（『李朝実録』世宗二十一年正月己丑条）。たとえば、凡察の母吾也巨は、まず揮厚（猛哥帖木児の父）に嫁ぎ、ついで揮厚の異母弟包奇に嫁いだ。金代女真人に関しても「父死則妻其母」や「兄死則妻其嫂、叔伯死則侄亦如之」といった記述が見える（『三朝北盟会編』政宣上帙三）。遼代の漢文や契丹文字で書かれた史料にも、契丹人が同様の習俗をもつことが見え、『元朝秘史』にもモンゴル人がこうした習俗を有することが見える。ここから、古代の北方諸民族に共通する習俗の一つであると考えられる。

　『李朝実録』は、女真人の婚約から成婚までの全過程を記述しているが、それによれば、明代女真人の婚姻習俗の特徴は、次の如くである。1. 女性が10歳になるまでに花婿側の申し出によって婚約する。2. 年を逐って三度祝宴を開く。3. 二度の結納（甲冑・弓矢・牛馬・衣物・奴婢）を行う。4. 17～18歳に成婚する。成婚の際に、花婿側のみならず花嫁側も披露宴を開く。万暦四十三年（1615）、努爾哈斉は祝宴の時に家畜の屠殺に関する条例、並びに花嫁側による披露宴の廃止を規定していた。

　殉葬とは、元来シャーマニズムの遺風であり、モンゴルではチベット仏教伝来ののち直ちに禁止されたが、女真ではずっと流行していた。努爾哈斉の葬儀では、一后と二妃を殉葬し、努爾哈斉の孝慈皇后の葬儀では、婢四人を殉葬し、皇太極の葬儀では、章京二人を殉葬したが、これらの例はよく挙げられる。清朝に入ったのち、冥衣舗（葬具屋）製の紙人形を用いて代替するようになる。

　明代女真人は宴会中に起ち上がって踊る習俗を有する。『李朝実録』によれば、建州女真人が朝鮮使臣を招待する場で、「起舞奏楽、唱曲助興」（燕山君巻二十八、宣祖巻七十一）であったという。こうした習俗は遼金時代の女真人にも見える（『遼史』巻二十七/天祚帝一、『金史』巻八/世宗下）だけでなく、隋唐時代の靺鞨人にまで遡る（『隋書』巻八十一/靺鞨）。宴席中での起舞の習俗は、女真民族だけに属するものではなく、史書によれば北魏の鮮卑人も同様の習俗を有していた。

　髪形と装身具。朝鮮軍従事官李民寏は万暦四十七年（1619）の薩爾滸の役で捕虜となり、建州に1年余りに居住していた。かれの記述では、当時の女真男女の髪形を「男胡皆拔鬚、剪髮、頂後存髮如小指許、編而垂之左。女人之髻如我国（朝鮮）女之囲髻、插以金銀珠玉為飾、耳挂八九環、鼻左旁亦挂一小環、頸臂指脚皆帶重釧」（『紫岩集』柵中日録）としている。女真人がイヤリングを複数つける習慣は清朝乾隆年間（1736-95）に至っても保たれており、嘉慶（1796-1820）以降になって始めて単数に代わった。こうした習慣は清代の記述にも見えており、黒斤人（ナナイ）と費雅喀人（ギリヤーク）について「耳垂大環、鼻穿小環」（呉振臣『寧古塔紀略』）とあり、恰喀拉人（ウデヘやオロチ）について「於鼻傍穿環、綴寸許銀銅人為飾」（『皇清職貢図』巻三）とある。会同館『女真訳語』のこれら装身具の名称を記述した部分には、suihu（耳墜）・huru（環児）・guifui（戒指）・səlhə（項圏）などが見える。

五　宗教

　女真では昔からシャーマニズムを信仰していたが、金代女真人は高麗人、契丹人および漢人の影

第二節　女真の民族文化

響のもとで仏教・道教を取り入れ信仰するようになる。インド仏教は世界を東西南北の四洲に分け、須弥山の南方の海に浮かんでいる島は南瞻部洲と呼ばれ、中国はその一部であるという。金代女真大字石刻が国号 夂米斥土園土（大金国）の前に 朩乑亥癸又（南瞻部洲）を冠することは、契丹の「南瞻部洲大遼国」を受け継ぐものであり、仏教の東北アジアにおける広い流布が窺われる。女真人における「普賢奴」のような仏教由来の名も、契丹の影響を受けたものと見なしうる①。金代における仏教の隆盛は、女真大字石刻にも窺われ、金熙宗の時、曷懶路・速頻路の女真人が仏寺建造のために資金を供出したことや、金宣宗の時、高麗僧侶が「弥勒仏の仏陀安居道に至ろうとする」ために金朝領の果蒳猛安へ求法に出かけたことなどが数えられる。

　しかるに、それと同時に仏教への抵抗も見られる。明代石刻の記述によると、永楽十一年（1413）、奴児干に建造された観音菩薩を祀った寺院は、建造後ほどなく現地の原住民に取り壊された。宣徳八年（1433）に再建された寺院は、遺跡の文化層の分析によれば、20年も経たないうちに火災で焼き払われたようである。火災の原因は史書には見えないが、人為的な要素がないはずはない。その寺院遺跡では祭祀に使用する穀粒や豆類などの農作物の遺物が一つも見あたらず、仏教の不人気さを窺わせる。当時の東北アジア諸民族の文化の底流に根強くシャーマニズムの影響があったためと考えられる。

　チベット仏教の女真地区への伝来は、元代モンゴル人がマンチュリアに侵入した際のことであろう。明代に入ってから、明朝はチベット仏教四大宗派の一つカギュ派のカルマパ黒帽派五世活仏（1384-1415）を招き、南京で他界した明太祖と皇后のために、薦福の儀式を行った。永楽五年（1407）にカルマパが上京し、大宝法王に封ぜられた。大宝法王という封号は『元史』釈老志に初見し、元朝一代にチベット大徳に賜わったあらゆる封号の中で地位が最も高いものである。そこから、明朝のカギュ派に対する重視の程度が窺われる。永楽十五年（1417）、明朝は遼東建州衛に僧綱司を設立し、女真人を僧綱に任命した。宣徳年間（1426-35）において、建州衛の女真僧侶の数回にわたる朝貢の記録があることから（『明実録』宣徳三年九月、七年四月、十二月）、当時の女真人の間では、仏教が流行し始めると同時に女真僧侶も現れていたことがわかる。後金に至っては、最初はゲルク派（黄教）の伝播を制限していたが、のちに「興黄教、即所以安衆蒙古。所系非小、故不可不保護之。」（雍和宮石刻『喇嘛説』［乾隆五十七年（1792）］）ということで、モンゴル羈縻を目的として転じてゲルク派を尊んだ。ゲルク派が隆盛期を迎えたことは、シャーマニズムの抑圧をもたらした。明代女真人の民間で伝承されたシャーマンとラマが法力で闘う諸々の説話では、シャーマンがいつも正義の代表とされ、抑圧された民衆の鬱憤を晴らしている。その中で最も有名

---

① 契丹人において「仏教名詞」（一般に2個の漢字で表す）に「奴」または「女」を後続させる形式の名は、数多く存在していた。定光奴・薬師奴・仙丹奴・和尚奴・十神奴・華厳奴・大悲奴・道士奴・金剛奴・光仏奴・善徳奴・聖光奴・慈氏奴（「慈氏」即ち「弥勒」の意訳）及び薬師女・仙丹女・弥勒女・菩薩女などが例に挙げられる。仏教文化浸透後のこのような名の流行は契丹人の命名の古俗であった「長子の名を父の"字"の語根と一致させる」いわゆる「親子連名制度」崩壊の一つの原因となった。詳細は、拙著『愛新覚羅烏拉熙春女真契丹学研究』（松香堂、2009年）所収「契丹古俗"妻連夫名"与"子連父名"」を見よ。

なのは、黒龍江流域からプリモーリエにかけて伝播している『尼山薩満』(『女丹薩満』) である。興味深いのはツングース地区の説話が「明朝皇帝」の時に発生したと語られているのに対し、満洲族村落の説話は「満洲皇帝」の時に発生したと語られていることであり、異なった歴史的背景を窺わせる[①]。

　女真人が信仰するシャーマニズムは多神崇拝の原始的宗教であり、奉ずる神霊は雑多である。現代の中国黒龍江省の満洲族村落に残されている満洲語の祭祀神歌および伝説から、その内容の一部が窺われる。祭祀活動は屋外祭と屋内祭にわかれており、屋外祭の神祇はabka mafa (天神) をはじめ、boihon mafa (土地神)・alin mafa (山神)・ari mafa (通天神) など各種のmafa、さらに「邪神」と呼ばれるgasha mafa (鳥神) もあったと伝えられている。祭祀はsolon杆子の下で行う。solon杆子は屋根のてっぺんより高い木のさおで、それぞれの家の庭に一本立てられている。満洲族の家の庭には以前はみな塀 (影壁) があり、solon杆子は塀の裏に立てられていた。祭祀の時には豚を殺すだけで、祭詞は唱えない。豚を殺すのは早朝 (つまり先祖を祭った次の日) の太陽がまだ出ない時である。庭の中で殺して、殺したあと熱湯で毛を抜くことをせず、皮を剥いで、その皮をたき火の上で炙り、火が通ったら食べてもよい。白身は煮て女真人伝統の「白肉」を作り、食べるときには塩をまぶす。赤身は刻んでから粟と一緒に煮て「小肉飯」を作り、煮上がったあと塩とネギをまぶす。豚の腸はsolon杆子の上に掛け、豚の喉骨はsolon杆子のてっぺんに突き刺す。当地の満洲族の老人のいうことには、これはかつて老汗王 (努爾哈斉) を救ったカラスを祭っているのだ。しかし明らかに女真人の祭天の古礼[②]にのちの時代の事件を附会した解釈である。明末における後金の歴史を記述した『旧満洲檔』には、こうした祭祀活動が何度も現れる。

　屋内祭の神祇は、昼間の先祖および夜間のsombo osoをはじめとするnioromo、doboro、seŋkər、ʃibaʃarなど複数の神々である。夜間祭はtuibun (背灯祭) と呼ばれ、暗闇の中で行われる祭祀の意味であり、その祭祀対象は元来暗夜の守護神や氏族の保護神であったが、のちに「仏心媽媽」に変わった。いわゆる仏心媽媽は、明朝の遼東総兵李成梁の第二夫人であり、努爾哈斉が幼いころ李家に仕えていたが、のちに李総兵がかれを殺そうとした際に、第二夫人が救ってくれたおかげで危機を脱することができた。李総兵はこれを知ったのちに第二夫人を殺した。殺したとき、夫人は身体に衣服をまとっていなかった。だから、と満洲族の老人はいう。「もし灯をともしていたら、は

---

① これらの説話は、黒龍江および嫩江沿岸の満洲族村落において満洲語で広く流伝しており、何種類かの異伝がある。話し手の満洲族老人によれば、それは祖先より代々口伝されたものであるということである。詳細は、金啓孮『満族的歴史与生活—三家子屯調査報告—』(黒龍江人民出版社、1981年) 及び拙著『満族古神話』(内蒙古人民出版社、1987年) を見よ。

② 祭天の礼はシャーマニズム文化圏諸民族が共有する宗教活動であり、その淵源は極めて古い。『後漢書』東夷伝には夫餘人が「臘月を以て祭り、大いに会すること連日、飲食歌舞し、名づけて迎鼓と日う」とあり、『新唐書』東夷伝には高句麗が「俗　淫祠多く、霊星及び日を祭る」とあり、『新五代史』四夷附録には「契丹　鬼を好みて日を貴ぶ」とあり、『金史』礼志には「金　遼の旧俗に因り、重五・中元・重九の日を以て拝天の礼を行う」とあり、『元史』礼楽志には「元　朔漠に興り、代よ拝天の礼有り」とあるなど、記述は甚だ詳細である。

第二節　女真の民族文化

だかの御婦人がどうして祭品を受け取りに入ってくることができようか」。こうした伝説は当然ながら後世の附会で、祭祀のやりかたが示す生活環境より推測すれば、なお灯火がなかった原始穴居時代に遠く遡るに相違ない。そのころの女真人の祖先は万物がみな神霊をもつと考え、とりわけ人間と関係が密接な繁殖や庇護をつかさどる神はおそらく女神であったろう。この意味からいえば、背灯祭で祭奠する神祇はやはり「仏心媽媽」と同様に女性であった可能性がある。この伝説は明人の記述および『清史稿』太祖本紀に吻合しており、tuibunの祭祀対象の変容は後金時代に発生したものと考えられる。

六　文化史

　園芸栽培と仏教の伝来は、金代女真が高麗から、明代女真が漢人からの影響を受けている。

　金朝初期に編纂された『女直字書』(12枚の紙に抄写された手習いで、西安碑林より発見)では、疌があり、明朝四夷館が編纂した『女真訳語』は表音字を後続して疌苹*fundurと作り、意味は「園」となり、満洲ツングース諸語には対応するものがない。『金史』に献祖の時に至って女真が始めて農業に務めて定住したとあることによれば、耕作園芸技術が女真人に伝えられた経路は二つ以外にない。すなわち一つは漢人からであり、今一つは高麗からである。それではどちらが先で、どちらが後であろうか。史籍には明確な記載がない。明代女真語fundurの発音と意味によれば、この単語が古朝鮮語*püdürから借用されたことがわかり、金代女真語の音韻もこれと大差がなかったはずである。語頭のp-がf-に推移すると同時に第一音節の節尾に-nが発生するが、こうした音韻変化は*pürigən(金代)→*funrə(明代)という単語にも見える。一方、明代海西女真方言を記録する会同館『女真訳語』の「園」はjafa(満洲語はjafan)であり、その語源は漢語の「園」である。この二つの単語が女真語に借用された時間の先後から、金代女真人が最初に農業技術を受容したのが高麗の影響に由来することがわかり、この歴史を反映する朝鮮語からの借用語püdür→fundurは降って明代初期にまで沿用されたが、海西女真人と満洲人の農業技術は主に漢人の影響に由来するため、漢語からの借用語jafan(←jawan←juan)がfundurに取って代わる史実は、女真・満洲の農業発展の方面における朝鮮・漢人との異なった歴史的関係を示す。

　fundurと関連がある今一つの単語は『女直字書』に見える弋である。四夷館『女真訳語』はやはり表音字を後続させて屯扎夨*guifalaと作り、意味は「アンズ」となり、会同館『女真訳語』では*guiと作り、満洲語ではguiləhəと作る。モンゴル語の「アンズ」はguilesunに作るが、-sunはモンゴル語で極めて盛行する接尾辞で、それを用いて単語の具体的な意味を強調して指し示すので、guile-は「アンズ」の語根部分となる。ここから明代女真語のguifalaは音位転倒を経過しており、従って金代女真語の形式は*guilabunである可能性がある。女真語「アンズ」の語根*guila-はモンゴル語の「ミカン」gulaとかなり接近しており、後者は漢語「橘」(ミカン)の借用音に来源する。しかしその借用の経緯は曲折迂回したもので、中間に朝鮮語という仲介の過程を経ている。というのは漢語「橘」の中古音は入声韻尾-tを含む*kĭuĕtだが、朝鮮語の漢語借用語のみに入声

韻尾-tが-lに推移する現象が出現し、朝鮮語の漢語借用語gyul（ミカン）が正にモンゴル語のgulaの-laとはっきりした対応関係があるからである。最初に朝鮮人のところからgyulという単語を借りてきたのが、モンゴル人ではなく女真人であること、加えて借用した時に語義の転換が発生し、「ミカン」から「アンズ」になったことがわかるであろう。これは、女真の居住する東北部の寒帯地区に柑橘類の果実が生えず、アンズが耐寒性のある喬木で北方に広く生えていたためであろう。あらゆる女真語文献には「ミカン」という単語が出現しないが、元明両代に編纂されたモンゴル語を含む諸種の『訳語』にも「ミカン」という単語は出現しない。モンゴル語のʤurʤu（ミカン）と満洲語のʤofohori（ミカン）の語頭子音がʤ-であることから、それが漢語より借用された時期は見母に口蓋化が発生してのちの時代に違いない。

金初女真大字石刻に 天卓米 *tairan（寺）という語があり、同様に満洲ツングース諸語には対応語がない。『女真訳語』は語尾子音の脱落によって 天卓 *tairaのように綴るようになった。女真はつとにシャーマニズムを信仰したが、シャーマニズムにはいわゆる寺廟が存在しない。寺廟の建立は、金朝成立後、仏教・道教が女真社会の上層に入って以後のことである。『金史』の記載によれば、完顔部の伝説的始祖たる函普が高麗から出たが、その兄阿古迺が「仏を好んだ」ので、高麗に留まったとある。従って、仏教と関係する寺廟という単語も、同様の来源をもつ可能性がある。tairanは古朝鮮語のterや日本語のtera（寺）と音韻的に極めて近く、むしろ金代女真語の方が保存するのはさらに古い音韻形式である。この単語はおそらく仏教とともに朝鮮を仲介して女真語に入ったものであろう。しかし会同館『女真訳語』では、tairaの痕跡がなくなっている。満洲語のmiooは漢語の「廟」に由来する借音語だが、miooは明末女真語に現れており、『旧満洲檔』太宗朝の記事によれば、天聰元年（1627）二月、後金が朝鮮を征服した際に、副将劉興祚が命令を奉じて江華島に乗り込んで朝鮮国王に会見し、口も聞かず身動きもしない国王に、「si ai boihon i araha mioo?」（おまえは土製の仏像か?）としかりつけた。ここから、miooが転じて「仏像」を指す言葉になっていたことがわかる。

第三節　女真と周辺民族との関係

一　女真と朝鮮との関係

明代女真人は朝鮮をsolgoと呼んでいた。この単語は金代女真大字石刻に初見し、夯佼 *solgoとするが、「高麗」を指す。

元末明初の頃、高麗は女真地区へ勢力を伸ばし始める。洪武二十年（1387）明朝は遼東に割拠した北元残余勢力を掃滅したが、広大な女真地区を抑える実力はなかった。しかしながら、この時期の高麗は自国の勢力範囲をすでに禿魯兀（今の朝鮮端川）一帯にまで広げていた。元朝滅亡後の女真人は政治的・経済的原因によって高麗の招撫を受け始めた。高麗政府は帰服した女真人に万戸・千戸等の職を授け、女真人は朝貢や互市を通じて物質的な利益を得た。洪武二十五年（1392）まで

第三節　女真と周辺民族との関係

に、元代合蘭府（今の朝鮮咸興）治下の女真人はすでに次々に朝鮮に帰順していた。李朝太祖は中原の帝王の例に倣って参散猛安の古倫豆蘭帖木児に李の姓を賜ったうえ、「開国定社佐命功臣」に列し、かれを他の女真部落の招安に遣わした。参散とは、すなわち今の朝鮮北青のことで、金朝では曷懶路に隷属した。元朝はここに千戸を設立していた。永楽元年（1403）明成祖は女真各部招撫の強化策を打ち出し、明朝の女真官吏（東寧衛千戸）王可仁等は明成祖に「咸州迤北、古為遼金之地。」（『李朝太宗実録』巻三十五）と提言し、そこで明成祖は王可仁等を朝鮮経由で女真地区に赴かせ、参散・禿魯兀を始め11個の女真部落（『李朝太宗実録』巻七に渓関万戸と参散・禿魯兀・洪肯・哈蘭・大伸・都夫失里・海童・阿沙・斡合・阿都歌の10個の千戸が見える）を招撫させた。朝鮮は直ちに使臣を明に遣わし、遼金二史地理志の記述の遺漏を口実に、これらの地域を朝鮮に編入するように要求した。明朝の君臣は遼金王朝がこれらの地域を有した証拠を挙げ得ず、朝鮮に譲ることを余儀なくされた。しかしながら、金代の女真大字石刻よりこれらの地域がかつて金朝の治下に隷属したことを証明できる。『朝鮮北青女真字石刻』第1～2行に、

夯佟囝土仸犀佲荞仸氏呉夂仩尚戈五芉朱尨

高麗　国　より　賢　良　一里□　和尚はgopa猛安に至り[①]

とあるところから、明代の参散はすなわち金朝治下のgopaであり、それは曷懶路所轄の猛安なので、高麗領内に属するものではない。『朝鮮慶源郡女真国書碑』に載せる金朝曷懶路属下のorqa猛安・holdon猛安・ədügən謀克によれば、orqaは斡合、holdonは海童、ədügənは阿都歌であることがわかる。『女真進士題名碑』に載せる曷懶路のtaiʃin猛安（『金史』列伝は「泰申」と音訳する）のtaiʃinはすなわち大伸である。こうした名称はgopaのほかは明代に至るまでいかなる変化もなかった。明朝はこれらの11個の猛安を放棄したが、依然図們江流域の女真各部の領有権を堅持する立場を示した。このため、同様に図們江への勢力拡張を目指した朝鮮と兀良哈・斡朶里・兀狄哈等の女真各部の帰属を巡って長い紛争が発生した。

　努爾哈斉の六世祖猛哥帖木児は、こうした朝鮮と明朝の女真招撫をめぐる紛争のさなかに歴史の舞台に登場した。元は金朝滅亡後、東北地方に遼陽行省を設置し、その下に開元路総管府・合蘭府水達達等路総管府および奚関総管府を設け、その下にさらに諸路万戸府を設けた。猛哥帖木児の父揮厚は斡朶里万戸府の万戸であったので、洪武十七年（1384）に猛哥帖木児は父の職を襲承して万戸となった。およそその前後に、猛哥帖木児は高麗の招安を受けた。洪武五年（1372）に兀狄哈の首領達乙麻赤の侵擾を避けるため（『李朝実録』世宗二十三年正月）、南の図們江吾音会（今の朝

[①] 「賢良」は和尚の号、「一里□」は和尚の名である。「賢良」ということばは朝鮮語では専ら「射術に卓越した人」を指し、前近代のソウルおよび全国各地には多くの「射亭」があり、三月になると、賢良たちは集まって、競射を楽しんだ。ソウルの著名な射亭には、黄鶴亭・白虎亭・登科亭・雲竜亭・大松亭・一可亭などがあった。ここから推測するに、石刻の作者は普通の和尚ではなく、射藝に卓越した武僧であり、故に「賢良」の号を冠したのである。

第一章　元明時代の女真

鮮会寧）一帯へ移動した。猛哥帖木児は女真各部においてかなりの声望があり、その上鏡城・慶源・吾音会一帯の地域を統轄する重厚な勢力を有していたので、朝鮮・明朝ともにその招撫に腐心した。永楽元年（1403）十一月、火児阿万戸阿哈出は明朝の招撫に応じて入貢し、明朝は建州衛軍民指揮使司を設置し、阿哈出を指揮使とした。明朝が設置した建州衛を、朝鮮は「扼我咽喉、掣我右臂（我が咽喉を扼し、我が右臂を掣する）」とし、自国の北方疆域開拓計画を妨害するものと考えた。そこで、必死に対策を講ずる一方、東北方に鏡城・甲州等の城を築き（1403）、慶源の貿易市場を閉鎖する（1406）ことによって、対女真の経済封鎖を図ったが、これを不満とする女真人の侵掠に迫られ、やむを得ず鏡城・慶源二郡での交易を再開した。猛哥帖木児を代表とするこの時期の女真万戸たちが朝鮮と明朝との間で動揺した原因は、朝鮮の辺境に住んでいたため、いったん明朝の詔諭を受けると、かれらの妻子や人民が朝鮮に掠われて、同行できなくなるおそれがあり、加えてこれら女真部落が当時経済的に主に朝鮮に依存していたことにある。ゆえに、永楽四年（1406）にいたって、猛哥帖木児はようやく明朝への帰服を決意し、建州衛都指揮使に任命された。この前の年に、兀良哈万戸把児遜が明朝に入貢し、毛憐衛指揮に任命された。建州衛・毛憐衛等の衛が設置され、多くの女真部落が次々に明朝に帰服したことに不安を増した朝鮮は、女真に対する抑圧政策に転じた。永楽八年（1410）に朝鮮が出兵して兀狄哈を討つと同時に、毛憐衛指揮把児遜を誘殺した事件が発生したことは、女真・朝鮮の関係悪化の契機となった。永楽九年（1411）四月に、猛哥帖木児は部衆を率いて西のかた遼東に近い鳳州（輝発河上流域）に移動し、先にそこに移動していた兀良哈部建州衛と合流した。永楽十年（1412）、明朝は建州左衛を設置し、猛哥帖木児を都指揮使とする。永楽二十年（1422）、モンゴル人の侵擾を避けるために、猛哥帖木児は再度部衆を率いて阿木河に遷った。この時期、女真人の奴婢が絶えず朝鮮に逃亡したことで、双方の緊張関係が高まった。女真の奴婢は主に遼東漢民や朝鮮辺民を供給源とするが、これら逃奴に対する朝鮮の対策は、遼東漢民は、一律に明朝に送還し、朝鮮辺民は残留させるというものであった。このため、女真人がたびたび朝鮮辺境に侵入し騒乱を起こすようになった。朝鮮はついに宣徳八年（1433）四月に報復行動をとり、七路に分かれて建州衛を襲撃し、双方の関係を一層悪化させた。そこで、猛哥帖木児は建州左衛を率いて婆猪江（今の渾江）に向かい建州衛に拠ろうとしたが、出発の寸前、同年十月に七姓野人（楊木答兀）に殺害された。朝鮮はこれをきっかけに北方に拡張し、移民を阿木河に送り込んだ。建州左衛は猛哥帖木児の弟凡察および次子董山に率いられ、正統五年（1440）に蘇子河に遷り、2年前にそこに遷った建州衛指揮阿哈出の孫李満住と合流した。建州女真の実力はこれから強大化し始める。正統七年（1442）、明朝は建州左衛を分割して右衛を設置し、建州衛とともに「建州三衛」と併称する。「土木の変」ののち、朝鮮は女真に対して「字小主義」の方策を施し始め、朝鮮近隣の女真諸部落を抑えようとした。そうした企てが明朝に抑止されると、代わって武力に訴える討伐策をとり、相次いで毛憐衛都督僉事浪孛児罕殺害と申叔舟「北征」などの事件を起こした。これに対して女真は各部落が「結約整兵、四面入寇（約を結び兵を整え、四面に入寇）」した（『李朝実録』世祖六年十一月丁巳条）。こうした敵対状態は成化三年（1467）・成化十五年（1479）の二度にわたって明朝と朝鮮が連合して建州女真に侵攻することで頂点に達した。辺境地区で絶えず起こる女真の襲来を防ぐために、朝鮮は成化二十二年（1486）から平安道義州に長

城を築き始める。

　努爾哈斉は後金を建国したのち、天命三年（1618）に挙兵し明を討伐する。この頃の朝鮮は、強大な隣国の隙間に挟まれている状態になり、明朝に背きたくはないが、後金の機嫌を損なうことを恐れていた。薩爾滸の役で、朝鮮は明朝の命令を奉じ出兵したにもかかわらず、未だ戦わぬうちに後金に降伏した。戦後、努爾哈斉は頻繁に朝鮮へ使者を遣わし、朝鮮が明朝の藩属から離脱することを迫った。明と後金の戦争が急速に進行するに従い、明朝の敗局はしだいに明白になった。その間、明朝は数回にわたって朝鮮に援軍を命じたが、朝鮮はつねに各種の口実を用いて婉曲に断った。しかしほどなく親明派が政権を握るようになり、再び明朝一辺倒となった。後金の第二代皇帝である皇太極は即位後、二度にわたって朝鮮を征伐し、崇禎十年（1637）、朝鮮国王はついに明朝より授けられた勅書や印信を献上し、完全に清朝の属国となった。

二　女真と明朝との関係

　明代女真人が明朝または漢人をnikanと呼んだのは、金代女真人が宋人を「南家」と呼んだことに由来する。13世紀のモンゴル人も漢人をnankias（複数語尾sが附く形式）と呼んだ。

　至正二十八年（1368）、元順帝は大都燕京を放棄し、モンゴル人6万戸を率いて北へ撤退した。順帝およびその子孫が建立した北元は、明朝と南北に対峙した。これと同時に、元遼陽行省左丞相納哈出は重兵を擁して遼東に割拠し、大元の統治の回復を図った。当時、遼東女真人が多くかれの麾下に走った。こうした情勢に基づき、明朝は遼東経略を開始した。元遼陽行省平章劉益の明への降伏を契機に（『明実録』洪武四年二月）、まず洪武四年（1371）七月に遼陽に定遼都衛指揮使司を設置し、遼東諸衛軍馬を統轄させた。洪武七年（1374）九月に、高麗恭愍王が弑殺され、辛禑が即位した。かれは恭愍王の親明的政策を一蹴して、洪武年号を廃止し、北元の宣光の正朔を奉じるようになった。『高麗史』によれば、納哈出はかつて高麗と連合し共同で定遼都衛に侵攻しようとした。北元と高麗の連合の結果、遼東明軍は南北に挟撃される危機的局面に陥った。こうした局面を打開するため、洪武八年（1375）十月に、明朝は定遼都衛を遼東都指揮使司に改め、遼東地区の軍事力を強化するとともに、遼東女真各部を招撫し、女真を利用して北元と高麗の連合を遮断する施策をとる。女真はこうした歴史的背景のもとで、明朝との300年近くにわたる関係をもつようになったのである。ただし初期段階における女真と明朝との接触は、なお明の辺境沿いに限られており、明朝はマンチュリア奥地に浸透する力をまだ持っていなかった。こうした情勢は、洪武二十年（1387）に納哈出が明軍に降伏したのち、明朝が鴨緑江と図們江方面に鉄嶺衛を、松花江と黒龍江方面に三万衛を設置しようとしたところ、高麗に拒まれたため、余儀なく鉄嶺衛を遼陽東北一帯へ移し、三万衛も「糧餉難継」のために遼東開原まで引き上げたことに裏付けられる。この時期、明朝は黒龍江下流域の女真各部の招撫を試みたが、結局のところ「遣使至其国而未通」（『重建永寧寺記碑』）となっていた。ゆえに、史書に現れる明朝の招撫に応じた女真人の数はこの時期寥々たるもので、しかも帰服したのちに、その多くを明朝辺境に近い各衛に配置したが、一時的に帰服したものにしても、しばしば叛乱を繰り返し、遼東に災厄をもたらしている。洪武二十八年（1395）

七月の、遼東衛鎮撫張能の上奏文には、遼東三万衛所属の女真帰服者が、「常仮出猟為患（常に出猟に仮りて患を為）」したとある。とくにこの時期の明朝側の記述には女真掃討がしばしば見え、洪武二十八年（1395）正月、明朝は三万衛に出兵して女真を掃討し、同年三月、なお女真を掃討し、五月、女真を擒捕するように犯罪が宥免された軍人を悉く遼東に派遣することを頒詔している。当時数多くの女真人が明朝に帰服しないばかりか、明朝への敵対的態度をとっていたことを裏付ける。

　明朝と女真との関係が長足の進展を得たのは明成祖の即位後である。永楽元年（1403）十一月、火児阿の女真首領阿哈出の朝貢を契機にまず今の吉林付近において建州衛を設けた。十二月、忽刺温等の女真首領の朝貢を契機に今のハルビン地方に兀者等衛を設けた。永楽元年から七年（1409）にかけて、明朝が東北地区に設けた衛所はすでに115個に達した。これらの衛所の分布は極めて広く、南は図們江、北は外興安嶺、西は赤塔河流域、東は日本海岸までとなっている。これらの衛所を有効に統轄するために、永楽七年（1409）に奴児干韃靼首領忽剌冬奴の朝貢を契機に、黒龍江下流域の東岸特林地方に奴児干都指揮使司を開設することが決定された。この地域は遼代には東京道の管轄、金代には上京道の管轄とされたが、元代になって東征元帥府に隷属して始めて奴児干という名が現れた。元世祖の日本攻撃の際、奴児干は造船の基地であった。元の滅亡後も、永楽六年（1408）まで、奴児干には終始モンゴル人の官吏が駐屯していた。奴児干は女真および吉列迷の居住地であるが、元朝が東征元帥府を設置したのち、モンゴル人官吏や居民およびラマが移住したことで、現地ではモンゴル文化が形成され、ウイグル文字より製作されたモンゴル文字が現地で通用するようになった。明朝では内官亦失哈などが軍隊を率いて前後七回現地に派遣され、永楽九年（1411）に奴児干地方に都司衙門を開設し、永楽十一年（1413）に永寧寺を建造し、漢文・女真文・モンゴル文合璧の『永寧寺記碑』を刻んだ。ついで破壊された永寧寺を宣徳八年（1433）に再建し、漢文だけの『重建永寧寺記碑』を刻んだ。招撫の対象は現地の女真・吉列迷のみならず、庫頁島にある苦夷をも含んでいる。こうした恩威並行した招撫によって、明朝の期待した効果が現れ、各地の女真人は相次いで朝貢し、明朝はかれらに都督・都指揮・指揮・千戸・百戸・鎮撫等の職を授け、勅書・印信を賜り、定期的に朝貢する義務を定めることによって、これらの地域の女真人のすべてを明朝の治下に収めるようになった。

　しかしながら、こうした状況はいつまでも続かない。宣徳（1426-35）末に始まる財政難や、正統十年（1445）のエセンの東方進出、ことに正統十四年（1449）の「土木の変」による軍事的失敗は、漢高祖に自らをなぞらえた明太祖の疆域開拓の大願を継続しえなくした。女真地区に対する羈縻支配は次第に空文化し、その一方で貢勅制度は明朝にとって重荷となっていった。そこで、入貢の奨励から一転して入貢を制限するようになり、馬市では女真人の鉄器や耕牛の購入を禁止した。これによって、強烈な不満を爆発させた女真人は、頻繁に寇掠するようになり、ついに成化三年（1467）と十五年（1479）の二回にわたる建州女真に対する血なまぐさい手段による鎮圧に至った。

　建州女真は明中葉に南遷して明の辺境に沿った婆猪江流域に定住したが、そこは土地が肥沃で、耕作に適していたので、建州女真の農業はこの時期にめざましい発展を遂げている。女真人の農業生産は従来人間や家畜の略奪に依存しており、それらを駆使して農業生産を進めたため、明の遼東辺民と朝鮮人は正にその略奪の目標となっていた。建州衛首領李満住（阿哈出の孫）と董山（猛哥

第三節　女真と周辺民族との関係

帖木児の次子）は正統十四年（1449）以来、連年明辺へ入寇し、人畜を略奪した。成化年間に至ると入寇は一層頻繁になり、1年間に97回に及んだ。そこで、明朝は朝鮮と連合して建州女真討伐を実施することにした。成化三年（1467）八月、明朝は謝罪のための上京の帰途にあった董山等の女真首領を広寧において捕縛し、ただちに建州左衛に侵攻し、そこを大殺戮の場と化したのち、董山を京師に護送して処刑した。朝鮮は明朝の勅諭を受けたのち、九月に出兵し、建州衛を屠り、李満住および大量の族衆はみな殉難した。これがいわゆる「成化三年の役」である。事後、明朝は建州女真の復讐を警戒し、遼東辺牆の増築工事を開始した。

　辺牆の修築は正統七年（1442）から始まり、元来はモンゴル兀良哈および海西女真等部の南下侵掠を防ぐものだった。成化五年（1469）に増築された辺牆は、もっぱら建州女真を目標としたものであり、遼東内地と建州女真との境界線となった。辺牆の修築は、明朝中葉における国力衰退開始の標識であり、それは明朝の対外政策がすでに消極保守の深淵に陥ったことを示している。そもそも辺牆そのものは長城の如く堅固なものであるわけではなかったので、建州女真は依然として絶えず辺牆を越えて遼東地区を略奪した。そこで、成化十五年（1479）、明朝は再び建州女真の討伐を決定し、朝鮮に出兵を下命した。同年十月、明朝と朝鮮に挟撃され、大打撃を被った建州女真は衰退した。

　『女真訳語』に記録された79通の来文の時期は、正にこの時期から、明世宗嘉靖（1522-66）末年までの期間に集中している。これら来文の中で建州女真と表記するものはわずかに8通だけで、さらに内容が重複する1通を除けば、実際には7通（建州衛の3通、建州左衛の2通、毛憐衛の2通）しかない。その中で注目に値する1通は、建州左衛都指揮使兀升哈が上奏したものであり、この人はすなわち『清太祖実録』に載る努爾哈斉の三世祖、のちに興祖直皇帝と追諡された福満である。成化三年（1467）、努爾哈斉の五世祖董山（充善）が明朝に殺されて、建州女真の首領はみな一級降格された。都督が一級降格すれば都指揮となる。兀升哈は都指揮使の職を以て「討陞一級職事」と上奏し、『清太祖実録』が福満を都督とすることから、明朝はかれの上奏後ほどなく建州左衛都督の職位を回復させたと推測しうる。

　建州女真に代わって活躍しはじめたのは、その北方にあった海西女真である。海西女真の地域はモンゴル兀良哈三衛に隣接しており、万暦二十七年（1599）に編纂された『登壇必究』において、「海西」という語を対訳するモンゴル語は「主児赤」で、すなわち女真である。『女真訳語』の第66通来文は「海西塔木魯等衛都指揮僉事竹孔革」の上奏であるが、この人物はすなわちのちに葉赫河畔に遷って葉赫部の四世祖と称された人物である。成化（1465-87）中葉に、海西女真は引き続き南下し、正徳年間（1506-21）に及ぶと、竹孔革を始め海西女真は頻繁に明朝辺境を侵掠したり、朝貢の通路を遮断したりした。明朝は開原東北辺外から70里、すなわち海西女真が朝貢入市する経由地に、防御のため城堡を構築した。嘉靖（1522-66）初年に及ぶと、松花江流域の女真首領速黒忒が強盛となり、かれが開原城外の山賊猛克を捕殺したことで、女真の朝貢通路の安全が保障されたため、明朝より左都督の職を授けられた。かれはすなわちのちに哈達河畔に転居して哈達部の四世祖と称された人物である。葉赫部の居住地は明朝が開設した開原馬市鎮北関に近かったため、「北関」と呼ばれ、哈達部の居住地は明朝が開設したもう一カ所の馬市広順関の外にあったので、北関

に対して「南関」と呼ばれた。このほか、なお烏拉部と輝発部がある。烏拉部は哈達部と同族で、ともに明初の塔山前衛の後裔であり、のちに南遷して烏拉河畔に留まり、それにちなんで名付けられた。輝発部は黒龍江尼馬察部に出自し、のちに南遷して輝発河畔に留まり、それにちなんで名付けられた。

三　女真とモンゴルとの関係

　明代モンゴル史の期間は、至正二十八年（1368）の元順帝のモンゴル北帰に始まり、天聡九年（1635）の漠南モンゴル各部の清朝への降伏に終わり、総計268年となる。この期間に、女真各部と関係したのは、モンゴル兀良哈三衛が最も早く、アルクタイがやや遅れる。海西女真はその地域が兀良哈三衛に接しており、両者の接触の歴史も久しい。15世紀初め、海西女真葉赫部の始祖星根達爾漢は、モンゴル＝トメトの一部の部衆を率いて忽刺温女真地区に侵攻し、「璋」地方の女真納喇部を併呑し、納喇氏と改姓した。16世紀初め、璋地方の納喇部は南遷し始め、徐々に開原以北の葉赫河岸に住み着くようになり、河にちなんで、海西女真葉赫部と称されるようになった。葉赫の滅亡後、モンゴルに亡命したものは依然としてトメトに依帰した（祁韻士『皇朝藩部要略』巻一／内蒙古要略）。史書には海西女真哈達部と烏拉部とが先祖を同じくするとあるので、烏拉部の先人もモンゴルに由来するものとなる。兀良哈三衛と海西女真諸部は時には連合して明辺に侵入し、時には互に侵攻しあった。両者の衝突は最終的にオイラトの東侵によって副次的な問題となった。明英宗正統年間（1436-49）、西モンゴルのオイラトの勢力が強くなり、東のかた兀良哈三衛を犯し、進んで海西女真各部を席巻した。海西女真の名酋の多くはこの戦役で死んだ。明人の記述によれば、この戦役においてモンゴルに連行された女真人はなんと４、５万の多きに及ぶ（于謙『少保于公奏議』巻八／兵部為関隘事）。エセンについでモンゴルのハーンであるトクトア・ブハは引き続き女真地区へ勢力を拡充している。明代宗景泰元年（1450）〜二年（1451）、トクトア・ブハは３万の軍を率いて海西女真を討伐し、ついで軍勢を建州女真に向けた。のちにモンゴルで内訌がおき、東方進出の余裕がなくなったので、建州女真はようやく難を免れた。モンゴルの東侵を避けて、兀良哈三衛が海西に移住したことは、海西女真と建州女真の南移という連鎖反応を引き起こした。明孝宗弘治（1488-1505）末年から、明とモンゴルの貢市貿易が中断し、明世宗が閉関拒貢の政策をとったため、チャハルを始めとするモンゴル左翼が南下し、明の遼東地区まで侵入した。明朝が軍事的に消極的な防御戦略をとった結果、明世宗嘉靖二十五年（1546）〜二十七年（1548）、モンゴルは明の辺境に駐牧していた兀良哈三衛を併呑した。嫩江流域に遷ったモンゴルホルチン部（兀良哈三衛の一、福余衛の後裔）は貢道を遮られ、明と交通できなくなったので、西は葉赫部と、ついで南は努爾哈斉（『開原図説』巻上／福余衛夷枝派図）と交渉して貿易路の貫通を図った。葉赫は明の北関であり、モンゴルと建州女真の間に位置していた。後金天命四年（1619）、努爾哈斉は薩爾滸で明軍を大破し、八月に葉赫を滅ぼし、女真各部の統一を遂げた。葉赫が滅亡した結果、モンゴルと建州女真の交渉が始まった。

　明朝はモンゴルに対し右翼を撫して左翼を抑えるという誤った政策を採用したので、左翼のモン

第三節　女真と周辺民族との関係

ゴル大ハーン宮廷は明初以来一貫して明朝と敵対関係にあった。東遷した最後の大ハーンであるリンダン＝ハーンは、明万暦三十二年（1604）に即位し、大ハーン権力の再建につとめた。しかしこの時には努爾哈斉がすでに興起しており、リンダン＝ハーンと東部モンゴルのホルチンや内ハルハ五部を争奪した。明崇禎帝の即位後、明朝との関係も決裂し、リンダン＝ハーンは独力では後金を防ぎかねて西徙し、モンゴル右翼の明朝からの下賜や交易の利を奪ってそれを独占することを図り、右翼を併呑して漠南を統一した。史書にはリンダン＝ハーンが「利を嗜み色を好み、下を馭するに法無し」で、そのため、「怨を西に結び、讐を東に復す」（『崇禎長編』巻十四）ことになったとあり、北方で孤立した境遇にあったのである。当時チベット仏教の僧侶は明・後金・モンゴル・烏斯蔵の間で使節をつとめることが多く、諜報活動に従事していた。ゲルク派（黄教）は烏斯蔵・青海・モンゴル右翼においてすでに優勢を占めていたが、リンダン＝ハーンはニンマ派（紅教）を支持し、ゲルク派を圧迫したので、黄教は後金に接近した。リンダン＝ハーンの西征は、しかるべき戦略的準備がなく、遼東の全戦局に影響したのみならず、自身も西方で退路を失ってしまった。明崇禎五年（1632）後金はすでに遼東のモンゴル各部を奪取し、明朝が陝西・甘粛の農民叛乱を全力で鎮圧している時に乗じて、西のかたリンダン＝ハーンを征し、リンダン＝ハーンは西方に遁れて青海のチョクト＝ホンタイジや烏斯蔵のツァン王（二者はほどなくして壊滅した）などの紅教の支持者と連合して、軍事力の再建を図ったが、結局崇禎七年（1634）に青海北岸の大草灘で病死した（清・耶喜巴勒登『蒙古政教史』第一章「蒙古汗統伝承」および注81所引「族譜」）。

後金のモンゴルへの対策は、近隣のホルチン部と内ハルハ五部をめぐるリンダン＝ハーンとの争奪戦であった。その一つは、歴史的に久しく続いてきた通婚関係を利用した策略によって、モンゴルを自己の同盟軍とすることである（清の世が終わるまで、愛新覚羅氏が博爾済吉特氏と何度も通婚したのは、ちょうど元の博爾済吉特氏と弘吉剌氏のようなものである）。今一つは、降伏してきたモンゴル各部を厚遇することである。太祖・太宗はしばしば女真・モンゴルが「言語　異なると雖も、衣冠相い同じ」で、心を一つにし協力して明朝に対抗すべきことを強調し、降伏したモンゴル各部に対し、その家畜を保護し、土地・家屋・牛馬を分与し、従軍出征したモンゴル士卒に対しては、鹵獲品の納官を免除した（女真兵の鹵獲品は納官せねばならなかった）。モンゴル各部の来帰したものには、甚だしくは女真族のものに家屋・土地を譲らせた。正に清史学家孟森が「上下真正に一心ならざれば、実に此に至り難し」と指摘している如くである。しかしながらリンダン＝ハーンは明朝との互市の利をすべて独占するばかりで、所属の各部を離反に追いやった。これに乗じ、皇太極はリンダン＝ハーンを駆逐して漠南を統一した。後金のリンダン＝ハーンへの勝利について、その政治上の最大の収穫は、元朝の伝国玉璽を得たことである。リンダン＝ハーンの死後、かれに所属したラマはモンゴルのハーン位を象徴するマハカラ護法仏像を奉じて後金に投降し、併せて「仏像の顔が東を向いた」というデマをでっち上げた。この時リンダン＝ハーンのハトンと部下は絶えず明朝に貢市を求め、国境に入ることを求めたが、いずれも許されなかった。崇禎八年（1635）後金が来攻すると、チャハル部はリンダン＝ハーンの妻子に率いられて後金に投降し、併せて元順帝がモンゴルに持ち帰っていた伝国玉璽を献上した。

マハカラはモンゴル大ハーンが即位の際にこれに向かって斎戒する仏像で、これが後金に帰した

ことは、後金ハーン皇太極がモンゴル大ハーンの汗統を継承する正統な地位をもつことをモンゴル各部に公認させた。皇太極は専らこの仏像のために瀋陽の実勝寺を建てた（元・陶宗義『南村輟耕録』巻二/受仏戒および瀋陽『蓮花実勝寺碑記』）。

伝国玉璽は中国の正統な皇帝の象徴で、元順帝がモンゴルに持ち帰ってのち、明太祖朱元璋は、「天下一家、尚三事未だ了らざる有り」といったことがある。その第一は伝国玉璽がないことである（『皇明通紀』巻三、蔣良騏『東華録』巻三、天聡九年八月条）。明朝がしばしば北征したのは、この玉璽を奪取するためであったが成功しなかった。後金がこの玉璽を得ると、モンゴル各部はみな、天運がすでに後金に帰したこと、皇太極がモンゴル大ハーンの汗統を継承することを認めた。漢人官僚は「時に順い天に応ず」「正に民望に符す」とし、民衆もまた「玉璽は乃ち天の畀うる所、天　之に与うるなり」とした。

当時に伝わっていたある伝説がある。乾隆五十八年（1793）にイギリスの使節マカートニーがはじめて中国に来た時の記述に、「現在の皇帝はCo-be-liすなわち、われわれの言うフビライ＝ハーンの子孫である。フビライ＝ハーンはチンギス＝ハーンの息子で、十三世紀に中国を征服し元朝と呼ばれる王朝を作った彼の一族は、中国を百年近くの間モンゴル人の軛の下に抑えつけ、次いで明朝によって玉座から追われた。そこでモンゴル人たちは満洲人の国に逃げ込み、彼らと通婚し、彼らの間に交わり住んだ。こうした姻戚関係の一つからボグドイ＝ハーン（中国の皇帝）の系統が出た。彼らは1640年に中国に侵略し、以来これを統治しつづけている」（坂野正高訳注『中国訪問使節日記』）。

ボグドイ＝ハーン（the Bogdoi Khan）とは、太宗が崇徳元年（1636）に始めて奉られた尊号「博格達徹辰汗」（bogdaは聖賢で、活仏の中の最高者。ʧeʧenは聡明）である。伝説の重点は満洲・モンゴル二族の血統がつとに混じっていたことに置かれ、清朝は実際には満洲・モンゴル連盟の組織した王朝であったことを暗示している。ここから、後金は入関前にモンゴルとの連盟を強めるため、興論に対しても腐心したことが窺われる。順治元年（1644）に至ると、時機が熟し、ホルチン親王バダーリに委ねて後方を固め、入関して一挙に天下を定めた。

第四節　女真の経済生活

元代女真人の経済生活の状況について、『元史』地理志によれば、なお「無市井城郭、逐水草為居、以射猟為業。」であったとあるが、明代女真人はすでに牧畜・狩猟・農業を併存させる経済生活を送るようになっていた。

一　牧畜・狩猟・採集

金代初期に編纂された『女直字書』は、女真人が始めて女真文字で記録した女真語彙集である。その中の「鳥獣門」に載せる字数は、各門類の中で最も多い。鳥獣門の約40％の内容は「家畜類」

であり、「家畜類」の字数がそれに続く「田禾門」の二倍にも達することは、牧畜業が古来女真人の経済生活において重要な地位を占めていたことを物語っている。明代初期に四夷館が編集した『女真訳語』は、体裁と字数の制約から、牧畜経済の重要性という女真の特徴が現れていないが、来文に記述される女真人の入貢においては、馬が最も主要な貢ぎ物として終始筆頭に掲げられており、会同館が編集した『女真訳語』では、「今後進好馬来」の一句を女真人を訓誡する数箇条の例文の一つとして入れている。女真使者が馬を貢ぐ記述も、『明実録』や『李朝実録』等の漢文史料に大量に出現している。馬は射猟や掠奪に用いる最も重要な手段であり、掠奪もそれ自体1種類の経済形式である。さらに馬は狩猟の獲物とともに朝貢や貿易に用いられる。明と朝鮮が女真に向けて開設した馬市は、女真人における牧畜経済の繁栄を反映するものである。従って、馬が女真人の経済生活において極めて重要な地位を有したことが窺われる。満洲人は毎年五月十三日に「馬王爺」を祀る風俗があり、その日に豚を殺して祭壇を築くことを「趕馬会」と呼ぶ。満洲人の伝説では、祭祀の対象となる馬王爺は努爾哈斉が李成梁家から脱出した際に乗っていた大青・小青という二匹の馬であるとされる。二匹の馬の石像は今もなお瀋陽福陵の神道の両側に聳え立っている。しかし、実際にはこの祭奠の習俗の歴史はずっと遡るものである。女真人は古くから馬上にあった民族で、狩猟・戦争ともに馬から離れず、馬と女真人の関係は極めて密接であり、その地位も当然ながら高められた。ちょうど犬と女真人の関係と同様に、祭奠・タブーなどにつき特殊な待遇を受けた。

家畜を擁する数量は、女真人において富を評価する基準となっており、財産を増やす手段は、大量の家畜を獲得することにあった。婚礼の結納も、家畜を主とする。女真人の入貢品や交易品に占める割合が最も多いのは、馬を除けばテンの毛皮を主とする各種の毛皮および朝鮮人参を主とする各種の採集品である。これらはみな、当時の女真人の経済生活の特徴を反映している。

二　農業

女真人の農業は、実際のところ牧畜業に依存しつつ発展してきた。明や朝鮮において、馬と農具や耕牛、ないし奴婢を交換することで農耕を促進した。女真人の農業の相当部分は、掠奪してきた奴婢を駆使して行われた。奴婢の来源は、捕虜にした明朝・朝鮮の辺民にほかならない。女真農業の発達に従って、奴婢掠奪や奴婢売買の現象もますます激しくなった。それは女真と明朝・朝鮮との間に摩擦を醸成する原因の一つとなっている。2種類の『女真訳語』の器用門には、農具の名称をほとんど記述しておらず、「鍬」の女真語u(1)tuの本義は「木製の掘り道具」であり、従って、それは鉄器が女真地区に流入する以前の簡易な農具に過ぎず、こうした農具を用いて行われた農業活動はせいぜい家畜・狩猟・採集を補助する粗放なものに過ぎなかったと推測しうる。『李朝実録』によれば、兀者衛女真人は馬の飼料が足りない時には、キバノロや鹿の肉、または魚を食わせた（『李朝実録』世宗二十一年正月己丑）といい、農業のレベルがなお漁猟経済に及ばなかったことがわかる。女真人の農業の発展は、居住地により異なっている。1980年代の考古学的発見によれば[①]、図

---

① 延辺朝鮮族自治州博物館「龍井県朝東明代女真人墓的発掘」、『博物館研究』、1986年第2期。

們江流域における明代女真人の墓葬には狩猟・征戦用の鉄鏃・骨鏃・鉄矛等を副葬するが、農業生産用具は出土しておらず、現地の女真人においては農耕経済がなお発展していなかった模様である。

三　手工業

明代中葉以降の女真語を記録した会同館『女真訳語』には、銀匠・銅匠・錫匠・染匠・帽匠・木匠・皮匠・甲匠・洗白匠・泥水匠・條子匠など数多くの工匠に関する名称が現れており、当時の女真人の生産用具・武器・生活用品製造の諸方面にわたる手工業発達の程度を窺わせる。とりわけ狩猟や征戦に関わる冶金加工業における発展は速やかである。女真人の武器は元来骨製と木製のものしかなかったが、鉄製農具の大量輸入につれて、それを武器に改造するようになる。会同館『女真訳語』にはすでにsələ saʃa（鉄製のかぶと）やsələ ukʃi（鉄製の鎧）等の名称が現れており、15世紀中葉以降、女真人の間では鉄製の鏃・鐙の使用がかなり普及していた。武器に改造する鉄製農具は、主に会同館『女真訳語』に載るupu halaŋ（スキの刃）であり、明朝と朝鮮は鉄製農具のこうした用途に気づき、何度も禁止したが止まなかった。女真人自身による鉄鉱採掘が、降って1599年に始まることは、女真人自身の記述に見える[①]。

四　貿易

明代女真人における貿易活動の出現が比較的遅いことは、こうした活動に関わる語彙の本義およびその転換から察知しうる。明代早期の女真語を記録する四夷館『女真訳語』では、「買う」をaiwandu-məiとし、「売る」をhudaʃa-maiとする。語根aiwan-（←*alban-）は、モンゴル語における同源語alban（貢賦）・albatu（貢納者）によってその本義がもともと「買う」ではなくて、「貢納する」であることがわかる。女真人は土産品を明朝へ貢納し、明朝は回賜という名目で各種の物品を与え、同時に会同館開市における三日間の民間交易を認めた。貢納は女真人に経済利益をもたらし、こうした貿易活動はaiwan-と称された。これは、女真人が当初こうした貿易活動を一種の義務、より明確にいえば貢納義務として理解したことを示している。hudaʃa-はモンゴル語の「売る」を表すhudaldu-に由来する。外来語の借用は、明初女真人の貿易活動がモンゴル人の影響で発生したことを窺わせる。こうして、貢納に伴って発展した貿易は、明代中末期には、女真人の間で不可欠の経済活動となっていた。海西女真人の言葉では、「買う」と「売る」という2種類の行為を明確に表す動詞uda-とunʃa-を転用するようになる。貿易活動の進展につれて、女真人のそれに対する理解が次第に深化していったのであり、満洲語にいたるまでそのまま使用されている。

女真人の貿易活動は家畜・狩猟・採集という総合的経済生活を背景として発展してきた。『新唐書』渤海伝、

[①] 『満洲実録』巻三/己亥年三月「始炒鉄、開金銀礦。」

> 俗所貴者、曰太白山之菟、南海之昆布、柵城之豉、扶餘之鹿、鄚頡之豕、率賓之馬、
> 顯州之布、沃州之綿、龍州之紬、位城之鉄、盧城之稲、湄沱湖之鯽。

の「率賓之馬」とは、まさに女真地区の名馬を指すものであり、明朝や朝鮮の女真への開市における主要な購入対象は馬であった。永楽四年（1406）、明朝は開原に始めて女真馬市を設け、天順八年（1464）、撫順関市を増設し、ついで万暦（1573-1620）初年には相次いで清河・靉陽・寛甸の諸市を開市した。貿易通路は明初の一カ所より五カ所に増え、互市期日も最初の毎月一市から三日一市に増えた。女真と明朝との貿易路は、開原を枢軸とし、主に二つある、一つは黒龍江下流域から松花江を遡り、西南に折れて開原に至る、今一つは朝鮮咸鏡南道から豆満江（図門江）に沿って長白山を経由し、ついで西南に向かって開原に至る。朝鮮との貿易路も二つある、一つは北方から黒龍江・松花江を遡り、寧古塔を経由し、東京城に向かって朝鮮咸鏡南道に至る、今一つは北方から今の吉林・新賓を経て、朝鮮の満浦に至る。咸鏡南道と東京城は女真人と明朝・朝鮮が貿易を行う結節点とされ、女真地区は西はモンゴル、南は明朝、東南は朝鮮とそれぞれ連絡する広大な経済・交通ネットワークを形成している。この広大な経済網で活動する女真人は、馬と狩猟・採集による獲物を、現地で欠乏している鉄器・耕牛・塩・絹織物などと交換する。それに従って、商業を専業とする女真商人が出現し、明朝から得た絹織物を朝鮮・モンゴルに転売することによって利潤を得るようになる。会同館『女真訳語』ではhudaʃa niama（商人）がすでに１個の独立した語彙として人物門に登場している。

勅書貿易も明代女真人においては重要な貿易活動の一項目であった。勅書は元来、明廷より女真部落の首領に授ける職務の任命書であるが、当該部落の女真人に対する管轄権を行使するという政治的意味をもつのみならず、上京朝貢・恩賞獲得・貿易などを認める証明書でもあるので、重要な経済的意義をもつようになる。従って、明代中期以降になると、女真各部においては勅書争奪戦が日増しに激しくなり、部落勢力の強弱はまさに勅書の保有数に反映されるようになった。明嘉靖年間（1522-66）に、海西女真は勅書一千道、建州女真は勅書五百道を保有し、各部の首領は勅書を持って別々に入貢することが定められていた（『大明会典』巻一百七）。努爾哈斉が挙兵した時に祖・父から継承した勅書は三十道に過ぎなかったが、万暦十六年（1588）までに、努爾哈斉が建州の五百道勅書のすべてを独占したことで、部落は富み、兵馬は強く、後金建国に重厚な経済的基礎を準備した。

第五節　女真の諸部族

マンチュリアの女真各部は、様々な程度で遊牧経済に従事していたが、元滅亡後、マンチュリアが無政府状態に陥って混乱すると、各部とも絶えず移動するようになった。明代女真人は自民族の文字を有したが、女真文字で書かれた自民族の歴史は遺していない。ゆえに、明代女真各部の分布と移動の実情を解明するには、明朝と朝鮮側の史料に頼らざるを得ない。しかしながら、異民族に

よる記述には必ず相応の限界があり、地域が隣接し、往来が頻繁な部落に対する記述は比較的詳しいが、地域が遠隔で、往来がめったにない部落に対する記述は漠然としており、甚だしくは歪曲さえされている。同じ女真という言葉でも、史料によって広義と狭義との別がある。たとえば、朝鮮史料は当時朝鮮に隣接する女真諸部を女真・兀良哈・兀狄哈等のように分けるが、この女真は、狭義の女真である。

明朝は女真各部に対し建州女真・海西女真・野人女真の三区分を用いたが、こうした区分は同等の地理学的含義をもつわけではない。建州の名は、渤海の恤品河（今の綏芬河）流域に設置された率賓府に隷属する建州に由来し、明初において胡里改江（今の牡丹江）と松花江との合流点にあった一部の女真人が南遷して恤品河流域に至り、永楽元年（1403）に明朝がそこに建州衛を設置することによって、建州女真と称されるようになった。海西は、松花江の別称であり、元朝が松花江流域に海西道を設置したため、現地の女真人は明朝に海西女真と総称された。明初に設置された海西衛は、もとの元の海西道の名に因んだものである。忽剌温江（呼蘭河）流域に居住する女真人が海西女真の主体であったため、海西女真は忽剌温女真とも称された。永楽元年十二月、明朝はそこに兀者衛を、ついで肥河衛・嘔罕河衛などを相次いで設置した。元来地理的名称であった建州・海西は女真部族の名称に転用されたのち、女真人の断続的な遷徙によってもとの疆域の含義を失ってしまい、もっぱら女真部族を指す固有名詞となった。女真文においては、建州・海西ともに漢語の音訳形をとっているが、ただ野人という言葉だけは意訳形であり、udigənとする。その本義は「野」なので、一般に満洲語wəʤi（密林）に相当すると思われる「兀者」とは同一語ではない（udigənとuʤəの二つの名称は漢字の表記が異なる各種の音訳で遼金元各代に併存しているので、あきらかに同一語ではありえない）。野人は、未開部族に対する蔑称であり、そもそも特定の地域という含義を持たなかった。永楽十一年（1413）に明朝が黒龍江下流域の奴児干において女真・吉列迷・苦夷を招撫するために建てた『永寧寺記碑』では、現地の女真居住民を、漢文で「野人」、女真文でudigənとするが、女真大字碑文の書写者である「遼東女真康安」に対しては、ʤuʃəを冠する。明らかに、udigənで示される現地の女真人とʤuʃəで示される遼東の女真人は、文化の優劣や帰化の有無によって区別されている。野人女真と建州女真・海西女真を並列し女真を三区分する記述は、万暦十五年（1587）に改訂された『大明会典』に最初に見えるが、それまでは、建州女真と海西女真という二区分しかなかった、時折現れる「野人女真」は、不特定な蔑称にすぎない。朝鮮史料に頻見する「野人」も、同様の意味を含んでいる。『明実録』の野人女真に対する解釈には、極東の処に住み、中国から甚だ遠く、朝貢は常無し、とある。現存の79通の『女真訳語』来文の中には、野人女真と明示する衛は1個もない。実際には、「海西」という概念は、明代で指すところは広く漠然としており、建州以外のあらゆる女真部落を海西と汎称する。「極東の処」にあった女真は、明の辺境に赴き互市または入貢を行おうとすれば、海西女真を経由しなければならないので、往々にして「海西」に含まれてしまうのである。

女真各部は明一代には絶えず南遷の趨勢を呈しているが、それには様々な原因がある。明初、海西地区を支配する元海西右丞阿魯灰と元遼陽行省左丞相納哈出が相次いで明朝に降伏した結果、海西地区におけるモンゴル勢力が消失し、忽剌温女真は自由に移動するようになった。マンチュリア

の全面的経営、女真各部の招撫を図った明成祖の撫綏政策のもとで、忽剌温女真は南徙しはじめた。忽剌温女真の勢力が南に拡張した結果、元朝が松花江・胡里改江合流点に設置した五万戸府は崩壊し、建州女真がかれらの圧迫から逃れるために南遷するという連鎖反応を引き起こした。正統三年（1438）、建州衛は明辺に沿った婆豬江流域まで南遷し、一方建州左衛は南下して朝鮮の東北辺境に入った。こうした事情から見て、当時第二松花江流域まで南下した忽剌温女真はすでにかなりの数に達していたものと思われる。忽剌温女真の南遷は、モンゴルの動向とも直接に関係していた。洪武十一年（1378）、元昭宗アユルシリダラの死後、その子であるトグス・テムルが即位し、相変わらず大元と自称し、明朝に対峙した。洪武二十一年（1388）、トグス・テムルが殺されると、モンゴルのハーン権が失墜し、諸部の割拠分立の状態になった。永楽六年（1408）、アスト部族長アルクタイがベンヤシリをハーンに立て、自ら支配権を握る。明朝はモンゴル諸部を安撫するために、まずはオイラトのマフムード、タイピン、バト・ボロトを順寧王、賢義王、安楽王に封じ、ついで永楽十一年（1413）、アルクタイを和寧王に封じ、かれを漢朝に忠誠を尽くした匈奴呼韓邪単于に準えた。宣徳年間（1426-35）、アルクタイはオイラトとの紛争にしばしば敗れ、東に転じて兀良哈三衛を攻撃する。兀良哈三衛の部衆は明の遼東辺外まで避難するものもあり、海西まで逃れたものもあったが、アルクタイがさらに海西に攻め入ったことは、忽剌温女真の大規模な南遷を引き起こした。宣徳九年（1434）、オイラト順寧王の子トゴンがアルクタイを殺し、トクトア・ブハをハーンに擁立し、自ら太師と称しモンゴル東部を統轄するようになった。正統四年（1439）、トゴンの子エセンは太師の位を継承し、「土木の変」後、大軍を遼東へ進め、その勢力は松花江から脳温江（今の嫩江）に至る広大な地域を席巻した。大いなる災厄を被った海西女真各部は、南遷を続ける過程で、統合に向かい、嘉靖年間（1522-66）までに、扈倫四部と称される哈達・葉赫・輝発・烏拉の四大部に統合された。

扈倫四部はともに居住地にあった河川の名にちなんで部族名を改称した。葉赫部は、明初に設置された塔魯木衛に出自する。輝発部は、明初に設置された肥河衛と嘔罕河衛が合併して形成された。烏拉部は、明初に設置された兀者前衛に出自する。哈達部と烏拉部は先祖を同じくし、速黒忒（四世祖）の時期に兀者前衛より分化し、さらに塔山前衛と合併して形成された。朝鮮史料では、肥河衛・嘔罕河衛・兀者衛のこれら海西女真を「忽剌温兀狄哈」と総称し、すなわち忽剌温野人のことである。

明朝中葉以降、扈倫四部で最も強大だったのは哈達であった。哈達の万汗は、万暦三年（1575）に龍虎将軍に封ぜられ、その領地は東は輝発江および吉林地方に至り、南は太子河上流域から興京付近に至るもので、士馬は強盛で、諸部に君臨し、支配下の城は20余りに及んだ。万暦十年（1582）、万汗が死ぬと、その勢力は日に日に衰え、わずか5城を残すのみとなった。万暦十七年（1589）、努爾哈斉は明によって都督に封ぜられ、哈達に代わる勢力となった。万暦二十一年（1593）九月、葉赫・哈達・烏拉・輝発・ホルチン・錫伯・掛勒察・珠舎里・訥殷の九部連合軍は三万の衆で努爾哈斉を攻撃したが、古埒山で大敗した。万暦二十三年（1595）、その勢力を認めた明朝より龍虎将軍に封ぜられ、努爾哈斉は遼東女真諸部の盟主となった。この時期に、扈倫四部では葉赫だけがやや強く、他の三部はともにふるわなくなっていた。そこで、努爾哈斉は各個撃破の策をとり、万暦

第一章　元明時代の女真

二十七年（1599）に先ず哈達を征服し、明朝は哈達を復興するように命じたが、万暦二十九年（1601）に哈達は最終的に滅亡した。ついで、万暦三十五年（1607）に輝発を、万暦四十一年（1613）に烏拉を滅ぼした。万暦四十七年（1619）に葉赫に侵攻すると、葉赫の請援を承けた明朝は楊鎬を出兵させたが、結局薩爾滸の大敗を被った。かくして葉赫も滅亡した。万暦二十一年（1593）の九部連合軍の戦敗ののち、30年たたないうちに扈倫四部は悉く努爾哈斉に併呑されてしまった。ここから、マンチュリアには建州女真の天下一統という斬新な民族地図が出現するのである。

本章参考文献

金啓孮『明代蒙古史』大学講義教材。1959年。

　　　『北京郊区的満族』内蒙古大学出版社、1989年。

　　　『漠南集』内蒙古大学出版社、1991年。

　　　『沈水集』内蒙古大学出版社、1992年。

　　　『清代蒙古史札記』内蒙古人民出版社、2002年。

　　　『梅園集』哈爾濱出版社、2003年。

金光平・金啓孮『女真語言文字研究』文物出版社、1980年。

白翠琴「明代前期蒙古与女真関係述略」、『中国蒙古史学会論文選集』中国蒙古史学会、内蒙古人民出版社、1983年。pp. 208～215。

孫進己・張璇如・蒋秀松・于志耿『女真史』吉林文史出版社、1987年。

張永江・葉雪冬「試論葉赫部的族属与歴史分期問題」、『内蒙古大学学報』1989年第2期。pp. 28～36。

河内良弘『明代女真史の研究』同朋舎、1992年。

　　　「朝鮮国の女真通事」、『東方学』巻99、2000年。pp. 1～15。

金光平・金啓孮・烏拉熙春『愛新覚羅氏三代満学論集』遠方出版社、1996年。

増井寛也「明代の野人女直と海西女直」、『大垣女子短期大学紀要』vol. 36、1996年。pp. 55～66。vol. 37、1997年。pp. 37～49。

　　　「明末の海西女直と勅書制」、『立命館文学』579号、2003年。pp. 37～74。

李善洪「猛哥帖木児与朝鮮関係述略」、『史学集刊』1999年第3期。pp. 10～15。

欒凡「明代女真族的貿易関係網及社会效應」、『北方文物』2000年第1期。pp. 73～76。

刁書仁「元末明初朝鮮半島的女真族与明、朝鮮的関係」、『史学集刊』第3期、2001年。pp. 65～69。

　　　「論薩爾滸之戦前後後金与朝鮮的関係」、『清史研究』2001年第4期。pp. 43～50。

刁書仁・王剣「明初毛憐衛与朝鮮的関係」、『明史研究』第7輯、黄山書社、2001年。pp. 252～268。

金光平・金啓孮・吉本道雅・烏拉熙春『愛新覚羅氏三代阿爾泰学論集』明善堂、2002年。

愛新覚羅　烏拉熙春『女真語言文字新研究』明善堂、2002年。

謝肇華「浪孛爾罕事件与女真、満洲民族精神的覚醒」、『金啓孮先生逝世周年紀念文集』、東亜歴史文化研究会、2005年。pp. 165～172。

A. R. アルテーミエフ『ヌルガン永寧寺遺跡と碑文―15世紀の北東アジアとアイヌ民族―』菊池俊彦・中村和之監修、垣内あと訳、北海道大学出版会。2008年。

第二章　『女真訳語』

第一節　『女真訳語』解題

　『女真訳語』は明代に編纂された『華夷訳語』の一つである。
　『華夷訳語』は明清両代に設置された四夷館（清代に至って「四訳館」と改名した）や会同四訳館などによって編纂された大量の漢語と周辺各民族言語との対訳語彙集（「雑字」と称する）および進貢上奏文（「来文」と称する）に関する総称である。一般に石田幹之助氏の説による甲乙丙丁の四類に分けられ[①]、具体的な内容は、以下の如くである。

　1.甲種『華夷訳語』（「洪武『華夷訳語』」とも称する）
　明・洪武十五年（1382）に翰林侍講火源潔と編修馬沙亦黒などが太祖の勅を奉じ編撰したものである。洪武二十二年（1389）十月十五日に翰林学士劉三吾の序を附し、同年に刊行した。記録されたのはモンゴル語の一種だが、モンゴル文字が附いていない。
　2.乙種『華夷訳語』（「永楽『華夷訳語』」とも称する）
　明成祖永楽五年（1407）に設置された四夷館が編集したものである。四夷館には、韃靼・女真・西番・西天・回回・百夷・高昌・緬甸の八館が設置されており、のちに明武宗正徳六年（1511）に八百館を増設し、明神宗万暦七年（1579）にさらに暹羅館を増設したことにより、合計十館となっている。この十館によって編集された異民族文字に漢字の音訳と意訳を附した訳語は、言語系統より分類すれば、

　　　アルタイ諸語：　　　韃靼・女真・高昌
　　　シナ・チベット諸語：西番・百夷・緬甸・八百・暹羅
　　　印欧諸語：　　　　　回回（ペルシャ）・西天（印度）

となっている。これらの民族はまさに1413年に建てられた『永寧寺記碑』に見える「九夷八蛮」に内包されるものであろう。
　永楽『華夷訳語』はちょうど四夷館が初めに設置された際に編纂されたものであり、編纂の目的は入貢用の上奏文の翻訳や館員の学習のためである。8種類の訳語はすべて統一した体例に従って編纂されたものであり、一般に雑字と来文の両部分より構成され、「雑字」は夷・漢対照の形をとって十数門類ごとに分類して集められた語彙集であるが、「来文」は漢訳文の附いた入貢上奏文で

---

① 石田幹之助「女真語研究の新資料」、『桑原博士還暦記念東洋史論叢』弘文堂書房、1931年。pp.1271～1323。

第二章 『女真訳語』

ある。それを公文書類として保存することもし、語学学習の手本にもなる。

清・順治元年（1644）に四夷館が四訳館に改名され、清朝に接収管理されるに至っても、増補は引き続き行われていた。この種の訳語には、異なった写本が多く存在しており、個別ながら刻本も刊行されていた。

　3.丙種『華夷訳語』（「会同館『華夷訳語』」とも称する）

　この種の『華夷訳語』は「雑字」のみを有し、「来文」が附いておらず、「雑字」の方も漢文の音訳だけで、その言語の文字がない。朝鮮・琉球・日本・安南・占城・暹羅・韃靼・畏兀児・西番・回回・満刺加・女直・百夷という、合計十三館訳語を数える。そのなかの日本館訳語と満刺加訳語に明・嘉靖二十八年（1549）校正の奥書があることより、成書の年代が窺われる。

　さらに一説では、明・茅瑞徴（字は伯符［1597-1636］）が集め、明・会同館が編纂したとされる。茅瑞徴については、『明人小伝』四、『明詩綜』五十九、『静志居詩話』十六などに簡約な記述が見える。茅氏は茅坤の従孫に当たり、号は苕上愚公、または澹泊居士とされる。万暦二十九年（1601）の進士であった。書室は浣花館と名付けられた。著作には、『虞書箋』『禹貢匯疏』『象胥録』『澹泊斎集』などがあったが、ことに丙種本十三館訳語の編集によって世に知られている。丙種本訳語が確かに茅氏によって編集されたのであれば、かれの生卒年によって丙種本訳語の成書年代が乙種本訳語より遅れることを推定しうる。

　この種のテキストは写本だけがあり、刻本がない。しかもその大部分は中国国内に収蔵されることがなくなっている。会同館編のこの種の『女真訳語』については、時代的に乙種本『華夷訳語』より遅れると見なすのが一般的である。現存の79通の『女真訳語』来文から見れば、海西女真と明示される来文は合計50通、建州女真と明示される来文は合計8通となり、その他の21通には、海西女真に属するものと推定できるものは11通、残った10通はなお研究をまたねばならない。このように、80％近くの来文がみな海西女真のものであることがわかっている。これらの来文における上奏時期は、およそ明英宗天順（1457-64）から明世宗嘉靖（1522-66）末年にかけての間である。80％が海西女真より来た歴史的背景は次の如くである。成化三年（1467）に明廷が建州女真を討伐し、重大な打撃を被らせたうえ、辺牆を築き上げてかれらの侵入を抑えることを図った。ゆえに、東の女真の活動が一時的になりをひそめた、一方、北方にあった海西女真が建州女真に代わって活躍し始める。従って、時期的に推測すれば、会同館『女真訳語』に記録された女真語はまさに海西女真が使用していた方言の一つにほかならないということになる。

　四夷館が編集した女真字の附いた『女真訳語』および会同館が編集した女真字の無い『女真訳語』のどちらも、異民族の言語を通訳することを目的とするが、それぞれの編成の内容から見れば、前者は翻訳並びに女真文の上奏文（来文）を書くことを主要な目的とし、後者の方はむしろ貢納のため上京する女真人を訓誡することを主要な目的とする。

　4.丁種『華夷訳語』（「会同四訳館『華夷訳語』」とも称する）

　清・乾隆十三年（1748）に会同四訳館の設立後に編纂された。あわせて42種71冊あり、みな「雑字」で、「来文」は無い。『琉球語』一種を除けば、みなその言語の文字が附いている。この種の訳語は中国国内の所蔵がもっとも完全だが、写本に限られる。中国国外にも一部収蔵され、刻本さ

第一節 『女真訳語』解題

えもある。

　訳語という形式で異民族の語彙集を編纂する伝統は、およそ元代より始まった。「訳語」をこの種の語彙集の名称とするゆえんは、『至元訳語』正文の前の序に次のように見える。

　　至元訳語、猶江南事物綺談也。当今所尚、莫貴乎此。分門析類、附于綺談之後、以助時語云。記曰:五方之民、言語不通、嗜欲不同。達其志、通其欲、東方曰寄、南方曰象、西方狄鞮、北方曰訳。訳者、謂辨其言語之異也。夫言語不相通、必有訳者以辨白之、然後可以達其志、通其欲。今将詳定訳語一巻、刊列于左、好事者熟之、則答問之間、隨叩隨應、而無駝舌鯁喉之患矣。

　訳語の体例は、複数の門類に分かれた語彙集となることが普通である。これらの門類には、一般に自然名称、社会名称、衣食住行、器物道具など多方面にわたる内容があるが、編纂された時代によって、分類の細部においては若干の差異が見られる。

　現存の訳語は、元世祖至元年間（1264-94）に編集された『至元訳語』を筆頭に掲げる。それは漢語とモンゴル語との対訳語彙集であり、当初、元泰定二年（1325）刊行の『事林広記』に収録されていた。『事林広記』は、南宋末の陳元靚が編集したものだが、いくつか異なるテキストが伝えられている。その中に『蒙古訳語』を書名としながら、内容的に『至元訳語』とまったく同じものがあった。『涵芬楼秘笈』第四集所収の『華夷訳語』の跋文（孫毓修撰、民国七年[1918]）によれば、『至元訳語』のほかに、元代では女真訳語を含む十三国訳語を編集したことがあるという。

　　『華夷訳語』不分巻、明洪武十二年、翰林侍講火源潔訳経廠刊本、有劉三吾序凡例六則、前半分『天文』等十七門以類字、後半載阿札失里等詔勅書状十二首。按火源潔本元人仕元。有朝鮮、琉球、日本、安南、占城、暹羅、韃靼、畏兀児、西蕃、回回、満喇伽、女直、百夷十三国訳語、元時有彙刻本、亦名『華夷訳語』。

　跋文のいわゆる「十三国訳語」は名前が見えるだけだが、孫毓修氏が歴とした証拠があるように言っているので、確かに存在していたかもしれない。元代に『女真訳語』を編纂した際に、最も参考とすべき対象は金代に完成された『女直字書』にほかならない。元は金とは時代が離れておらず、金代の典籍は戦災ですべて壊滅したわけでもなく、加えて金朝の制度は契丹とは異なり、書禁令を施したこともない。『朝鮮北青女真字石刻』（1158年または1218年）の書写者であった高麗僧侶が女真文字に通じているという史実、および『高麗史』に載る高宗十二年（1225）に東真人周漢が高麗朝廷に招かれ、女真文字を教授したなどの史実から見れば、金朝が編纂した唯一の女真文字教科書である『女直字書』は、遅くとも金宣宗の世（1213-23）にはすでに域外に伝わっていた。元朝が興起すると、高麗を藩属国としたので、『女真訳語』を編纂するのに必要な手本となる『女直字書』は、仮に本土ですでに見つからなかったとしても、藩属国より持ち帰ることも決して困難では

ない。
　ここから推論できることは、金代の『女直字書』から元代の『女真訳語』さらに明代の『女真訳語』に至るまで、直接的継承関係が存在するということである。

第二節　『女真訳語』の雑字

　四夷館『女真訳語』は雑字と来文との二部からなり、来文のすべては漢文文法による女真語彙の寄せ集めであり、女真人に出自するものでないことは一目見ればわかるが、雑字の中にも想像を大きく上回る数の「漢風女真語」が混在していることはいままでほとんど言及されていない。
　本章が研究の対象とするのは、明朝四夷館が編集した女真大字の附いた『女真訳語』における雑字の部分である。
　ベルリン本『女真訳語』雑字には、871個の単語と連語が収録され、東洋文庫本に収録されるが前者には見えない45個を加えれば、合計916個となっている。その中の128個は漢語音訳語（漢語訳音語を含む連語）または漢語訳音語幹をもつ動詞である。従って、女真大字の音価を推定するには、まず以下の3種類の異なる場合が存在することに注意しておかなければならない。
　1. 女真語を綴るのに専用する女真大字。
　2. 女真語と漢語訳音語とを綴るのに兼用する女真大字。
　3. 漢語訳音語を綴るのに専用する女真大字。
　『女真訳語』は女真大字の使用環境のうちの僅かな一部であるため、一部の女真大字は『女真訳語』においては上に掲げる3種類の場合のうちの一種にしか使用されず、しかし他の女真文資料においてはさらに別の用法をもっていることがある。ゆえに、こうした3種類の異なる状況のもとに現れる女真大字を弁別するには、その前提条件として、いままで発見されたすべての女真大字資料（墨跡、碑刻、辺款、印文）を全面的に考察しなければならない。次に、『女真訳語』の注音漢字そのものについてもむら無く考察する必要がある。『女真訳語』の注音漢字は、『元朝秘史』および甲種本『華夷訳語』の如き精確な音訳法とは比べものにならない、かなりいい加減な印象を受ける。従って、注音漢字のみによっては女真語の音価を復元してはならない。その中に存在する問題は、1個の漢字を複数の音節で代表させる、1個の音節を複数の漢字で代表させる、便宜上の表音、漢字の意味をこじつける表音、誤字・衍字・遺漏字など、諸方面にわたっている。これらすべては女真語を復元する際に注意を払わなければならない問題というべきである。
　以上の3種類の場合を基準として、『女真訳語』女真語の復元原則を以下のようにまとめておく。

　1. 女真語を綴るのに専用する女真大字
　この部分の女真大字の出現環境には、3種類を含む。
　(1)表意字。(2)「不完全な表意字＋表音字」の組み合わせ。(3)表音字の組み合わせ。
　後二者における場合、その音価の推定に当たって、特定の女真大字が金明両代の石刻に現れる環

第二節 『女真訳語』の雑字

境や、特定の女真語と親族言語との対応関係、および母音調和律に制約される特定の音節を主要な根拠としなければならない。注音漢字の提供する音韻は、せいぜい参考にしかならない。表意字の一部は、さらに不完全な表意字あるいは表音字として使用される事例もあり、それは音価推定に重要な手掛かりとなる。たとえ他の場合に現れたことがない表意字であったとしても、注音漢字に記される音韻を、女真語と親族言語との比較においてしかるべき場所に位置づけ、総合的判断を行うべきである。さらに特に断っておく必要があるのは、『女真訳語』そのものに反映された共時的音韻構造の特徴であり、会同館『女真訳語』および満洲語と較べた場合に多くの面に独特の方言的・時代的特徴が看取される。これらはみな総合的判断の際に注意すべき問題である。

2. 女真語と漢語訳音語とを綴るのに兼用する女真大字

この種の女真大字の音価を推定するには、女真語の単語に用いる音韻形式を主な依拠とすべきである。女真語と漢語のそれぞれが具有する音節のすべてが同様であるとは限らないので、この種の女真大字が漢語の音韻を表現する場合、女真人の発音習慣に従う音韻によって漢語の発音を代替させる便宜上の措置が存在することに十分に配慮しなければならない。

3. 漢語訳音語を綴るのに専用する女真大字

この種の女真大字の推定条件は表音漢語のみにあるとはいえ、すべての注音漢字が女真語の発音をありのままに反映しているわけではない場合があることに注意すべきである。たとえば、漢語の意味にこじつけるための注音漢字や、注音漢字そのものに存在する便宜上の措置などの諸問題がそれである。たとえ漢語に由来する借音語であったとしても、女真語の母音調和律に吻合させることを推定の原則とすべきであり、女真大字が契丹字より受け継いだ表音上の慣習的用法に基づくべきである。こういう問題は主に動詞語幹が漢語に由来する借音語である場合にある。

『女真訳語』雑字の女真大字の収録数について、従来の統計結果は異なっている。その原因はおおむね以下の三つによる。

1. 形と音が近似している女真大字を同じ字と見なしてしまう。
2. 書き間違った字を正字と異なる別個の女真大字と見なしてしまう。
3. 同じ女真大字の異体字をそれぞれ別個の女真大字と見なしてしまう。

下表の統計は、上述の三項目の誤解を排除して得られた結果であり、合計699字となっている。

しかしながら、実際に『女真訳語』雑字に出現する字はこの数に止まらない。というのは、一部の誤字のもとの正字が『女真訳語』に現れていないからである。たとえば、「婿」の表意字は、『女直字書』では禾とされているが、『女真訳語』の方はo母音を表示する禾とまったく同形の字となっている。これは、明らかに形が近いため誤ったものである。「眉」の語頭字と動詞「回」の語幹字は、『女真訳語』では同形の乑とされているが、注音漢字による発音によれば、両者の発音は全く関係がなく、どちらかに誤りがあるにちがいないことは明らかである。金代の『蒙古九峰石壁石刻』に出現する動詞「回」の語根字は乑と形が近い、従って、「眉」の語頭字はそれと筆画に差があるべきところ、形が近いため誤ったとも推測しうる。「百」と「夢」の語頭字をともに同形の有

とするが、音節の構造はそれぞれ異なる。「百」は『女直字書』・『永寧寺記碑』ともに有のように書いており、さらに契丹大字有の形と音より推測すれば、「夢」に使う有の方は誤字にちがいない。去という字は『女真訳語』では３種類の異なった音価で表示されており、『女直字書』にはちょうど形が近い去・方・去の三つの字が併存することから、最初に３種類の音価をそれぞれに分担させたが、形が近いせいで混用したり合併したりするようになったのだろう。雨の音価はkuだが、「都蛮」とも表音され、それに当たる女真大字が１個の字あるいはduとmanの２個の字なのかなお不明だが、１個の字であるとしたら、『女真訳語』にはdumanを示す女真大字が存在せず、その字が漏れてしまったにちがいない。また、『女真訳語』のあるところでは雨を甬のように書いているが、後者はその他の場合に出現することがなく、甬を雨の異体と見なすことはできない。両者は形は近いが音価が異なり、同じ字ではないことは『女直字書』と金代石刻より証明できる。

第三節　『女真訳語』雑字の表意字、不完全な表意字および表音字

　下表「『女真訳語』雑字に見える表意字・不完全な表意字・表音字」に収めたのは、『女真訳語』の雑字において単語を綴るに当たって、その用法と位置によって音価の異同を示す女真大字である。
　表の第一欄は、１個の女真大字で１個の単語（訳音語を含む）を表す表意字である。格語尾を表す表音字および『女直字書』に載せない漢語訳音字を除けば、表音字が続かない『女真訳語』に見える表意字は、合計130個となっている。これらの表意字の大部分は、『女直字書』の相応の門類に現れ、少数のものは、表音字が続く形式が石刻に見える。
　表の第二欄は、不完全な表意字および語頭に位置しながらも『女直字書』においてその他の門類に属する借音字である。その中の一部の字は、『女直字書』に見えないが、石刻や『女真訳語』において終始同一語の語頭字に用いられることから、それらも不完全な表意字に属すると見なしうる。
　表の第三欄は、語中音節を表す表音字である。
　表の第四欄は、語尾音節を表す表音字である。しかしながら、個別の語尾音節の表音字は、『女直字書』においてはその単語の表意字であったはずだが、前に表音字が附いた結果、もとの表意字が代表する音価が語尾音節に変わってしまう事例がある。こうした事例はそれほど多くはないが、不完全な表意字が形成される特徴の一つとして看取される。
　以下、誤字はアミカケで表示し、[]で正字を附記する。

		『女真訳語』雑字に見える表意字・不完全な表意字・表音字			
		表意字、訳音字	不完全な表意字・表音字	非語頭表音字	語尾表音字
a	1		夨*a阿		夨*ha哈
	2		夕*a阿	夕*ga阿	夕*ha, ga哈
	3		东*a阿		

第三節　『女真訳語』雑字の表意字、不完全な表意字および表音字

4	呑*abuga阿卜哈			
5	厌*adi阿的			
6	叐*adʑir阿只児			
7	刞*agda阿荅			
8	耂*agdian阿玷			
9		赱*aha阿哈		
10		尭*ahu阿渾		
11		虬*aju阿于		
12		岁*ala阿剌		
13		尿*ala阿剌		
14	柔*alawa阿剌瓦			
15		牝*ali阿里		
16		斥*alʃu安春		
17		癸*am安		
18		冬amba安班[巴]		
19	㒵*amin阿民			
20	七*amʃo安朔			
21		勿,㣺*amu阿木		
22		朵*an岸		
23		市*an岸		
24			米*an	米*an岸
25				芀*an岸
26	朵*ania阿捏			
27				牟*aŋ安
28				甬*ar児
29		令*atʃi阿赤		
30		开*atʃi阿赤		
31		屮*ai愛		
32				兊*ai愛
33				帀*ai哀
34		企*aiwan愛晩		

第二章 『女真訳語』

b	35	㐷*ba巴	㐷*ba巴		㐷*ba巴
	36		舌*ba巴		
	37		半*ba巴		
	38		育*baha八哈		
	39				岙*bal巴勒
	40		㞟*bandi半的		
	41	金*bai伯	金*bai伯,百		金*bai珀
	42		炏*bai伯		
	43	灻*bə伯	灻*bə伯	灻*bə伯	
	44	夲*bəjə背也			
	45	羊*bəri薄里			
	46	坕*bəi背			
	47		凨*bəi背		
	48		桃*bi必	桃*bi必	桃*bi必
	49		更*bi別		更*bi別
	50			尨*bi別	尨*bi別
	51	月*biga必阿			
	52				厼*(a)bka卜哈
	53	侑*bira必阿[剌]			
		侑[侑]*hiən賢元[賢]			侑[侑]*hiən咸
	54	伩*bithə必忒黑			
	55	兏*bo卜,薄	兏*bo卜	兏*bo卜	
	56		废*bo卜		
			厎[厎]*bo卜		
	57		凩*bo卜		
	58		圡*bo卜		
			圵[圵]*bo卜		
	59		㠯*boǧo卜斡		
	60	孔*bolo卜羅			
	61	仐*botʃo卜楚	仐*botʃo卜楚		
	62		癸*bu卜		癸*bu卜

第三節　『女真訳語』雑字の表意字、不完全な表意字および表音字

	63		乏*bu卜		
	64		孖*bu卜		
	65		朱*bu卜		
	66				先*bu卜
	67		疋*budi卜的		
	68		盐*budu卜都		
			盐[市]*ta塔		
	69	奎*buǎa卜阿			
	70		另*buluŋ卜弄		
	71				为*buma卜麻
	72	仗*bun本		仗*bun本	
	73			另*bun本	另*bun本,歩
	74		支*bura卜勒[剌]		支*buran卜連
	75				号*burən卜連
	76				丈*buru卜魯
	77		屏*bur卜魯		
	78				凪*buwi卜為
	79		柒*bui背		
d	80	冉*da答			冉*da答
			甬[冉]*da根[答]		
	81		甫*da,dar答	甫*da,dar答	甫*da答
	82		灰*da答		
	83		肤*dab答卜		
	84		干*dalba答勒巴		
	85				球*dan丹
	86		奥*dalu答魯		
	87	土[土]*darhon答児歓			
	88		秉*daʃi答失		
	89	矢*dau道		矢*dau道	
	90	天*dai,tai帯,臺			天*dai大
	91		呈*də忒		

92		並*də弑	並*də弑	並*də弑
93		壬*də弑		
94		为*dədu弑杜		
95		売*dəg弑		
96	丕*dəhi弑希			
97	伐*dəi德			
98		式*dəl弑勒		
		式[戈]*golmi戈迷		
99		关*dən殿		
100				父*dən登
101		乑*dəu斗兀		
102	甪*di的	甪*di的	甪*di的	
103			卦*di的	
104		梓*dibu卜的[的卜]		
105		先*dilǧa的勒岸		
106			余*diŋ丁	
107		芉*dir的兒		
108		厌*dira的剌		
109	柯*dien殿			柯*dien甸
110	㭍*do朶	㭍*do朶	㭍*do朶	㭍*do朶
111	秦*doho朶和			
112	仔*doko朶課			
113		㝎*dolwo多羅斡		
114		伢*dondi端的		
115	宙*dorbi朶里必			
116	友*dorhon朶兒獾			
117		乿*doro多羅		
118		南*du都		
119		丹*du都	丹*du都	丹*du都
120	釆*dudu都督			
121		毛*duwə都厄		

第三節 『女真訳語』雑字の表意字、不完全な表意字および表音字

122	卡*dujin都因			
123	桌*duka都哈			
124		赤*dulə都厄[勒]		
125		勺*duli杜里		
126		南*dulu都魯		
127		夘*dulū都魯		
128	仅[士]*durhon独児獾			
129				東*duru都魯
130		坐*dusu都速		
131		为*duta都塔		
ʨ 132		共*ʨa扎	共*ʨa扎	共*ʨa扎
133		亮*ʨa扎		
134		尾*ʨa扎		
135		甪*ʨa扎		
136		並*ʨa扎		
137			夂*ʨa扎	
138			矛*ʨa乍	
139		芺*ʨafa扎法		
140	丹*ʨakun扎困			
141	歩*ʨakunʨu扎困住			
142	岑*ʨam站			
143	屯*ʨargu扎魯兀			
144		无*ʨaʃi扎失		
145		亦*ʨau召		
146		矢*ʨə,ʨəg者		
147		旻*ʨə者	旻*ʨə者	旻*ʨə者
148	又*ʨəu州			
149		米*ʨi只		
150	峗*ʨi旨	峗*ʨi指		
151		長*ʨi只		
152			朵*ʨi只	朵*ʨi只,知

第二章 『女真訳語』

	153		癹*ʥig只		
	154		厌*ʥil只里		
	155		犮*ʥin鎮,真		
	156	尒*ʥirhon只児獾			
	157		伍*ʥisu只速		
	158		夺*ʥo拙		
	159		岸*ʥo卓		
	160		乇*ʥo卓		
	161		刐*ʥor準		
	162		氘*ʥu朱		
	163	盂*ʥu竹	盂*ʥu住,注	盂*ʥu住	盂*ʥu住
	164		贡*ʥu朱		
	165	覀*ʥuğa朱阿			
	166		枭*ʥulə諸勒		
	167	半*ʥua攧			
	168	厦*ʥuan磚			
	169	二*ʥuə拙			
	170	凪*ʥui追			
ə	171		庲*ə厄		
	172		厍*ə厄		
	173				乇*ə,gə厄
	174		乘*əb厄卜		
	175		甪*ədu厄都		
	176	旱*əhə厄黒			
	177		抹*əi厄一		
	178				羊*əi厄
	179		丈*əju厄云		
	180		傘*əl厄		傘*əl,ər厄
	181		埣*əl恩		
	182	宵*əihən厄恨			
	183	冖*əmu厄木			

第三節 『女真訳語』雑字の表意字、不完全な表意字および表音字

	184		仌*əmu, əm厄木		
	185	立*ən恩	立*ən恩	立*ən恩	立*ən恩
	186	奋*ənin厄寧			
	187		向*əŋ恩		
	188		苹*ər厄魯		
	189		盂*ər脈[厄]児		
	190				余[余]*ər厄
	191				羋*ur, ər児, 魯
	192	丑*ərə厄勒			
	193	毛*ərin厄林	毛*ərin厄林		毛*rin厄林
	194	与*əsə厄塞			
	195		束*əʃi厄申		
	196	朶*əʒən厄然			
	197		肯*ətə厄忒		
	198		余*əu嘔		
	199		厷*əwu厄兀		
	200	司*əwu厄舞			
f	201		抚*fa法	抚*fa法	抚*fa法
	202		戈*fa法		
	203		卞[?]*fai肥		
			卞*muta木塔		
	204		伐*fak法		
	205		伉*fama法馬		
	206		正*fan番		
	207				夊*fan番
	208				癸*fan番
	209		兵*fanʧu番住		
	210		夛*fanʧu埋番住[番住]		
	211		肯*fari法里		
	212		兰*fə弗		
	213		舟*fə弗		

第二章 『女真訳語』

	214		夿*fəʨi弗只		
	215			舟*fən番	舟*fən番
	216		匊*fən番		
	217		贾*fəri弗里		
	218	早*fi非	早*fi非		早*fi非
	219		籴*fi非		籴*fi非
	220		犾*fi非		
	221	侖*fila非剌			
	222	杢*fisa非撒			
	223		尭*fiʒu非如		
	224		玫*fo伏,弗		
	225	夫*fojo縛約			
	226	屄*folto分脱			
	227	东*fu府,輔	东*fu弗		东*fu弗,撫
	228			釆*fu富	
	229		秉*fudə弗式		
	230		洗*fui肥		
	231		金*fula弗剌		
	232		壴*fulə伏勒		
	233		孚*fuli弗里		
	234		冘*fuli弗里		
	235	岙*fulmə弗脈			岙*fumə弗脈
	236		奀*fun分		
	237		釆*fun分		
	238		夅*fun分		
	239		叏*fundu粉都		
	240		庠*fusə弗塞		
g	241		乕*ga哈		乕*ga哈
	242		亥*ga哈		
	243			桼*ga哈	桼*ga哈
	244		皀*ga哈		皀*ga哈

第三節 『女真訳語』雑字の表意字、不完全な表意字および表音字

#				
245				夫*ga哈
246		叴*gai該		叴*gai該
247				驽*gai該
248		兇*galə哈勒		
249			兔*ğan安	兔*ğan安
250	全*gar哈児			全*gar哈児
251		厉*gar哈児		
252	屏*gau高	屏*gau高		
253	宋*gia甲			
254		半*giahu加渾		
255				兮*gian江
256		夯*gə革		
257			学*gə革	
258				㡳*ğə厄
259		抱*gə革		
260		矢*gə革		
261		灰*gə哥	灰*gə哥	
262		戈*ə厄	戈*ə,ğə厄	戈*gə厄
263				羑*gə革
264				号*gə革
265	秂*gəli革里			秂*gəli革里
266		斉*gəmu革木		
267		伴*gəŋ根		
268		禹*gər革		禹*gər,gə革
269				丸*giə解
270				吏*giən見,監
271		仠*gi吉		
272			史*gi吉,更	史*gi吉
273	斥*gi吉			斥*gi吉
274	京*giŋ京			
275	朱*giŋ斤			

第二章 『女真訳語』

#	col1	col2	col3	col4
276		吊*giŋ絹		
277		禸*gira吉波[浪]		
278				光*girə吉勒
279		禾*giru吉魯		
280	朱*gisa吉撒	朱*gisa吉撒		朱*gisa吉撒
281	肖*go騍	肖*go騍	肖*go騍	
282			氘*go戈	氘*go戈
283		弋*golmi戈迷 弌[弋]*golmi戈迷		
284	枀*gon関,観,冠,館			
285		佟*gor戈羅		佟*go戈
286	卫*gorhon戈児歓			
287		尤*goi乖	尤*goi乖	尤*goi乖
288		俘*gio交		
289	伖*gio闕,厥			伖*gio厥
290		吳*gu古	吳*gu古	吳*gu古
291				㐃*ğu兀
292				叐*gu古
293				厺*gu呉
294		夯*gul古剌		
295			仟*ğun温	仟*ğun温
296				昃*ğun,ŋun,ğon温
297	禿*guŋ宮			
298	王*guŋ公			
299		叐*gulma古魯麻		
300		伞*guri古里		
301		囲*guru国倫		
302	久*guʃin古申			
303		屯*gui帰,圭		
304		亣*gui貴		
305		朴*gui貴		

第三節 『女真訳語』雑字の表意字、不完全な表意字および表音字

h	306	夯*giun君			夯*giun軍
	307		伺*ha哈		
	308		岚*ha罕		
	309		南*ha哈		
	310			申*ha哈	申*ha哈
	311		庆*hab哈		
	312		里*hadu哈都		
	313		寿*hagda哈答		
	314		示*haha哈哈		
	315		尨*hal罕		
	316	舟*haldi哈的			
	317		千*hali哈里		
	318		风*halŭ哈魯		
	319	压*han寒			压*han罕
	320		屯*haʧi哈称		
	321		兀*hai孩		
	322			貝*hai孩	貝*hai孩
	323	市*hau侯	市*hau好		
	324		止*hia下		
	325			朮*hia下	朮*hia下
	326	吏*hien縣			
	327		臾*hə黑	臾*hə黑	臾*hə黑
	328		采*hə黑		
	329				任*gə厄
	330		突*həb黑卜		
	331	伴*həfuli黑夫里			
	332		仓*həhə黑黑		
	333		艾*hən恨		
	334		为*hər赫児		
	335			委*hər黑黑[里]	
	336	布*hərusə赫路塞			

第二章 『女真訳語』

337			井*həi黒
338	犀*hi希	犀*hi希	犀*hi希
339			芳*hin興
340	孟*hir希児		
341	冉*hiʃi希石			
342			禹*ho
343	夭*ho和	夭*ho和	夭*ho和
344	扞*hoɕo和卓			
345	希*holdo和朶			
346			夃*hon洪
347	灰*honi和你			
348	坐*hoto和脱		
349			史*hoi回
350	兜*hoiholo回和羅			
351	尚*hu呼	尚*hu忽, 琥	尚*hu戸, 瑚
352	孚*hu忽		孚*hu忽
353		去*hə[←*hu]黒 *u[←*hu]兀	去*hu忽	去*hu
		去*ur斡		去*uə[←*ur]厄
354	在*hu忽	在*hu忽	
355	夭*huhun忽渾			
356	举*hula虎剌		
357		千*hun洪	千*hun洪
358	牽*hun洪		
359	孕*huri忽里			
360	卦[卦]*huʃi忽十		
361	夹*hutu忽禿 夹[灾]*lau老		
362	夹*hutun忽屯		
363	夬*hua和	夬*hua化	
364	呈*huaŋ皇			

第三節 『女真訳語』雑字の表意字、不完全な表意字および表音字

	365		宋*hui回		宋*hui回
	366		犀*hiu許		
i	367	宅*i以	宅*i以		
	368		南*i一,亦		南*i夷,椅,驛
	369		于*il一勒,*ir一	于*il亦	于*il一
	370	头*ilan以藍			
	371		侚*iləŋ一棱		
	372		写*ili一立		
	373		耒*im因		
	374		禹*ima一麻		
	375				列*in因,庫[因]
	376		东*inda引答		
	377	今*indɕə印者			
	378	日*inəŋgi一能吉	日*inəŋgi一能吉		
	379		夂*iŋ因[英]		夂*iŋ因[英]
	380		毛*ir一児	毛*ir一里	
	381		早*ir一児		
	382		毗*isū一速		
	383	朱*iʃi一十	朱*iʃi一十		
	384		肯*itə一忒		
	385	半*iʧə一車	半*iʧə一車		
j	386		圤*ja牙	圤*ja牙	
	387		光*ja牙		
	388		炎*ja牙		
	389	困*jala牙刺			
	390		吞*jam言		
	391	牞*jan延			
	392	丗*jaŋ羊			丗*jaŋ羊
	393	宋*jara牙刺			
	394		吴*jaru牙魯		
	395			刈*jə也	刈*jə也

第二章 『女真訳語』

	396	伇*je[←*jin]惹			
	397				禿*jən言
	398		尒*jo又		
	399		冋*jo約	冋*jo約	
	400		夅*jo約		
	401	袖*johi姚希			
	402				攴*ju[←*ji]于
	403		伃*ju御		
	404	爪*juŋ容			
k	405		用*ka哈	用*ka哈	用*ka哈
	406				疖*ka哈
	407		夯*kada哈答		
	408		庋*kala哈剌		
	409		俫*kara哈剌		
	410		更*kə克	更*kə克	更*kə克
	411				夹*kən肯
	412		斤*kəŋ康		
	413	荅*kəu口			
	414	甫*kien謙			
	415		其*ki其		其*ki其
	416			禹*ku苦	禹*ku苦, 吉[苦] 都蛮[苦]
	417		舟*ku庫	舟*ku苦	舟*ku庫
	418	釜*kuŋ孔			
l	419		灰*la剌	灰*la剌	灰*la剌
	420		夭*la剌	夭*la剌	夭*la,ra剌
	421		灮*lau老 炗[灮]*lau老		
	422			荓*lian良	荓*lian良
	423			仸*lə勒	仸*lə勒
	424				㐌*lə勒

第三節 『女真訳語』雑字の表意字、不完全な表意字および表音字

	425	为*ləfu勒付			
	426	朿*ləfu勒付			
	427		朵*ləu樓		
	428		休*li里	休*li,ri里	休*li,ri里
	429		氽*liwa里襪		
	430	杲*lo羅	杲*lo邏	杲*lo羅	杲*lo羅,邏
	431	亩*loho羅和			
	432	弓*lu爐		弓*lu,-l魯	弓*lu魯
	433			房*lu魯	房*-r兒
	434	丕*ly綠			
m	435		元*ma馬	元*ma馬	元*ma馬
	436		尿*ma麻		
	437		呆*ma麻		
	438				发*ma麻
	439		立*mahi麻希		
	440		矢*mai埋		矢*mai埋
	441	夊*mamu麻木			
	442		禾*maŋ莽		
	443		千*mə脉		千*mə脉
	444		嵐*mədə脉忒		
	445		罙*məi梅		
	446		文*məŋgu蒙古		
	447		伏,伏*mər脉兒		伏*məi埋
	448		孛*mər脉魯		
	449	半*məʒilən脉日蘭			
	450	右*məi昧			右*məi昧
	451		屰*miə滅		
	452		兵*mi密	兵*mi迷	
	453	玊*miŋgan皿幹			
	454		吞*mia滅	吞*mia滅	
	455	乇*mian緬			

第二章　『女真訳語』

	456	爻*mo沒,莫	爻*mo莫		
	457		巴[虺]*moŋgu蒙古		
	458	羒*moro莫羅			
	459		夂*mu木	夂*mu,-m木	夂*mu目
	460		朱*mu木		
	461		晃*mu木		
	462		炎*mudu木杜		
	463		乑*mula木剌		
	464			灰*muŋ門	
	465	写*muŋ蒙			
	466				屏*mur木児
	467		伊*muri母林		
	468	屯*muə沒			
	469		夅*mui梅		
n	470	娑*na納			
	471			乏*na納	乏*na納
	472	子*nadan納丹			
	473	叧*nadanʨu納丹住			
	474		朱*nam南		
	475		存*nar納児		存*nar納児
	476		亐*nia捏	亐*nia捏	亐*nia捏
	477	仵*niarma捏児麻			
	478			脊*nə捏	
	479		关*nəhu捏渾		
	480		旲*nəku捏苦		
	481		屮*nəm南		
	482	笑*niənən捏年			
	483	羊*ni你			羊*ni你
	484		亐*ni逆		
	485		朹*nihia你下		
	486	三*nihun泥渾			

第三節 『女真訳語』雑字の表意字、不完全な表意字および表音字

o	487	忏*ninʤu寧住	忏*ninʤu寧住		
	488	宁*niŋgu寧住[古]			
	489	亏*niru你魯			
	490		光*no嫩		光*no嫩
	491		卂*no嫩		卂*no嫩
	492				庀*nor那
	493		希*nio嫩		
	494		厎*nu奴	厎*nu奴	
	495		床*nurə弩列		
	496		皮*nuʃi奴失		
	497	方*niuhun女渾			
	498		甹*o斡		
	499		东*o斡		
	500	乐[乐]*hodigo和的斡			乐*o斡
	501				止*o敖
	502		岗*odon斡端		
	503	兜*omo斡莫			
	504		岙*omo斡莫		
	505		羊*on晚		
	506		尧*on晚		
	507				发*on湾
	508	七*oniohon斡女歓			
	509	余*oŋ王			
	510		壬*or斡児		
	511			吏*or斡	吏*or斡
	512	亐*orin倭林			
	513		冬*oso斡速		
	514		朱*oʃi斡失		
p	515	休*paŋ胖			
r	516				卓*ra剌
	517				殳*ra剌

第二章 『女真訳語』

	№				
s	518				殀*rə勒,勒厄,厄
	519				佘*rə勒
	520				丈*ru魯
	521				爻*ru魯
	522		炭*sa撒		
	523		茶*sa撒	茶*sa撒	茶*sa撒
	524				庋*sa撒
	525		兄*sa,*sab撒,*ʃaŋ上		
	526		苊*sabi撒必		
	527		傘*sadu撒都		
	528		芇*saha撒哈		
	529		圣*sal撒剌		
	530		卉*saŋ将		
	531		死*sarɪ撒里		
	532	午*sai賽	午*sai塞		
	533		㠯*sai塞		
	534	㐨*sə塞			
	535		夭*sə塞		夭*sə塞
	536		囜*sə塞		
	537		伞*sə塞		
	538				庈*sə塞
	539	主*sələ塞勒			
	540				柔*səri塞里
	541		另*səru塞魯		
	542	盂*si犀,西			
	543	乐*sɪ子		乐*-s子	
	544	片*so左			
	545	片*so梭	片*so瑣		
	546		克*sok瑣		
	547		弔*sol瑣		
	548		侠*soŋ桑		

第三節　『女真訳語』雑字の表意字、不完全な表意字および表音字

549		冬*sori瑣里		
550	禾*su酥	禾禾*su素		禾*su素
551		盾*su素		
552		兮*sun寸		
553			壬*sun孫	壬*sun孫
554		夭*sur速魯		
555	米*surə速勒			
556	坒*susai速撒一			
557		羋*suən宣		
558				卅*sui随
559	炎*ʃa紗		炎*ʃa沙	
560		舍*ʃa沙		舍*ʃa沙
561		卞*ʃan珊		
562			伞*ʃan善	
563		仩*ʃaŋ尚		仩*ʃaŋ尚
564		寻*ʃau少		
565		乿*ʃə舍		
566				峇*ʃən先
567	乇*ʃi侍,史,士,師			乇*ʃi師
568		夊*ʃi失		
569		盂*ʃi失	盂*ʃi失	盂*ʃi失,食
570		吴*ʃi,ʃik失		
571	尿*ʃilu失魯			
572		尿*ʃim深		
573		邑*ʃimko申科		
574		壬*ʃin申		
575				奀*ʃin申
576		利*ʃiŋ申		
577		夹*ʃir失里		
578		先*ʃira失剌		
579	衷*ʃirga失児哈			

第二章 『女真訳語』

3 t	580	先*ʃiri失里			
	581	伩*ʃiʃi失失	伩*ʃiʃi失失		
	582	乇[巴]*ʃoŋgi双吉			
	583		尽*ʃu舒		尽*ʃu舒,書
	584	秉*ʃulmu舒目			
	585	辻*ʃunʤa順扎			
	586		求*ʃiu受	求*ʃiu受	
	587			圧*ʒu如	圧*ʒu如
	588		帯,帯*ta塔 盂[帯]*ta塔	帯*ta塔	
	589	叐*ta塔	叐*ta塔		
	590		厷*ta塔		
	591		孝*tafa塔法		
	592		舵*taɪɪ塔里		
	593				矢*tan弾
	594				夈*tan貪
	595	有*taŋgu湯古			
			有[?]*tol脱		
	596		夵*tar塔		夵*tar塔
	597		巳*tar他		
	598	岁*tasha塔思哈			
	599		卜*tau套		
	600		天*tai太,太乙		
	601		舟*tə忒		
	602		炙*tə忒	炙,炙*tə忒	
	603		央*tə,də忒		
	604		反*təg忒		
	605		卆*tək忒		
	606		乎*təm忒		
	607				夲*tən天
	608		交*təni忒你		

56

第三節 『女真訳語』雑字の表意字、不完全な表意字および表音字

609		为*təŋ膰		
610	伞*təu頭	伞*təu頭		
611	伃*ti替	伃*ti替	伃*ti替	伃*ti替
612		犭*ti替		
613	厃*tiho替和			
		厃[旡]*ətu厄秃		
614		佥*tik替		
615		奂*tin聽		
616		厄*tirə替勒		
617		劣*to脫	劣*to脫	
618		푸*to脫		
619	五*tobohon脫卜歡			
620		叟*tom貪		
621		奐*ton団		
622		兕*ton団		
623		岑*tondʒu団住		
624	弋*towoi脫委			
625		広*tu禿		
626		关*tu禿		
627		羊*tu禿		
628		菜*tu禿		
629		尒*tu禿		
630		邑*tu禿,突	邑*tu禿	
631	半*tuğə禿厄			
632	伩*tuko禿科			
633		卫*tulu禿魯		
634		冉*tuli禿里		
635	方*tumən土満			
636		矢*tun屯		矢*tun屯
637		休*tuŋ同,桶		
638	赤*tuŋ通			

第二章 『女真訳語』

	639		反*tur禿		
	640		朩*tur禿魯		
	641		夬*tur禿魯		
	642		戎*tuwə禿斡		
	643		芀*tuə禿斡		
	644		蚪*tui退		
tʃ	645	呑*tʃa茶	呑*tʃa察	呑*tʃa察	
	646				光*tʃa叉
	647		岙*tʃau鈔	岙*tʃau朝	
	648		亦*tʃə車		亦*tʃə車
	649			禾*tʃə車	
	650				乎*tʃə車
	651		夬*tʃən千		
	652			更*tʃi赤	更*tʃi赤
	653		寸*tʃiŋ称		寸*tʃin称
	654				平*tʃo截［戳］
	655		乱*tʃu出	乱*tʃu出	乱*tʃu出
	656		伏*tʃur出		
ts	657		亦*tsɣ賜		
u	658		乍*u兀		乍*u兀
	659		奀*u武		
	660	肯*ubu兀卜			
	661		夫*udi兀的		
	662		用*udʑə兀者		
	663	甬*udʑu兀住	甬*udʑu兀住		
	664		术*ujə兀也		
	665	允*ujəwun兀也温			
	666	土*ujəwundʑu兀也温住			
	667			禾*uk兀	
	668		更*uktʃi兀称		
	669		屯*ul兀魯		屯*ul兀魯

第三節 『女真訳語』雑字の表意字、不完全な表意字および表音字

	670		卆*ul兀		
	671	夯*ula兀剌			
	672	仌*ulɣian兀黒[里]彦			
	673		朶*ulğu兀魯兀		
	674		奧*uli兀里		
	675		呆*uli兀里		
	676	冇*umə兀脈			
	677		夫*umi兀迷		
	678			土*un温	土*un, on温
	679				欠*uŋ温
	680		夬*ur兀魯		
	681		后*ur斡	后*ur斡	
	682		炎*uri兀里		
	683		圠*uri兀里		
	684				盂*uru兀魯
	685		失*uru兀魯		
	686		亥*uru兀魯		
	687		伎*uru兀魯		
	688		舟*us兀速		
	689		芍*us兀速		
	690		奧*usə兀塞		
	691		令*usu兀速		
	692		杀*uʃi兀失		
	693		为*ui衛		为*ui衛
	694		朵*ui委		朵*ui委
	695		中*uiha委罕		
	696	支*uilə委勒			
w	697		夲*wa瓦	夲*wa瓦	
	698		皁*wə斡	皁*wə斡	
	699		冬*wə斡	冬*wə斡	冬*wə斡

第四節　女真大字の表音方式

　女真大字は「表意―音節文字」の類型に属する。この類型の文字の使用方式には、以下の三種がある。
　1. 表意字によって単語全体の音韻を表示する。
　2. 表意字に表音字（1個あるいは1個以上）が後続して単語全体の音韻を表示する。
　3. 複数の表音字の組み合わせによって単語全体の音韻を表示する。
　文字の表音方式は「複数の表音字の組み合わせ」に集中的に体現されている。女真大字は契丹大字と文字の創製上において継承関係がある以上、この種の継承関係は表音方式の設定にも現れている。筆者は女真大字を研究する際に、以下の4種類の表音方式を帰納したが、さらに契丹大字の研究を通じて、同様にこの4種類の表音方式をもつことを発見した。この事実は、女真大字の表音方式が契丹大字より継承されたものであることを裏付ける。ここにいくつかの例を挙げて説明する。

一　膠着

　これは最も簡単な表音方式である。組み合わされた単語のそれぞれの字が代表する音価が順序に従って加えられその単語全体の音節と等しくなる。
　この種の表音方式に使用されるのは、[(C)VC+CV(C)][(C)V+CV(C)]型音節である（Vは母音、Cは子音）。
　1. [(C)VC+CV(C)]の例
　　　牟天 *tək-tun→təktun
　　　夲夷 *əl-ʧi→əlʧi
　　　夲炱 *əl-hə→əlhə
　　　岱盂 *fak-ʃi→fakʃi
　　　冐佟 *sol-go→solgo
　　　刹禿 *ʃiŋ-gər→ʃiŋgər
　2. [(C)V+CV(C)]の例
　　　丞庋 *ba-sa→basa
　　　広呎 *tu-gi→tugi
　　　南兂夭 *i-ma-la→imala
　ごく少数の場合には、[CV+V(C)]となるが、膠着後形成された母音は、複母音に限られている。
　　　禾弓 *su-an→suan
　　　其坒 *ki-u→kiu

第四節　女真大字の表音方式

二　重合

　この種の表音方式は母音重合と子音重合の２種類の形式に分かれる。母音重合は、上の一字が代表する[CV]あるいは[V]型音節と下の一字が代表する[VC]型音節が結合し、単音節[(C)VC]ができあがる。子音重合は、上の一字が代表する[CVC]あるいは[VC]型の音節と下の一字が代表する[CV]あるいは[CVC]型の音節が結合し、複音節[(C)VCV(C)]ができあがる。公式を用いて表示すると次の如くである。
　　　母音重合：[(C)+V1]+[V2+C]→[(C)+V+C]
　V1とV2は同じ母音でも、近い母音でもよい。
　　　子音重合：[(C)+V+C1]+[C2+V+(C)]→[(C)+V+C+V]
　C1とC2は同じ子音でも、近い子音でもよい。
　以下、「重合」する部分の国際音声字母を囲み文字で表示する。後掲の「借音」・「重複」についても同じ。
1.母音重合の例

　　同じ母音　　　　　　　　　　近い母音
　冬米 *amb【a】-【a】n→amban　　　灰斥 *k【ə】-【a】ŋ→kaŋ
　朳斥 *hi【a】-【a】ŋ→hiaŋ　　　　 失佐土 *ʃi-l【ə】-【u】n→ʃilən
　呆甬 *m【a】-【a】r→mar　　　　　 邑米 *ʃimk【o】-【a】n→ʃimkon
　予癸 *os【o】-【o】n→oson
　甲癸 *【o】-【o】n→on
　乱夲 *ʃ【ə】-【ə】r→ʃər
　禾欠 *s【u】-【u】ŋ→suŋ
　乏店冬 *b【u】-【u】r-wə→burwə
　反益 *n【u】-【u】ru→nuru
　巴屯 *moŋg【u】-【u】l→moŋgul
　伟久 *t【i】-【i】ŋ→tiŋ
　赤立 *dul【ə】-【ə】n→dulən
　夹犹 *ʧ【ə】-【ə】ŋ→ʧəŋ
　壬夲 *d【ə】-【ə】r→dər
　母音重合における[V2+C]については、語尾子音が脱落したのち、母音のみ表記される場合がある。
　　　（坐炎 *hot【o】-【o】n→hoton）→坐斥 *hot【o】-【o】→hoto
　　　（伩乐 *gor【o】-【o】n→goron）→伩斥 *gor【o】-【o】→goro
　複母音の場合、重合するのは次位音となっている。
　　　朴土 *ta【u】-【u】n→taun

第二章 『女真訳語』

矛土 *dəu-un→dəun

孛丁㐬矢 *bai-ilʃa-mai→bailʃa-mai

2. 子音重合の例

疒弓尤 iːlu-bi→ilubi

佟少 fak-ha→faka

三　借音

　上の一字が代表するのは音節尾子音をもつ音節で、下の一字が代表するのは音節頭子音がゼロ子音となる音節である。上下二字が綴り合わさされると、上の一字の音節尾子音が下の一字の音節に「借りられて」音節頭子音となる。こうして、上の一字の音節は開音節に変わる。公式を用いて表示すると次の如くである。

　　[(C)+V+C] + [V+(C)] → [(C)+V] + [C+V+(C)]

　借音法は子音の場合だけに出現する。

尢炎 *on-on→onon

兵㐬升 *fun-ir-həi→funirhəi

厈土 *gan-un→garun

厷立 *un-ən→urən

禹立 *gən-ən→gərən

卒刋 *tək-in→təkin

卒仐 *tək-ər→təkər

四　重複

　膠着・重合・借音の3種類の表音方式の目的は同じで、みな表音字を用いて単語の発音を精確に表現することである。一方「重複」の目的は表音字を用いて表意字を「解体」し、表意字の文字体系における数量を減少させることにあり、文字体系が「表意一音節文字」から「音節文字」に発展する過渡的段階の特徴を顕示する。「重複」は形式上は以上3種類の表音方式に同じだが、上の一字に音節あるいは音素を増加する作用は全くなく、上の一字の末音節あるいは母音を重複することで、単独の表意字が1個の単語を表示する作用を取り消す。従って、重複という表音方式は1個の字を2個(甚しくは3個)の組み合わせ形式に分解し、表意字の文字体系における独立の地位の削減を達成する。ゆえに、重複という表音方式は表意字、表音字混用の段階から全部表音字を使用する方向へ発展する過渡的段階の1個の重要な産物であるといえる。女真大字使用の歴史は契丹大字より悠久であり、金初より明中期に至る300余年に達する。この期間多くの「単独の表意字」が「表意字に表音字が後続する」形式に発展する例証が出現しており、文字が時間を経て推移する明確な筋道が示されている。

1. 語尾音節重複

第五節　『女真訳語』雑字の女真大字における問題

表意字　　　　　　　表意字＋表音字

侁*pamaga　　　　　侁夂*pamaga-ga→pamaǧa→famaǧa
巫*hotoho　　　　　巫夭*hotoho-ho→hotoho
禹*imagi　　　　　　禹哭*imagi-gi→imagi
耒*imala　　　　　　耒元夂*imala-mala→imala
失*üdigən　　　　　 失歴*üdigən-gən→udiǧə
平*təmgən　　　　　 平歴*təmgən-gən→təmgən
肖*itəgə　　　　　　肖任*itəgə-gə→itəgə
兂*pirur　　　　　　兂苹*pirur-ur→firur
峑*dolbor　　　　　 峑吏*dolbor-or→dolwor
玫*pon　　　　　　　玫炎*pon-on→pon→fon
国*gurun　　　　　　国土*gurun-un→gurun
兝*doron　　　　　　兝土*doron-un→doron
凧*ədün　　　　　　 凧土*ədün-un→ədun
尭*ahun　　　　　　 尭土*ahun-un→ahun
关*nəhün　　　　　　关土*nəhün-un→nəhun
斥*altʃun　　　　　 斥土*altʃun-un→altʃun
文*məŋgün　　　　　 文土*məŋgün-un→məŋgun
炗*mudur　　　　　　炗苹*mudur-ur→mudur
杀*uʃin　　　　　　 杀列*uʃin-in→uʃin
匕*alin　　　　　　 匕列*alin-in→alin

2.語尾母音重複

乑*hahai　　　　　　乑兊*hahai-ai→hahai
仓*həhəi　　　　　　仓羊*həhəi-əi→həhəi
冎*örgəi　　　　　　用羊*uɕəi-əi→uɕəi
千*haliu　　　　　　千午*haliu-u→haliu
兝*doro　　　　　　 兝乐*doro-o→doro

第五節　『女真訳語』雑字の女真大字における問題

上表に収録された699字の中には、以下のような問題が存在している。

第二章 『女真訳語』

一　誤字の問題——その一（本字が判明するもの）

1. 庋は、庋の誤字

　庋禾*boho ト和／土『女真訳語』地理門8

『女直字書』は「房」の表意字を庋となし、『女真訳語』はそれにのっとって、表音字を附けて庋气*bogoとする。庋は『女直字書』の「移動字類」において、動詞「改」の表意字であり、『女真訳語』はそれにのっとって、右に点を附けて庋*kala-とする。「土」の語頭音節のboが「房」のそれと同じである以上、庋は庋の筆画が欠けたものであることがわかる。

2. 侑は、侑の誤字

　侑*hiən 賢元[賢]／玄『女真訳語』新増89

　叏侑右*buhiən-məi ト咸昧／疑『女真訳語』新増100

侑は、「河」の表意字であり、金代の音価は*biraとなる。

侑の字形と近似する侑は、『弇州山人四部稿』および『方氏墨譜』においては、単独で「咸」と音訳され、ベルリン本『来文79』および東洋文庫本『来文9』においては、夾と綴り合わせて「玄城衛」の「玄」を表音する。侑は金代石刻における書き方は侑となっており、夾と綴り合わせて「羲軒」の「軒」を表音する。

ここから、明代の侑が金代の侑であることがわかる。侑はそもそも「河」を表す表意字である侑とは相似しておらず、明代に至って字体の変異が起こったため、『女真訳語』はそれを侑に混同したのである。

3. 乐は、乐の誤字

　乐*hodiǧo 和的斡／女婿『女真訳語』人物門18

乐は『女直字書』の「果実門」に現れる。一方、『女直字書』の「人物門」における「婿」の表意字は「乐」となる。乐は石刻においてはすべて語尾に位置するo母音を表す表音字となるのに対して、乐の方はただ「婿」を表す表意字に使われる。ここから、『女真訳語』人物門18における乐は乐の誤字に違いなく、両者の字形の相似によって混同されてしまったか、あるいは語頭の乐を書き漏らしてしまったかのどちらかによることがわかる。

4. 巴と毛は互いに誤字となる

　毛*ʃoŋgi 双吉／鼻『女真訳語』身体門12

　巴卍*moŋgul 蒙古魯／韃靼『女真訳語』人物門47

『女直字書』身体門における「鼻」の表意字は巴となり、従って『女真訳語』身体門12における毛は巴の誤字にほかならない。そのうえさらに『女真訳語』人物門47における巴卍の語頭字巴は毛の誤字であることがわかる。

第五節　『女真訳語』雑字の女真大字における問題

乇は『女直字書』に見えないが、その字形から推測すれば、毛と同じ字族に属すべきで、その字源はあるいは契丹小字のモに、あるいは漢字の「毛」に由来し、その音価も音節頭子音m-を帯びる形式となるべきだろう。『女真訳語』が巴と乇を混同しているのは、字形の相似によったのである。

5. 圡と土は互いに誤字となる

『女真訳語』数目門において「十四」を表す表意字とされる圡は、『女直字書』においては「十七」を表す表意字である圡であり、『女真進士題名碑』でも同じである。それに反して、『女真訳語』の「十七」を表す表意字とされる土は、『女直字書』においては「十四」を表す表意字「乇」となる。

乇から土まで変遷した痕跡がはっきりと見受けられ、圡とは全く似ていないところから、『女真訳語』がこの二字を混用させた原因は、明らかに書き間違いである。

6. 癸は、炎の誤字

　癸夲*lausa老撒／騾『女真訳語』鳥獣門8

癸は『女直字書』器用門では「盅」の表意字であり、『女真訳語』はそれにのっとって、表音字を後続させ、癸圧*hutuhanとする。鳥獣門8の注音漢字は「老」なので、ここの癸は実は別の表音字炎*lauの書き間違いだとわかる。

7. 弍は、𡗗の誤字

　弍斥*golmigi戈迷吉／長『女真訳語』通用門25

弍は金代石刻において弌のように書かれ、音価がdəlであることからその字源は漢字「忒」に違いない。それは動詞「離別」の語頭である弍並*dəldə-に使う。『女真訳語』人事門51において動詞「離」は弍臮*dəlhəとされ、『女真訳語』続添19において動詞「分」は弍乇右*dəltu-məiとされるので、両方とも同一語根である。ゆえに、注音漢字の「戈迷」が示す発音は弍の本来の音価であるわけではない。

『女真訳語』通用門70における連語「寬饒」の首位単語は、𡗗斥*golmigiと書かれ、注音漢字は「戈迷吉」となり、その語の本義は「長い」であるはずである。そこから、『女真訳語』通用門25の弍が𡗗の書き間違いであることがわかる。

8. 齿は、帯～帯の誤字

　齿齿凡*tatahai塔塔孩／下営『女真訳語』器用門53

齿は『女真訳語』飲食門4において、「飯」の語頭字とする場合に表示される発音はbuduである。器用門53の注音漢字「塔」に対応すべきものは齿の字形に近い帯または帯であるはずであり、齿はそのどちらかの書き間違いに違いない。

9. 夲は、余の誤字

第二章 『女真訳語』

　　〓〓*ʃər舎厄／泉『女真訳語』地理門18

「泉」という語は、『女直字書』において〓〓*ʃərと綴られ、『朝鮮慶源郡女真国書碑』と『女真進士題名碑』における書き方も同様である。ただ『女真訳語』だけは〓〓とする。〓は、その他の女真大字資料に見えず、〓を書き損なったものであろう。

10. 〓は、〓の誤字

　　〓〓*huʃiğan忽十安／裙『女真訳語』衣服門11

『女直字書』衣服門における「裙」の表意字は〓となり、今一つの形が近い〓は『女直字書』宮京字類に載る。つとに金代石刻において、この二字は混同され、〓が女真姓氏「完顔」を綴る語尾音節jaに用いられており、『女真訳語』の「裙」の語頭字（不完全な表意字）が〓となることから、こうした混用が金代石刻から受け継がれてきたものであることがわかる。

11. 〓は、〓の誤字

　　〓〓〓〓*bon ʃiraha-ti卜温失剌哈替／自古『女真訳語』通用門87

ここの〓*boは身体門9における「唇」の語頭字〓*fəに形が近いが、人事門94における「自」はなお〓〓*bonとなる。よって、通用門87の〓は〓の書き間違いである。『女直字書』の「唇」の表意字は〓となり、『女真訳語』の〓はまさにそれを変形し点を加えたものに由来するのである。変形したのちの〓はすでに原型たる〓の字形との間にかなりの差異が生じており、一方『女直字書』における今一つの「初、始」を表す表意字である〓の字形へと近づくようになっているので、〓→〓→〓のような書き誤りに至ったのである。

12. 〓は、〓の誤字

　　〓〓*ətuhun／厄秃洪／穿『女真訳語』新増25

〓は、金代石刻と『永寧寺記碑』のどちらにおいても「着る」と「衣服」の語頭字である。それにもかかわらず、〓は『女真訳語』鳥獣門27では「鶏」を表す表意字となる。両者の字形がよく似ており、それが取り間違った原因になる。

13. 〓〓・〓〓は、〓〓・〓〓の誤写か

　　〓〓*bon／卜温／自『女真訳語』人事門94

　　〓〓*doron／多羅温／印『女真訳語』珍宝門10・器用門40

unを表す〓は、もっぱらu母音に続く。代わりにo母音に続くのはonを表す〓が専用される。よって、この二カ所の〓は〓の誤写である可能性がある。

14. 〓〓〓は、〓〓〓の誤写か

　　〓〓〓*ʃilən／失勒温／露『女真訳語』天文門10

この単語と同源の親族諸語の第二音節が、いずれもə母音を含むことから、〓*ləに続くn子音の

第五節　『女真訳語』雑字の女真大字における問題

女真字はənを表す立とすべきではないかと思われる。従って、女真語の「露」はʃilunではなく、ʃilənとなる。

二　誤字の問題──その二（本字が判明しないもの）

1. 东の誤用

东は、『女真訳語』身体門11・器用門55・人事門39/40の四カ所に見える。「眉」の語頭字と漢語借用語「牌」に使う場合、その音価はfaiであるが、動詞「回、還」の語幹音節を表す場合には、mutaになってしまう。両者のどちらかに誤りがあるに違いない。东の字形と相似している字は、『蒙古九峰石壁石刻』における動詞「帰る」の語幹字に用いられ、その字はまさにmutaの本字であり、faiを表す本字は別にあるはずである。両者を取り間違っていることも、やはり形が近いためであるといえる。

2. 毛の誤用

毛は、金代の「迷里迭河謀克印」においてその音韻を表示する漢字は「迷里」であり、『女真訳語』でそれを漢語「緬甸」の「緬」の訳音字として使うのは、両者の示す音韻の間にある差があまりにも大きいので、誤用の可能性が十分にあると考えられる。

3. 肴の誤用

肴は、『女直字書』の「数目門」において「百」の表意字であり、『女真訳語』数目門の「百」と同形である。金代石刻には「夢」という語が出現しないが、「百」の注音漢字である「湯古」および満洲ツングース諸語における形がかなり一致しているtaŋguによれば、肴の音価は、間違いなくtaŋguであると断定しうる。『女真訳語』人事門17の注音漢字である「脱」には音節尾子音の存在が現れていないにもかかわらず、「夢」という語は会同館『女真訳語』と満洲ツングース諸語の語頭音節ではともに尾子音lあるいはその異体形を帯びているところから、人事門17の肴は明らかに誤字であり、その本字はおそらくto音節を表す屶であるが、ここでは便宜的にtolを表す。現存の女真大字にはなお現れていないが、あるいは契丹大字肴に由来する今一つのtol音節を表す字であるかもしれない。

三　異体字の問題

異体字が生まれてきた原因は、第一に、金代石刻にすでに存在した異体を『女真訳語』が踏襲したことにあり、第二に、『女真訳語』の編集者による混用にある。

1. 勿、勿

勿房可 *amulugai 阿木魯該／後『女真訳語』方隅門10

第二章　『女真訳語』

　　更岳叐房可 *bifumə amulugai 別弗脈阿木魯該／在後『女真訳語』方隅門25
　　呈叐房可 *huaŋ amulugai 皇阿木魯該／皇后『女真訳語』新増47
叐は叐*amuの異体である。点の無い字と点の附いた字が互いに異体となることは、つとに金代石刻に存在している。『女真訳語』の叐は、金代石刻の叐に由来するもので、『女真訳語』の叐は、叐に点を附けた結果である。

　2. 亥、亥

亥と亥は互いに異体となり、『女直字書』は亥とし、金代石刻は亥や亥とする。『女真訳語』においては２種類の書き方が併存している。

　　亥：　血禾亥右 *ʤuktə-məi 住兀忒眛／尊『女真訳語』人事門58
　　　　亥光求卓 *təgirə daʃi-ra 忒吉勒答失剌／徧覆『女真訳語』続添6
　　　　夨丈夊亥圠 *la-ru mutə-buru 剌魯木忒卜魯／写成『女真訳語』続添50
　　亥：　夊亥圠 *mutə-buru 木忒卜魯／作成『女真訳語』通用門75

　3. 甬、禹

　　甬亥 *da-la 根[答]剌／原『女真訳語』新増14

甬と禹は本来同一字の異体ではなく、『女直字書』における門類は異なっており（甬は「收覆字類」に、禹は「鳥獣門家畜類②」にそれぞれある）、金代石刻において表示される音韻も相違する（甬*də、禹*da）。時代が降るに従い、混用されるようになり、どちらもda音節を表示するのに使うようになることは、金代末期から始まったと推定しうる。

　4. 左、左

『女真訳語』に現れた左は、『女直字書』のそれと元来字形が異なる２個の字であり、所属の門類も異なっており、左は「鳥獣門・禽類」に、左は「鳥獣門・獣類」にそれぞれ見える。左は石刻においてku～huを表し、今一つの形が近い左はur～ulを表す。しかしながら金代石刻においては左と左がすでに混同し始め、多くは左または左を用いku～hu～ur～ulを兼ね表す。『女真訳語』はさらに進んで石刻の左と左をみな左のような１種の形に表示し、ur～ul～hu～həのような数種にわたる音価を兼ね表すようにしている。これは字体の合併による一字多音の典型的結果といえる。

　5. 峕、帯、帯

「霧」の表意字は、『女直字書』では、峕のように書かれているが、『女真訳語』では、帯禿呎 *tamagi とする。会同館『女真訳語』および親族諸語の「霧」の語頭音節がいずれも尾子音を附ける形をしていることから、表意字の峕は転写されているうちに字形が相似する帯に取って代わられたものと考えられる。帯は、「器用門」の一カ所のみ現れ、しかも『女真訳語』以外には見えず、明らかに同音の帯に余計な点を付けるようにしたのである。

第六節　『女真訳語』雑字の女真語彙

　『女真訳語』の「雑字」にはあわせて916個の女真語（単語および連語）を収録し、単語の部分には多くの重複が見られ、177個の連語に使う単語も単語条目に見られるものが乏しくない。ここでは、重複したものを合併させ、連語に初出した単語に別に条目を立てる。合計815個となっている。「『女真訳語』雑字に納める女真語彙」の示す如くである。
　以下、誤字はアミカケで表示し、[ ]で正字を附記する。

		『女真訳語』雑字の女真語彙		
		単語	連語	
a	1	夯云*abka阿卜哈／葉		
	2	呑*abuga阿卜哈／天	呑乬土阿卜哈禿魯温／天陰	1
			呑兇用阿卜哈哈勒哈／天晴	2
			呑乨兮阿卜哈嫩江／天青	3
	3	厌*adi阿的／等		
	4	叧*adʑir阿只児／児馬	叧伊列阿只児母林／児馬	4
	5	东米*afi阿非／獅		
	6	肑*agda阿答／騸馬	肑伊列阿答母林／騸馬	5
	7	老*agdian阿玷／雷		
	8	夷戽*aga阿哈／雨		
	9	㘴兇*ahai阿哈愛／奴婢		
	10	尭土*ahun阿渾温／兄		
	11	佥丹右*aiwandu-məi愛晩都眛／買		
	12	东册*ajaŋ阿羊／蠟燭	东册米刕阿羊非本／蠟燭（燭燈）	6
	13	虳宊*ajuburu阿于卜魯／救		
	14	虳兂*ajuma阿于馬／鼇		
	15	卆列*ajin愛因／好	卆列更夷庒愛因別赤巴勒／務要	7
	16	尿矢*ala-mai阿剌埋／似		
	17	夯用*ala-ka阿剌哈／敗		
	18	夯条*alaga阿剌哈／闊		
	19	釆*alawa阿剌瓦／勅		
	20	屮凡*ali-buwi阿里卜為／給	屮凡歨店冬阿里卜為卜幹幹／給与	8

第二章 『女真訳語』

	21	北列[舟]*aliku阿里庫／盤		
	22	北列*alin阿里因／山		
	23	斥土*alʃun安春温／金	斥土庁兮安春温瓊江／金黄	9
			斥土伕安春温闕／金闕	10
	24	斥土友貝*alʃunla-hai安春温剌孩／織金		
	25	冬友*ambala安班剌／多		
	26	冬米*amban安班／大	冬米凧土安班厄都温／大風	11
			冬米焱芉安班忽禿児／洪福	12
	27	关皀*amga安哈／口		
	28	兄*amin阿民／父		
	29	关孟甬夊*amʃida-ra安失答剌／含		
	30	乇*amʃo安朔／十一		
	31	关呑尢*amʃa-bi安察別／追	关呑尢兵右安察別番住昧／追究	13
	32	勿房可*amulugai阿木魯該／後		
	33	杀甬貝*andahai岸答孩／賓客	杀甬貝件岸答孩捏児麻／賓客	14
	34	甫求*andan岸丹／沿途		
	35	乑*ania阿捏／年		
	36	东卅*a-sui阿随／無		
	37	令艾*aʃiburu阿赤卜魯／聖	令艾盂阿赤卜魯旨／聖旨	15
			令艾乇列阿赤卜魯哈称因／聖節	16
			令艾件／阿赤卜魯捏児麻／聖人	17
	38	弃東*aʃiduru阿赤都魯／動		
b	39	半虫右*badʒu-məi巴住昧／対	半虫右角／巴住昧的／対敵	18
	40	肖尢*baha-bi八哈別／得、獲	肖尢关列／八哈別埋因／享禄	19
	41	金*bai伯／伯		
	42	金尚*bai-hu百戸／百戸		
	43	金甫*bai-i百夷／百夷		
	44	金夭*baiʃin伯申／討、尋		
	45	金冊*bajaŋ伯羊／富		
	46	炎于癸夭*bailʃa-mai伯亦沙埋／謝	炎于癸夭古／伯亦沙埋恩／謝恩	20
	47	罕貝*bandi-hai半的孩／生		

第六節 『女真訳語』雑字の女真語彙

48	岳厌乓*banuhun巴奴洪／惰		
49	承庆*basa巴撒／再		
50	史兔*bəhə伯黒／墨		
51	乇*bəi背／寒		
52	凬伩*bəilə背勒／官		
53	夯*bəjə背也／身、態	夯尚压夭／背也忽如剌／鞠躬	21
54	羊*bəri薄里／弓		
55	月*biğa必阿／月	月夯兔升／必阿禿幹黒／月落	22
56	侢*bira必阿[剌]／河		
57	吏乇*biğə別厄／有	吏乇宅店号／別厄卓幹卜連／有違	23
		吏乇肏列吏／別厄塞因別／有益	24
58	吏呫*bifumə別弗脈／在	吏呫勿房可／別弗脈阿木魯該／在後	25
59	伕*bithə必忒黒／書、文	伕凬伩／必忒黒背勒／文官	26
60	吏夷庒*bifibal別赤巴勒／務要		
61	凧枈杲*bodolo卜朶羅／趕		
62	废气*bogo卜戈／房		
63	伹去*boğoə卜幹厄／臣		
64	庋[庋]冊*boho卜和／土		
65	孔*bolo卜羅／秋	孔屯／卜羅厄林／秋	27
66	兦土*bon卜温／自	兦[兦]土兗夷伻／卜温失剌哈替／自古	28
67	冘兂*bono卜嫩／霜		
68	冘兂*bono卜嫩／猴		
69	冘禾*bosu卜素／布		
70	个*botʃo卜楚／顔色	个広央／卜楚禿吉／霞	29
71	个禹*botʃogai卜楚該／色		
72	走兔*budihə卜的黒／脚		
73	击兂*budugoi卜都乖／飯		
74	共癸[癸共]*buɡa卜扎／林		
75	奎*buğa卜阿／地面、地方	奎枈／卜阿朶／地面	30
		奎宠／卜阿以／地方	31
76	癸夊*bugu卜古／鹿		

	77	丢俩[俑]右*buhiən-məi／卜咸昧／疑		
	78	牟判右*bujə-məi背也昧／愛		
	79	未仡*bulə卜勒／米		
	80	丢仡升*buləhəi卜勒黒／仙鶴		
	81	充弓炅*bolğon卜魯温／静[浄]		
	82	旁冊*buluŋku卜弄庫／鏡		
	83	仗*bun本／本		
	84	夫其*buraki卜勒其／塵		
	85	丢启冬*burwə卜斡斡／与[返還]		
	86	厍冬升*burwə-həi卜魯斡黒／失		
	87	子千升*butʃə-həi卜車黒／死		
d	88	再*da答／根		
	89	叏*da塔／例	叏乜旁花斥／塔以革勒吉／依例、照依	32
	90	庆龙*da-bi答別／備	庆龙夭丈／答別剌魯／備写	33
	91	肽壬*dabsun答卜孫／鹽		
	92	天*dai帯／帯		
	93	甬友*da-la根[答]剌／原		
	94	卞友*dalba-la答勒巴剌／傍		
	95	央龙*dalu-bi答魯別／領		
	96	土[丄]*darhon答児歓／十七		
	97	汞卓*daʃi-ra答失剌／覆		
	98	甬乩斥*daʧugi答出吉／鋭		
	99	矢休右*dauli-məi道里昧／搶		
	100	矢岜*dau-ʃi道士／道士		
	101	为余*dədu-rə忒杜勒／睡		
	102	壳亩夯*dəgdə-buma忒忒卜麻／進貢		
	103	亩秀*dəgə忒革／高	亩秀元允／忒革馬法／高祖	34
	104	孓*dəhi忒希／四十		
	105	伐*dəi徳／徳		
	106	壬判右*dəjə-məi忒也昧／起		
	107	式㒵*dəlhə忒勒黒／離		

第六節　『女真訳語』雑字の女真語彙

108	式㔾右 *dəltu-məi 弍勒禿昧／別	式㔾右覀夲史／弍勒禿昧兀塞天伯／別種	35
109	关䒴 *dəndə 殿弍／会		
110	呈夲 *dər 弍厄／桌		
111	壬夲 *dər 弍厄／面		
112	㐬土 *dəun 斗兀温／弟		
113	甬 *di 的／敵		
114	柯 *dien 殿／殿		
115	㭟秂 *dibuhun 卜的[的卜]洪／被		
116	甬枀枀 *digasa 的哈撒／近		
117	甬仟 *digun 的温／来	甬仟㐰／的温阿揑／来年	36
118	甬貝 *dihai 的孩／船		
119	甬妟斥 *dihərgi 的黒黒[里]吉／帰	甬妟斥叐甲／的黒黒[里]吉塔哈／帰順	37
120	兂米 *dilgan 的勒岸／声		
121	厌右 *dirame 的剌昧／厚		
122	芉枀夊 *dirga-ra 的児哈剌／楽、快楽、快活		
123	枽枂 *dobi 朶必／狐	枽枂兂兛／朶必卜嫩／猿	38
124	㽥 *dorbi 朶里必／狐		
125	厼 *doho 朶和／樹	厼叐／朶和莫／樹	39
126	仔 *doko 朶課／里		
127	枽早 *dolo 朶羅／内		
128	㒹夬 *dolwor 多羅斡／夜		
129	伋厺 *dondi-gu 端的呉／聞		
130	伋主 *dondi-sun 端的孫／聴	伋主夀貝／端的孫哈答孩／聴信	40
		伋主禿屌斥／端的孫扎失児吉／聴令	41
131	夋 *dorhon 朶児獾／獾		
132	乖土 *doron 多羅温／印璽、法	乖斥禿仒失氺／多羅斡薄替弾巴／法度	42
133	枽夫 *doʃin 朶申／進	枽夫久仸／朶申因勒／引類	43
134	朱 *dudu 都督／都督		
135	㞢仸 *duwələ 都厄勒／儘		
136	丼斥 *dugi 都吉／可		

第二章 『女真訳語』

	137	夭呉右 *dugu-məi 都古昧／打		
	138	夭甲 *duha 都哈／腸		
	139	夭无 *dujən 都言／縁故		
	140	卡 *dujin 都因／四		
	141	㐅 *duka 都哈／門		
	142	赤立右 *dulən-məi 都厄恩昧／過		
	143	为炗 *duli-la 杜里剌／中	为炗囲土羊 /杜里剌国倫你／中国	44
	144	夰昊 *dulūgun 都魯温／温		
	145	南土 *dulun 都魯温／陽［暖］		
	146	亻［土］ *durhon 独児歓／十四		
	147	坐千 *dusuhun 都速洪／醋		
	148	南伞尢 *duʃan-bi 都善別／勤		
	149	为千 *dutahun 都塔洪／存		
	150	夭帯斥 *du-taŋ 都堂／都堂		
ʧ	151	芺尢 *ʧafa-bi 扎法別／擒、捕		
	152	兎夕斥 *ʧaḡagi 扎阿吉／賤、軽、易		
	153	䘵甲 *ʧaha 扎哈／件		
	154	甪 宀 *ʧa-i 扎以／因		
	155	丹 *ʧakun 扎困／八		
	156	㐄 *ʧakunʤu 扎困住／八十		
	157	尾炗米 *ʧalan 扎剌岸／輩		
	158	尾弓甲 *ʧalu-ha 扎魯哈／盈、満		
	159	羑 *ʧam 站／站		
	160	巴 *ʧargu 扎魯兀／豺狼		
	161	共茶久 *ʧasa-ra 扎撒剌／治		
	162	共孟罕 *ʧaʃi-fi 扎失非／吩咐		
	163	兂兎 *ʧaʃigan 扎失安／令	兂兎下夵 /扎失安肥子／令牌	45
	164	兂房 *ʧaʃir 扎失児／令		
	165	共夷休 *ʧaʃiri 扎赤里／帳房		
	166	夃炗夨 *ʧaula-məi 召剌埋／奏	夃炗夨支史 /召剌埋委勒伯／奏事	46
			夃炗夨㐬屯右 /召剌埋拙厄林昧／奏報	47

第六節 『女真訳語』雑字の女真語彙

167	盉 *tɕi 旨／旨		
168	旻东 *tɕəfu 者弗／食		
169	矢枀右 *tɕəgtɕi-məi 者只昧／謹		
170	矢盃米 *tɕəgʃi-gisa 者失吉撒／哄誘		
171	旻仟 *tɕəgun 者温／右		
172	旻舟 *tɕəku 者庫／苗		
173	矢甹 *tɕəʃə 者車／塞、辺境、辺	矢甹扎甭米／者車法答岸／藩籬	48
174	又 *tɕəu 州／州		
175	罘枀舟 *tɕigdiŋku 只丁庫／焼	罘枀舟叐／只丁庫莫／柴	49
176	米甲 *tɕiha 只哈／銭		
177	盉叐 *tɕi-hoi 指揮／指揮		
178	長友芳 *tɕilahin 只剌興／憐憫		
179	長友矢 *tɕila-mai 只剌埋／憐		
180	厃枀升 *tɕiltɕihəi 只里只黒／麻雀		
181	又东 *tɕin-fu 鎮撫／鎮撫		
182	又友矢 *tɕinla-mai 真剌埋／珍		
183	尒 *tɕirhon 只児歓／十二		
184	伍叐 *tɕisu-ra 只速剌／作	伍叐弖叐／只速剌厄黒伯／作歹	50
185	伍丈 *tɕisu-ru 只速魯／做		
186	岸兂昊 *tɕoboğon 卓卜温／艱難		
187	寺攵羙 *tɕomu-ʃin 拙木申／借		
188	岸羌 *tɕoni 卓你／鋒	岸羌叐甭扎斥／卓你伯答出吉／鋒鋭	51
189	宅庌号 *tɕor-burən 卓斡卜連／違		
190	刕休斥 *tɕorigi 準里吉／英雄		
191	寺屯右 *tɕorin-məi 拙厄林昧／報	寺屯右攴叐／拙厄林昧委勒伯／報事	52
192	盂 *tɕu 住／竹		
193	于 *tɕua 撾／十		
194	庾 *tɕuan 磚／磚		
195	亠 *tɕuə 拙／二		
196	盂盂 *tɕuğu 住兀／路	盂盂叐／住兀伯／道	53
		盂盂叐伐／住兀伯徳／道徳	54

	197	血丸*ʤu-giə注解／注解		
	198	㲾*ʤuğa朱阿／夏	㲾乇／朱阿厄林／夏	55
	199	关叐*ʤuhə朱黒／冰		
	200	血禾叐右*ʤuktə-məi住兀忒昧／尊		
	201	朿*ʤulə諸勒／先	朿史采／諸勒厄塞／比先	56
	202	朿佬*ʤulə-lə諸勒[諸勒勒]／前		
	203	朿盂*ʤulə-ʃi諸勒失／東		
	204	叓岦*ʤuʃən朱先／女真		
	205	凡寸*ʤuil追一／孩児		
ə	206	庥杙余*əbi-rə厄必勒／飽		
	207	乘盂*əbʃi厄卜失／以		
	208	凧土*ədun厄都温／風		
	209	庥旻升*əʤəhəi厄者黒／職		
	210	㝵*əhə厄黒／歹、悪	㝵史仵／厄黒伯揑児麻／歹人	57
	211	抹厔*əiğə厄一厄／丈夫		
	212	抹朱*əi-gisa厄一吉撒／不可		
	213	抹叐*əi-hə厄一黒／不曾		
	214	宵*əihən厄恨／驢		
	215	丈土*əjun厄云温／姐		
	216	序灭千*əkəhun厄克洪／減、少		
	217	半史叐*əlbə-hə恩伯黒／出産		
	218	仐佬叐*ələhə厄勒黒／自在		
	219	仐叐斥*əlhəgi厄黒吉／快		
	220	仐隶*əlʧi厄赤／使臣		
	221	乚*əmu厄木／一	乚关矢疠／厄木你哥塞／一般	58
			乚疖关／厄木車你／一遭	59
			乚为厔斥／厄木赫児厄吉／一級	60
	222	火余*əmʤi厄木只／同		
	223	火千*əmhun厄木洪／独		
	224	火友*əm-la厄木剌／一起	火友南半爭／厄木剌亦宣都／互相	61
	225	古*ən恩／恩		

第六節 『女真訳語』雑字の女真語彙

	226	立並升 *əndə-həi 恩忒黒／罰		
	227	奋 *ənin 厄寧／母		
	228	向学伏 *əŋgəməi 恩革埋／鞍		
	229	串列 *əʃin 厄申／不	串列兄屖／厄申撒希／不知	62
			串列关並／厄申殿忒／不会	63
	230	秂 *əʒən 厄然／主	秂关件／厄然你捏児麻／主人	64
			秂关东／厄然你府／主輔	65
	231	羊並 *ərdə 厄魯忒／早、朝		
	232	丑 *ərə 厄勒／此	丑斥甪忔／厄勒吉扎以／因此	66
	233	屯 *ərin 厄林／季		
	234	屯尼 *əriŋə 厄林厄／氣		
	235	盂美 *ərgə 脈[厄]児革／方	盂美忔屯列／脈[厄]児革以哈称因／方物	67
	236	与 *əsə 厄塞／這		
	237	灾夭 *əsə 厄塞／比		
	238	肯臾 *ətə-hə 厄忒黒／勝負	肯臾岑甪／厄忒黒阿剌哈／勝負	68
	239	疣[疣]乇 *ətuhun 厄禿洪／穿		
	240	余仸 *əulə 嘔勒／院		
	241	司 *əwu 厄舞／醜		
	242	厷乏 *əwuru 厄兀魯／即、忙		
f	243	执甬米 *fadaran 法答岸／牆		
	244	卞夷 *faisï 肥子／牌		
	245	卞忝 *faitar 肥塔／眉		
	246	筏尐 *faka 法阿／窗		
	247	执甪友 *fakala 法哈剌／矮		
	248	筏盂 *fakʃi 法失／匠	筏盂件／法失捏児麻／匠人	69
	249	伖尐 *famaǧa 法馬阿／邦		
	250	夃[夭] *fanʤu-mai 埋番住[番住埋]		
	251	兵右 *fanʤu-məi 番住昧／問		
	252	正存 *fannar 番納児／旗		
	253	戈甬 *far 法児／另	戈甬戈甬尋卅／法児法児弗里随／另行	70
	254	肖臾 *farigiən 法里見／暗		

255	굽犀 *fəɕihi弗只希／下	굽犀件／弗只希捏児麻／部下	71
256	舟夲仸 *fəɕilə弗只勒／下		
257	並夂 *fəmu弗木／唇		
258	菊仸 *fən-ti番替／南		
259	覂盂 *fəriʃi弗里失／西		
260	早 *fi非／筆		
261	朱刃 *fibun非本／燈		
262	侖 *fila非剌／碟		
263	早刔夹 *fijəgi非也吉／偏		
264	夲 *fisa非撒／背		
265	我扌 *fiʃin非称／光		
266	充羋 *fiʒur非如児／神		
267	玟夊旲 *foholo弗和羅／短		
268	失 *fojo縛約／李	失叏／縛約莫／李	72
269	屃 *folto分脱／栗	屃叏／分脱莫／栗	73
270	玟炎 *fon伏湾／時		
271	玟夷 *foʃi弗赤／襪		
272	厼 *fu府／府		
273	乗右 *fudə-məi弗忒眛／送		
274	厼夲 *fuɕi弗只／替		
275	厼夬 *fuğə弗厄／旧		
276	洗犀夭 *fuihi-ra肥希剌／怒、悩		
277	金亇 *fulagian弗剌江／赤、紅、丹	金亇吳土／弗剌江古温／赤玉	74
278	壴夹 *fuləgi伏勒吉／灰		
279	氕乐 *fuligi弗里吉／命	氕乐可尨／弗里吉該別／命将	75
280	孚卅 *fuli-sui弗里随／行	孚卅尔乐／弗里随古里吉／行移	76
281	㕘 *fulmə弗脈／束		
282	叐羋 *fundur粉都児／園		
283	厼㐧夬 *funia-ru弗捏魯／念		
284	吳乇升 *funirhəi分一里黒／髪、毛		
285	㔾犰 *funrə分厄／合		

第六節 『女真訳語』雑字の女真語彙

	286	朱手升 *funʧə-həi 分車黒／余		
	287	庨父 *fusə-dən 弗塞登／盛		
	288	庨呉 *fusəgu 伏塞古／扇		
g	289	屵史丈 *gaʤa-ru 哈扎魯／要		
	290	屵申 *gaha 哈哈／鴉		
	291	屵夬亿 *gahua-i 哈化以／取		
	292	可㐌 *gai-bi 該別／将	可㐌朵舟 ／該別禿番／将就	77
	293	可全 *gai-gar 該哈児／領		
	294	㔿犮 *gala 哈剌／手		
	295	兂用 *galəka 哈勒哈／晴		
	296	全 *gar 哈児／枝		
	297	庒土 *garun 哈児温／天鵝		
	298	㐱茶兂 *gasaǧan 哈撒安／禍		
	299	屵舍 *gaʃa 哈沙／村		
	300	屵灸札矢 *gaʃahia-ra 哈沙下剌／犯	屵灸札矢矢甪 ／哈沙下剌者車犯辺	78
	301	屷右屵 *gau-ʧaŋ 高察安／高昌		
	302	抳父 *gə-dən 革登／往		
	303	抳千丰 *gəhun 革洪／明	抳千丰叓夯 ／革洪約斡洪／明白（光明）	79
	304	禿花 *gələ 革勒／依、照		
	305	抳伩余 *gələ-rə 革勒勒／懼、怕		
	306	乑 *gəli 革里／又		
	307	舎羋 *gəmur 革木児／都、俱	舎羋南庀 ／革木児一那／都是	80
	308	抳容升 *gənə-həi 革捏黒／去	抳容升氽夯 ／革捏黒塞革／去歳	81
	309	俤更 *gəŋgiən 根見／明		
	310	矢癹 *gəbu 革卜／名	矢癹厃奀兂 ／革卜禿魯哈剌／名望	82
			矢癹先米 ／革卜的勒岸／名声	83
	311	禿立 *gərən 革恩／衆		
	312	庆疜 *gəsə 哥塞／一般		
	313	夯仹伩 *gətilə 革替勒／凍		
	314	抳乩伩升 *gəʃulə-həi 革出勒黒／膝襴		
	315	宋 *gia 甲／街		

第二章 『女真訳語』

316	岜土 *giahun加渾温／鷹			
317	仟甬 *gida吉答／槍			
318	佚 *gio闕／闕			
319	丙米斥 *girangi吉波[浪]吉／骨			
320	秕乩 *giruʃu吉魯出／辱			
321	朱 *gisa吉撒／呵、庶			
322	朱甲 *gisa-ha吉撒哈／砕			
323	尚 *go騾／騾	尚伊列 ／騾母林／騾馬	84
324	尚号 *goburən果卜連／饒			
325	尢亥 *goiju乖于／非			
326	尢羋 *goini乖你／供	尢羋此凡 ／乖你阿里卜為／供給	85
327	式[炎]斥 *golmigi戈迷吉／長			
328	炎斥 *golmigi戈迷吉／寛	炎斥尚号 ／戈迷吉果卜連／寛饒	86
329	桼 *gon観／観、館	桼雨 ／館驛／館驛	87
330	卩 *gorhon戈児歓／十三			
331	侒斥 *goro戈羅斡／遠			
332	吴圦尚 *gujahu古牙忽／鴛鴦			
333	卉甬炙 *guida-ra貴答剌／遅			
334	屯扎炙 *guifala帰法剌／杏			
335	朴判丈 *gujə-ru貴也魯／伴	朴判丈承右 ／貴也魯弗忒昧／伴送	88
336	亐甲 *gulha古剌哈／靴			
337	亙貝 *gulmahai古魯麻孩／兎			
338	吴土 *guwun古温／玉	吴土兄兮 ／古温上江／玉白	89
339	伞右 *guri-məi古里昧／遷			
340	囲土 *gurun国倫／国	囲土羋佘 ／国倫你王／国王	90
341	久 *guʃin古申／三十			
342	吴乩 *guʃu古出／皂隷			
h	343	厌灻夨 *habʃa-mai哈沙埋／告		
	344	厌灻炙 *habʃa-ra哈沙剌／告		
	345	里方 *hadu哈都／服、衣		
	346	厌夌 *hafan哈番／衙		

第六節 『女真訳語』雑字の女真語彙

347	付釆夫凡 *hafuʤa-hai 哈富扎孩／透		
348	寿昊 *hagdaǧun 哈答温／誠	寿昊亨歴史／哈答温脈魯厄伯／誠意	91
349	寿凡 *hagda-hai 哈答孩／信、誠		
350	岙兎 *haǧan 罕安／皇帝		
351	氶兌 *hahai 哈哈愛／男子		
352	尢夈 *haila 孩剌／楡		
353	舟 *haldi 哈的／貴、宝	舟件／哈的捏児麻／貴人	92
354	岙兎求 *halǧandan 罕安丹／敢		
355	千列 *halin 哈里因／朝廷		
356	卞生 *haliu 哈里兀／海獺		
357	岙发 *halma 罕麻／剣		
358	夙昊 *halŭǧun 哈魯温／熱		
359	付冘甲 *hasha 哈子哈／剪		
360	付炎 *hatan 哈貪／強		
361	南石龙 *haʧa-bi 哈察別／見		
362	乇列 *haʧin 哈称因／節、物		
363	市 *hau 侯／侯		
364	市舍 *hauʃa 好沙／紙		
365	臾並 *həbdə 黒卜弍／粘		
366	伴 *həfuli 黒夫里／肚		
367	仺羊 *həhəi 黒黒厄／女	仺羊件／黒黒厄捏児麻／婦人	93
368	臾夏 *həkə 黒克／西瓜		
369	臾其 *həki 黒其／堤		
370	艾丹史 *həndu-ru 恨都魯／説		
371	去乼 *hərə 黒勒厄／市	去乼求／黒勒厄甲／街	94
372	为厇 *hərǧə 赫児厄／級		
373	布 *hərusə 赫路塞／言語		
374	臾耒 *hətun 黒屯／横		
375	釆亦 *həʃə 黒車／城		
376	杦乄 *hiaŋ 下安／香		
377	止出 *hiao 下敖／学	止出屯久／下敖圭因／学規	95

第二章 『女真訳語』

378	屖天*hidai希大／簾		
379	侑[侑]*hiən賢元／玄		
380	更*hien縣／縣		
381	屖乏*hina希納／義		
382	盉圧*hirɢə希児厄／臺		
383	卉*hiʃi希石／井		
384	屖㐄杀*hiʃurə希出勒／奈		
385	屖欠*hiuŋ許温／匈		
386	乐[乐]*hodigo和的斡／女婿		
387	㧈*hoʨo和卓／俊		
388	兇*hoiholo回和羅／鴉鵲		
389	帝*holdo和朶／松	帝叐／和朶莫／松	96
390	灰*honi和你／羊		
391	㐱夰*hosɤ和子／盒		
392	坙乐*hoto和脱斡／池		
393	坙㐱*hotoho和脱和／胡蘆		
394	尚*hu忽／呼	尚更苹／忽捏苦魯／呼朋	97
395	呈*huaŋ皇／皇	呈刕厅可／皇阿木魯該／皇后	98
396	呈夰*huaŋɤ皇子／皇子		
397	央仕*hua-ʃaŋ和尚／和尚		
398	尚金*hubai琥珀／琥珀		
399	尚甬灻矢*hudaʃa-mai忽答沙埋／売		
400	尚角灻*hudi-ra忽的剌／唱		
401	尚角灻*hudira忽的剌／鞦		
402	尚早*hufi忽非／壺		
403	夭*huhun忽渾／奶子		
404	宋宋*hui-hui回回／回回		
405	举貝*hula-hai虎剌孩／賊	举貝仵／虎剌孩捏児麻／賊人	99
406	尚友帀*hula-ku忽剌吉[苦]／換[喚]		
407	尚休*huli忽里／閣		
408	尚弓*hulu忽魯／環		

82

第六節 『女真訳語』雑字の女真語彙

	409	牵刊 *hundu 洪都／正		
	410	孕 *huri 忽里／松子		
	411	乎壬 *husun 忽孫／力		
	412	在亽 *husur 忽素魯／怠		
	413	卦[卦]兂 *huʃigan 忽十安／裙		
	414	尚尽 *huʃu 忽舒／核桃		
	415	尚厓 *huʒu 忽如／桃	尚厓金兯／忽如弗剌江／桃紅	100
	416	厓亽 *huʒu-ra 忽如剌／鞠躬		
	417	英厓 *hutuhan 忽禿罕／鐘		
	418	夾朵 *hutunʤi 忽屯只／緊、急		
	419	英革 *hutur 忽禿児／福		
	420	尚玄斥 *huʃaugi 忽朝吉／榮		
i	421	南利卓 *iʤa-ra 一乍剌／聚会		
	422	头 *ilan 以藍／三	头天／以藍臺／三臺	101
	423	侑呉 *iləŋgu 一棱古／舌		
	424	于夬 *ilga 一勒哈／花		
	425	冩刃 *ili-bun 一立本／立、竪		
	426	冩求貝 *iliʃiu-hai 一立受孩／設	冩求貝凨伩／一立受孩背勒／設官	102
	427	于弓尨 *ilu-bi 一魯別／騎		
	428	禹夹 *imagi 一麻吉／雪	禹夹兄兯／一麻吉上江／雪白	103
	429	耒兂亽 *imala 因馬剌／桑		
	430	南兂亽 *imala 一馬剌／山羊		
	431	南癸夹 *imuŋgi 一門吉／油		
	432	朿弓 *indahon 引答洪／犬		
	433	令 *ində 印者／笑		
	434	日 *inəŋgi 一能吉／日	日关伀右／一能吉禿替眛／日出	104
	435	日弄 *inəŋgi-gəli 一能吉革里／晝		
	436	南羊南羊 *ini-ini 一你一你／各		
	437	南庀 *inor 一那／是		
	438	夂伩 *iŋ-lə 因勒／引類		
	439	于卦夯 *irdi-buma 一的卜麻／撫恤		

	440	룬角千*irdihun―児的洪／梳			
	441	宅禿*i-rə以勒／入			
	442	毛压*irğə―児厄／百姓			
	443	毛甲千*irhahun―児哈洪／淺			
	444	舐昊*isūğun―速温／醬			
	445	南羋廾*isuən-du亦宣都／相			
	446	朱*iʃi―十／柏	朱爻／―十莫／柏	105
	447	朱矢*iʃi-mai―十埋／至、到			
	448	肖任*itəğə―忒厄／民、黎民			
	449	岁*iʃə―車／新	岁日／―車―能吉／朔	106
	450	岁斥*iʃəgi―車吉／新、鮮			
j	451	扑刃*jabun牙步／走			
	452	扑甬*jada牙答／巧			
	453	扑甲*jaha牙哈／炭			
	454	闬*jala牙剌／実			
	455	炎休*jali牙里／肉			
	456	吞角千*jamdihun言的洪／夕			
	457	朹*jan延／宴	朹伏岦炙／延脈児塔剌／宴犒	107
	458	冊*jaŋ／羊／両			
	459	宋*jara牙剌／豹			
	460	吳尤矢*jarugoi-mai牙魯乖埋／糾	吳尤矢來禿／牙魯乖埋分厄／糾合	108
			吳尤矢禹圡／牙魯乖埋革恩／糾衆	109
	461	光芭*jaʃi牙師／眼			
	462	侯*je惹／仁	侯犀乏／惹希納／仁義	110
	463	幼兎*joğan又安／床			
	464	袖*johi姚希／套			
	465	同同右*jojo-məi約約昧／飢			
	466	丰吏夛*jorhon／約斡洪／明			
	467	凡*juŋ容／容			
	468	在芭*ju-ʃi御史／御史			
k	469	乔反矢*kadala-mai哈答剌埋／管	乔反矢朿龙／哈答剌埋答魯別／率領	111

第六節　『女真訳語』雑字の女真語彙

	470	孔巾*kai克哀／開			
	471	厇夫*kala-bi哈剌別／改			
	472	厇舟*kalaku哈剌庫／褲			
	473	厇弓斥*kalalu-o哈剌魯斡／捷	厇弓斥厌夋夭／哈剌魯斡哈沙剌／捷音	112
	474	孔屰*kaŋ克安／勘	孔屰枀孔／克安分厄／勘合	113
	475	徠兂*karaǧan哈剌安／哨探		
	476	用夷元*katʃima哈赤馬／阿膠		
	477	厈孔伩右*kəŋkələ-məi康克勒昧／叩頭		
	478	孔盂夨夊*kəʃigə-buru克失哥卜魯／悶、憂		
	479	呇*kəu口／口		
	480	甫芭*kien-ʃi／謙師／遣師		
	481	其休夂*kiliŋ其里因／麒麟		
	482	其丯升*kiʃə-həi其車黒／用		
	483	其生*kiu其兀／求	其生金夬／其兀伯申／求討	114
	484	舟夲*kui庫委／揆		
	485	釜*kuŋ孔／孔		
1	486	友屰*laŋ剌安／藍		
	487	夭丈*la-ru剌魯／写	夭丈攵夊夊／剌魯木弍卜魯／写成	115
	488	火灰夨*laula-mai老剌埋／労		
	489	英[火]夲*lausa老撒／騾		
	490	为*ləfu勒付／熊		
	491	叓*ləfu勒付／海豹		
	492	卋乑*ləusï樓子／樓		
		休刈*liə里也／列		
	493	休夂*liŋ里因／嶺		
	494	糸甲*liwaha里襪哈／魚		
	495	旲*lo羅／羅		
	496	亩*loho羅和／刀		
	497	旲旲*lo-lo邏邏／邏邏		
	498	弓*lu爐／爐		
	499	玊*ly緑／緑		

第二章 『女真訳語』

m	500				
	501	元丸*mafa馬法／祖			
	502	쇼夊*mahila麻希剌／帽			
	503	矢夲*maisɿ埋子／麥			
	504	矢列*majin／埋因／禄			
	505	夊*mamu麻木／凡			
	506	元乇斗*manao馬納敖／瑪瑙			
	507	庆乇夂*mana-ra麻納剌／壞			
	508	朿屵*maŋga莽哈／難			
	509	朿斥*maŋgi莽吉／可	朿斥店仟旻余／莽吉幹温者勒／可嘉	116
	510	朿弓土*maŋ-lun莽魯温／蟒龍			
	511	呆甪*mar麻児／粗			
	512	厞屯*mədərin脈忒厄林／海	厞屯东夈／脈忒厄林引答洪／海狗	117
			厞屯夬／脈忒厄林朶児獾／海獾	118
	513	千甪屄*mədigə脈的厄／声息			
	514	右*məi昧／梅	右夊／昧莫／梅	119
	515	罕舟*məifən梅番／項			
	516	亨屄*mərgə脈魯厄／意			
	517	伏臾*mərhə脈児黒／賞			
	518	伏币夂*mərtala脈児塔剌／犒			
	519	半*məʒilən脈日藍／心			
	520	千乣*mətʃu脈出／葡萄			
	521	呑舟丈*miaku-ru滅苦魯／跪			
	522	呑芉甲*mialianha滅良哈／升			
	523	毛何*mian-dian緬甸／緬甸			
	524	屶奐*miəhə滅黒／鴨	屶奐玊／滅黒緑／鴨緑	120
	525	兵羊*mini密你／我			
	526	玊*miŋgan皿幹／千	玊孔屯／皿幹卜羅厄林／千秋	121
	527	兵帀凡*mita-buwi密塔卜為／退			
	528	夊*mo没／木、柴			
	529	夊𠘕*mono莫嫩／猴			

第六節 『女真訳語』雑字の女真語彙

	530	巴[屯]屯*moŋgul蒙古／驢駝		
	531	芳*moro莫羅／碗		
	532	受乎*moʃo莫截（戳）／拙		
	533	文仗反*mubun-ra木本剌／裨		
	534	岌羋*mudur木杜児／龍		
	535	禾旻弓*mudʑəgə／木者革／当面	禾旻弓圭夲／木者革忒厄／当面	122
	536	屯*muə沒／水		
	537	龙炅*muihə梅黒／蛇		
	538	巫米*mulan木剌／凳		
	539	写*muŋ蒙／蒙		
	540	文土*məŋgun蒙古温／銀		
	541	伻列*murin母林／馬		
	542	晃夅*muʃən木先／鍋		
	543	文夫*muʃin木申／炒面		
	544	卞刃*muta-bun木塔本／回、還		
	545	文亥犮*mutə-buru木忒卜魯／作成		
n	546	娄*na納／地		
	547	孖*nadan納丹／七		
	548	马*nadandʑu納丹住／七十		
	549	东甲夛*namhahon南哈洪／安	东甲夛夆貝／南哈洪半的孩／安生	123
	550	存斥*nargi納児吉／精		
	551	存卞*narhun納児洪／細	存卞夹岸／納児洪阿哈／細雨	124
	552	关土*nəhun捏渾温／妹		
	553	叓羋*nəkur捏苦魯／朋友		
	554	叓伎关*nəkulə-mai捏苦勒埋／結交		
	555	岌夒卞*nəmkəhun南克洪／薄		
	556	羊*ni／你／泥		
	557	丂血*niadʑu／捏住／蘿卜		
	558	仵*niarma／捏児麻／人		
	559	外友*nihiala你下剌／須臾		
	560	厶*nihun泥渾／十六		

	561	扦*ninʤu寧住／六十		
	562	扦皃*ninʤuhə寧住黒／珠		
	563	亍*niŋgu寧住[谷]／六		
	564	希尚皃*niogohə嫩果黒／狼		
	565	希亐甲*nioniaha嫩捏哈／鵝		
	566	兮*niru你魯／矢		
	567	兮帯乑*nitaba逆塔巴／弱		
	568	万*niuhun女渾／十八		
	569	氙兮*nogian嫩江／青	氙兮利禿／嫩江申革／青鼠	125
	570	羌夹爻*nogi-ra嫩吉剌／添、加		
	571	羌文攴*nomho嫩木和／善		
	572	反厓*nuhan奴罕／慢		
	573	厼*nurə弩列／酒		
	574	反益*nuru奴兀魯／毎		
	575	反列*nuʃin奴失因／和		
o	576	肖关*odon-mai斡端埋／許		
	577	车米*o-fi斡非／為		
	578	车史乎*oɡəhu斡厄忽／斜		
	579	车呑龙*omia-bi斡滅別／会		
	580	宊*omo斡莫／湖		
	581	左早*omolo斡莫羅／孫子		
	582	夷戈*on斡湾／便益		
	583	夲丹千*onduhun晩都洪／空、虚		
	584	七*oniohon斡女歓／十九		
	585	尭戈*onon晩湾／怎	尭戈乎貝／晩湾半的孩／怎生	126
	586	余*oŋ／王／王		
	587	壬爻*orho斡児和／草		
	588	壬爻冉*orho da斡児和答／人參		
	589	亢*orin倭林／二十		
	590	冬戈*oson斡速湾／小	冬戈血亜／斡速湾住兀／徑	127
	591	朱甲*oʃiha斡失哈／星		

第六節 『女真訳語』雑字の女真語彙

p	592	休*paŋ胖／胖			
s	593	兄甬夊*sabda-ra撒答剌／漏			
	594	秊走*sabi-bi撒必別／計			
	595	茶光*sabu撒卜／鞋			
	596	茶刅甲*sabunha撒本哈／箸			
	697	伞可*sadu-gai撒都該／親			
	698	苒甬右*sahada-məi撒[哈]答昧／打囲			
	699	苒荓*sahalian撒哈良／黒			
	600	兄犀*sa-hi撒希／知	兄犀盃夂/撒希西因／知悉	128
	601	乍*sai賽／賽			
	602	乍休斥*sailigi塞里吉／危然	乍休斥交夭/塞里吉忒你和／危然	129
	603	乍元咒*saimagi塞馬吉／霜			
	604	斤列*sajin塞因／好	斤列甹炎/塞因斡湾／便益	130
	605	斤尽*saiʃu塞舒／好生			
	606	吞天*saldai撒剌大／老			
	607	卉夲*saŋ-giun将軍／将軍			
	608	圧兎*sarĭgan撒里安／妻			
	609	茶茶*sasa撒撒／整斉			
	610	炭光*saʃa撒叉／盆			
	611	罕*sə塞／硯			
	612	瓦旻*sə¢ə塞者／車			
	613	釆夯*səgə塞革／歳			
	614	釆咒*səgi塞吉／血			
	615	釆咒兮*səgiŋgə塞更革／親戚、孝			
	616	伞夗*səkə塞克／貂鼠			
	617	王*sələ塞勒／鉄			
	618	朿屮*sĭo子敖／皂			
	619	另旲*sərūgun塞魯温／涼			
	620	盃*si犀／犀	盃术夗/犀兀也黒／犀角	131
	621	盃奀*si-fan西番／西番			
	622	盃夂*si-iŋ西因／悉			

第二章 『女真訳語』

623	盂本 *si-tən 西天／西天		
624	夯友关 *sĭla-mai 賜剌埋／賜		
625	片 *so 左／左		
626	片 *so 梭／梭		
627	片兮 *sogian 瑣江／黄	片兮利禿 ／瑣江申革／黄鼠	132
628	疝屴夊 *sokto-ho 瑣脱和／酔		
629	禹 *solgi 瑣吉／菜		
630	禹伩 *solgo 瑣戈／高麗		
631	片旱 *solo 瑣羅／閑		
632	片兵龙 *somi-bi 瑣迷別／潜	片兵龙舟更 ／瑣迷別忒別／潜居	133
633	俟気史 *soŋgo-ru 桑戈魯／哭		
634	夊帀 *sori-ku 瑣里都蛮[庫]／戦、廝殺		
635	禾 *su 酥／酥	禾甬灻呎 ／酥一門吉／酥	134
636	禾弓 *suan 素岸／鷺鷥		
637	禾旲 *sudɕə 素者／緞		
638	禾扎 *sufa 素法／象	禾扎夈兔 ／素法委黒／象牙	135
639	眉孞 *sugu 素古／皮		
640	禾兔 *suhə 素黒／柳	禾兔乱为 ／素黒出衛／柳翠	136
641	厸屏 *sunmur 寸木児／寸		
642	禾仅 *suŋ 素温／総	禾仅枇夂 ／素温必因／総兵	137
643	半 *surə 素勒／聰明		
644	夊帀氕 *surtogo 素魯脱戈／皮襖		
645	叆 *susai 速撒一／五十		
646	禾盂可 *suʃigai 素失該／鞭		
ʃ	647	炎 *ʃa 紗／紗		
	648	舍夛 *ʃaha 沙哈／耳		
	649	舍攵甲 *ʃamha 沙木哈／暖耳		
	650	卞尚 *ʃanhu 珊瑚／珊瑚		
	651	兄兮 *ʃaŋgian 上江／煙	兄兮盂㞢 ／上江希児厄／煙墩	138
	652	兄兮 *ʃaŋgian 上江／白	兄兮禹呎 ／上江瑣吉／白菜	139
			兄兮伞兎 ／上江塞克／銀鼠	140

90

第六節 『女真訳語』雑字の女真語彙

		兄ケ主/上江塞勒/錫	141
653	仕尽*ʃaŋ-ʃu尚書/尚書		
654	寺灸夭*ʃauʃa-mai少沙埋/征		
655	乱友夭*ʃəla-mai舍剌埋/舍		
656	乱今[余]*ʃər舍厄/泉		
657	吳尤千*ʃibihun失別洪/燕子		
658	吳秂*ʃiksəri失塞里/晚		
659	㞺友乎*ʃi-laŋ侍剌安/侍郎		
660	攵化土*ʃilən失勒温/露		
661	盂休犀*ʃilihi失里希/膽		
662	攵旱史*ʃilohoi失羅回/燒餅		
663	床*ʃilu失魯/梨		
664	邑米*ʃimkon申科岸/海青		
665	尿昊*ʃimŋun深温/冷		
666	壬乏夭*ʃina-ra申納剌/愁		
667	攵亐*ʃinia失捏/幼		
668	利秀*ʃiŋgər申革/鼠		
669	兇夹*ʃiraha失剌哈/古		
670	兇丈*ʃira-ru失剌魯/襲		
671	夹*ʃirga失兒哈/獐		
672	夹兒*ʃirīhə失里黑/沙		
673	荒*ʃiri失里/銅		
674	係*ʃiʃi失失/榛子		
675	係兒*ʃiʃihə失失黑/褥		
676	吳更升*ʃiʃihəi失赤黑/雀		
677	末土*ʃiuwun受温/陰[陽]		
678	毛[巴]*ʃoŋgi双吉/鼻		
679	尽史*ʃugə舒厄/直		
680	氘*ʃulmu舒目/鷸		
681	尽兵乐*ʃumigi舒迷吉/深		
682	辻*ʃunʤa順扎/五	辻伞/順扎頭/五斗	142

			圠月屯列／順扎必阿哈称因／端午		143
	683	盡氼*ʃuŋ舒温／属			
t	684	帯甬*tada塔答／轡			
	685	夆芴*tafa-buma塔法卜麻／交			
	686	受甲*taha塔哈／体、順			
	687	天*tai臺／臺			
	688	天芴*taibun太本／梁			
	689	天夬*tai-giən太監／太監			
	690	天卓*taira太乙剌／寺			
	691	天朩*taisʅ太子／太子			
	692	帯犸*taka塔哈／且			
	693	厺帀夊*takura塔苦剌／差、使		厺帀夊甬岜／塔苦剌謙師／遣師	144
	694	厺帀夊貝*takura-hai塔苦剌孩／差、使			
	695	莅兮*talʅgian塔里江／霆			
	696	帯兂夾*tamagi塔馬吉／霧			
	697	帯斥*taŋ塔安／堂			
	698	冇*taŋgu湯古／百			
	699	巳*tar他／酪			
	700	炎昊*targun塔温／肥			
	701	炎*tasha塔思哈／虎			
	702	盀盀[帯帯]貝*tata-hai塔塔孩／下営			
	703	帯佇夊*tati-buru塔替卜魯／習学			
	704	仆土*taun套温／数			
	705	仆甬夊*tauda-ra套答剌／還			
	706	仆土夊*taun-ra套温剌／読、罵			
	707	舟龙*tə-bi忒別／坐			
	708	及央犀*təgdəhi忒忒希／被			
	709	灸光*təgirə忒吉勒／徧		灸光冞卓／忒吉勒答失刺／徧覆	145
	710	辛夲*təkər忒厄／今			
	711	辛芺*təktun忒屯／常		辛芺冇龙／忒屯八哈別／永享	146
	712	乎屄*təmgə忒厄／駝			

第六節　『女真訳語』雑字の女真語彙

713	交丈*təniho忒你和／危然		
714	为夭丈*təŋla-ru膳剌魯／膳写		
715	伞*təu頭／斗		
716	伞圦艾*təuja-buru頭牙卜魯／伝	伞圦艾夺屯右／頭牙卜魯拙厄林昧／伝報	147
717	伞攵*təu-mu頭目／頭目		
718	歺扎*tifa替法／泥		
719	仸貝斥*tihaigi替孩吉／従、随	仸貝斥犮叐／替孩吉厄兀魯／随即	148
		仸貝斥枀伀／替孩吉諸勒[諸勒勒]／従前	149
720	厇*tiho替和／鶏		
721	夰夭*tiktan／替弾／度		
722	奐甬夨*tinda-mai聴答埋／放		
723	仸久*tiŋ替因／庁		
724	厃舟*tirəku替勒庫／枕		
725	玊*tobohon脱卜歓／十五	玊日／脱卜歓一能吉／望	150
726	歹氕*togo脱戈／線		
727	佟*toko秃科／表		
728	冇芳*tolhin脱興／夢		
729	叟主右*tomsun-məi貪孫昧／収		
730	奭朶*tondo団朶／忠		
731	岎夭*tondʑu-ra／団住剌／選		
732	兕朳主*tonhia-sun団下孫／看守		
733	宅*towoi脱委／火		
734	岜桃*tubi秃必／綱	岜桃矛牢癸／秃必巴忒屯／綱常	151
735	圴兒*tuəhə秃斡黒／授		
736	羊*tuɡə秃厄／冬	羊屯／秃厄厄林／冬	152
737	宷舟*tufən秃番／鐙		
738	羊东*tufu秃府／鐙		
739	広哭*tugi秃吉／雲		
740	岜伬*tu-gio突厥／突厥		
741	卦刃*tuibun退本／請		
742	卦支*tuiburan退卜連／延	卦支炋右／退卜連兀里昧／延留	153

	743	邑友矢*tula-mai禿剌埋／図		
	744	冉佗*tulilə禿里勒／外	冉佗仟／禿里勒捏児麻／夷人	154
			冉佗玊夲／禿里勒忒厄／外面	155
			冉佗癸仟／禿里勒禿魯温／夷情	156
	745	卂土*tulun／禿魯温／陰		
	746	禿*tuŋ通／通		
	747	方*tumən土満／万	方夌夛／土満塞革／万寿	157
	748	丟朩丈*tunʥa-ru屯扎魯／鎮守		
	749	朩朶*tuŋ-ʥi同知／同知		
	750	朩㞑*tuŋgə桶厄／胸		
	751	朩夾*tuŋkən同肯／鼓		
	752	反攴*tura禿剌／柱		
	753	忙紊矢*turga-ra禿魯哈剌／視、覧、望	忙紊矢呪朻主／禿魯哈剌団下孫／看守	158
	754	癸仟*turğun禿魯温／情、縁	癸仟丼禿／禿魯温都言／縁故	159
	755	反甲*turha禿哈／痩		
	756	关佅右*tuti-məi禿替眛／出		
	757	茂臾*tuwəhə禿斡黒／果		
	758	尓㕚廾*tuwə-həi禿斡黒／落		
ʧ	759	呑*ʧa茶／茶		
	760	呑匡*ʧahan察罕／尺		
	761	盁甲*ʧauha鈔哈／武、軍	盁甲㡿旻廾／鈔哈厄者黒／武職	160
	762	夹屰右*ʧəndə-məi千忒眛／考	夹屰右芥矢／千忒眛団住刺／考選	161
	763	夹尙*ʧən-hu千戸／千戸		
	764	亦羊*ʧəni車你／遭、次		
	765	歺灰矢*ʧinga-ra称哥剌／受用		
	766	乢劜*ʧui出衛／翠		
	767	乢夊*ʧu-iŋ出因／処	乢夊圥朶矢／出因扎撒剌／処治	162
	768	乢㲋*ʧuŋ出温／重、充	乢㲋南土／出温都魯温／重陽	163
	769	伏乢芥艮*ʧurʃuwa-hai出出瓦孩／照	伏乢芥艮夛花斥／出出瓦孩革勒吉／照例	164
			伏乢芥艮受宅／出出瓦孩塔以／照依	165
u	770	肯*ubu兀卜／分		

第六節 『女真訳語』雑字の女真語彙

771	失圧*udigə兀的厄／野	失圧夂／兀的厄兀里彦／野豬	166
		失圧侢列／兀的厄母林／野馬	167
		失圧宵／兀的厄厄恨／野驢	168
		失圧件／兀的厄捏兒麻／野人	169
772	用桃右*udʑəbi-məi兀者必昧／敬		
773	用羊*udʑəi兀者／重		
774	肯*udʑu兀住／頭	肯丹貢佅右／兀住康克勒昧／叩頭	170
775	肯夊貝*udʑula-hai兀住剌孩／酋長		
776	坒扎*ufa兀法／面		
777	中米*uihan委罕／牛		
778	夅兒*uihə委黒／齒		
779	支*uilə委勒／事		
780	木兒*ujəhə兀也黒／角		
781	歹判右*ujə-məi衛也昧／奪		
782	禿*ujəwun兀也温／九		
783	土*ujəwundʑu兀也温住／九十		
784	更列*uktʃin兀称因／甲		
785	夯*ula兀剌／江		
786	夂*ulgian兀里彦／豬		
787	羊元*ulguma兀魯兀馬／野鶏		
788	斗右号*ulhu-burən兀忽卜連／曉諭		
789	龙在千*ulhuhun兀魯忽洪／軟		
790	去千右*ulhun-məi斡洪昧／包	去千右癸盃甬夬／斡洪昧安失答剌／包含	171
791	夷列*ulin兀里因／財		
792	朵毛*ulirin兀里厄林／倫	朵毛乑床兖／兀里厄林多羅斡薄／倫理	172
793	去弓*ulu兀魯／棗		
794	丙*umə兀脈／不許		
795	坒呑甲*umiaha兀滅哈／虫		
796	夫卓*umi-ra兀迷剌／飲		
797	英亚*un武恩／穏		
798	去亚*urən斡恩／雖然	去亚甫尨／斡恩一那／雖是	173

	799	庤仸呑夵*urǧunʤə-rə幹温者勒／喜、歓		
	800	炎右*uri-məi兀里昧／留	炎右伞圤戈／兀里昧頭牙卜魯／留伝	174
	801	托伄*uriti兀里替／北		
	802	夬手*urmə兀魯脈／針		
	803	失炅*uru-hə兀魯黑／熟		
	804	佽佗叓*urulə-bi兀魯勒別／準		
	805	夊㐫*uruma兀魯麻／強	夊㐫庠父／兀魯麻弗塞登／強盛	175
	806	囘夲*usətən兀塞天／種		
	807	舟糸攴*usga-buran兀速哈卜連／怨		
	808	骂千*ushun兀速洪／生	骂千失炅／兀速洪兀魯黑／生熟	176
	809	侖土*usun兀速温／貧		
	810	杀列*uʃin兀失因／田		
W	811	夯丼夨*wadu-ra瓦都剌／殺		
	812	夯厼*wasɿ瓦子／瓦		
	813	夅炅*wəhə幹黑／石		
	814	冬㐀*wəʃi幹失／上		
	815	冬㐀攴*wəʃi-buru幹失卜魯／昇	冬㐀攴伏炅／幹失卜魯脈児黒／昇賞	177

第七節　『女真訳語』雑字の女真語彙における問題

一　余計な格語尾の附く単語

1. 宧*i。非鼻音または母音で終わる語に附く属格語尾。

　禾宧*abuga-i阿卜哈以／天

　杢宧*buǧa-i卜阿以／地方

　朿叏宧*fuǧə-i弗厄以／旧

　屵央宧*gahua-i哈化以／取

2. 羊*ni、鼻音で終わる語に附く属格語尾。

　国土羊*gurun-ni国倫你／国

　釆亦羊*həɮə-ni黒車你／城

　巫乕羊*hoto-ni和脱幹你／池

第七節 『女真訳語』雑字の女真語彙における問題

㾴兎羊*haǧan-ni罕安你／皇帝

夯羊*əʒən-ni厄然你／主

3. 史*bə。女性または中性母音が主導される語に附く対格語尾。

血丞史*ʨuǧu-bə住兀伯／道

旱史*əhə-bə厄黒伯／悪

支史*uilə-bə委勒伯／事

千列史*halin-bə哈里因伯／朝廷

半史*məʒilən-bə脈日藍伯／心

㝢圧史*mərǧə-bə脈魯厄伯／意

布史*hərusə-bə赫路塞伯／言語

庠羊史*ʨoni-bə卓你伯／鋒

乇圧史*irǧə-bə一児厄伯／百姓

4. 乑*ba。男性母音が主導される語に附く対格語尾。

兮帋乑*nitaba逆塔巴／弱

㑹夨乑*tiktan-ba替弾巴／度

邕杁乑*tubi-ba禿必巴／綱

5. 兖*bo。円唇広母音で終わる語に附く対格語尾。

乕厈兖*doro-bo多羅幹薄／法

6. 臬*do。男性母音が主導される語に附く与位格語尾。

奎臬*buǧa-do卜阿朶／地面

玫夌臬*fon-do伏湾朶／時

市求臬*andan-do岸丹朶／沿途

7. 斥*gi。造格語尾。

矛斥*alawa-gi阿剌瓦吉／勅

五斥*ərə-gi厄勒吉／此

伞斥*guri-gi／古里吉／移

甪夯斥*dihər-gi／的黒黒[里]吉／帰

休貝斥*tihai-gi／替孩吉／従

兂房斥*ʨaʃir-gi扎失児吉／令

朩花斥*gələ-gi革勒吉／例

为圧斥*hərǧə-gi赫児厄吉／級

8. 伕*ti。奪格a語尾。

　先夷伕*ʃiraha-ti／失剌哈替／古

二　綴りが誤った単語

　女真字の順序が転倒：朩㐼*ʨabu扎卜／林

　　朩㐼*ʨabu→㐼朩*buʨa

　女真字の書き漏らし：朵桃㐬兂*dobi bono朶必卜嫩／猿

　　朵桃㐬兂*dobi bono→朵㩗桃㐬兂*dorbi bono

　　굱*fanʨu-mai→굱关*fanʨu-mai

　女真字の書き間違い：㲋列*ali-in阿里庫／盤

　　㲋列*ali-in→㲋舟*ali-ku

　女真字の書き間違い：乏俉右*buhiən-məi卜咸昧、俉*hiən賢元[賢]／玄

　　乏俉右*buhiən-məi→乏俉右*buhiən-məi卜咸昧、俉*hiən賢元[賢]／玄

三　釈義が誤った単語

　耒土*ʃiuwun受溫／陰

　「陰」→（「太陽」の）「陽」。

　南土*dulun都魯溫／陽

　「陽」→「暖」。

　坕斥*hoto和脫斡／池

　この語は「池」でなく、「城池」の意である。

　奉㐼*doho mo朶和莫／樹

　㐼は「樹」なので、奉は樹名であるはずである。「樹」だけで訓するのは、明らかに樹名を示す字が漏れている。

　兵羋*mini密你／我

　この語は第一人称名詞の属格なので、「我的」とすべきである。

　厶*əsə／厄塞／這

　この語は近称指示代名詞の複数形なので、「這些」とすべきである。

　乘盂*əbʃi／厄卜失／以

　「以」→「以来」。

　尚友市*hula-ku／忽剌吉（苦）／換

「交換」の「換」ではなく→「叫ぶ」の「喚」。

寸斥*iʧəgi／一車吉／鮮

「鮮やか」の「鮮」ではなく→「新たに、改めて」の意。この語を声色門に置くのは、明らかに通用門に「新」と釈する同語を誤解したことによるが、通用門における同語の解釈も誤っており、形容詞の「新しい」ではなく、副詞である。

充弓昊*bolğon／卜魯温／静

「静か」の「静」ではなく→「清潔な」の「浄」。「静」と「浄」が同音であるために単語の意味を取り違えた上に、動詞「動」の下に置いて両者を対にした。

业土*bon／卜温／自

「自」ではなく、「始め」の意である。この誤った解釈をさらに通用門における「自古」に使い、业土先夹侏のように組み合わせているが、先夹侏そのものにすでに「古から」の意味があるので、前に余計な业土を附けたのでは全くの間違いとなる。

秂启冬*burwə／卜斡斡／与

「与」（与える）は、秂だけで語幹bu-を示すが、秂启冬という語幹は「返還」（還す）の意味なので、「与」と訓するのは両者の意味を取り間違えている。

朿*ləfu／勒付／海豹

「海豹」の注音漢字は「熊」のそれと同じであるが、後者は別の女真大字𠃧で示される。会同館『女真訳語』にもləfuがあり、「熊」と傍訳することから、「海豹」の注音が書き間違えられた可能性がある。

𡗗斥*golmigi／戈迷吉／寛

「ひろい」は、金代女真語から清代満洲語にいたるまで同じ形のonʧoを取っており、従って、ここの注音漢字「戈迷吉」が示しているのはそれではなく、「長い」の意である。さらに、𡗗の字源である契丹大字𡗗の音韻形式を勘案しても、𡗗の音韻がonʧoとは無関係であることが傍証される。

四　所属門類が誤った単語

日卜*inəŋgi／一能吉／日

天体の「日」ではなく時間の「日」なので、『時令門』に属すべきで、『天文門』に合わない。

斧弁千*onduhun晩都洪／空

「空虚」の「空」なので、『天文門』に合わない。

朩㒵*ujəhə兀也黒／角

「動物の角」の意であって、「方角の角」ではない。『方隅門』に合わない。

用羊*uʤəi／兀者／重

第二章 『女真訳語』

「敬重」の「重」ではなく「重い」なので、『人事門』の「敬」の下に置くことができず、『通用門』の「軽い」の下にのみ置かれるはずである。

五　女真語文法に合わない連語

『女真訳語』における数多くの連語はみな編集者が増補したものであり、その一部は語順から見れば女真語文法に合っているとはいえ、女真語の連語構成の規則に合わない。他の大部分は女真語文法から外れてしまうものである。後者はさらに2種類に分けられ、その一は、漢語の文法に頼って複数の女真単語を無理に合わせたもの、その二は、漢語の語義に従って女真語の語義を逆に理解し、無理に積み重ねたものにほかならない。分析の結果によれば、『女真訳語』に出現する連語のほとんどは、女真人の手により作られたものではなく、四夷館の編集者による「贋作」といわざるを得ない。これらの連語が載せられる門類では、増補されたものは多く人事門・通用門・続添・新増に集中し、他の門類にも多寡様々に増補されている。

1. 第一類の連語　女真語の語順に合わない[1]
①漢語の語順［動詞＋目的語］→女真語の語順［目的語＋動詞］

半㒸右 角／巴住昧的／対敵

炎于灸矢 古／伯亦沙埋恩／謝恩

肎尢 矢列／八哈別埋因／享禄

史乇 乇店号／別厄卓斡卜連／有違

史乇 肖列史／別厄塞因別／有益

史古 勿房可／別弗脈阿木魯該／在後

式邑右 㪔夲史／忒勒禿昧兀塞天伯／別種

伆主 尢房斥／端的孫扎失児吉／聴令

厼灰矢 支史／召剌埋委勒伯／奏事

伍犮 㝎史／只速剌厄黒伯／作歹

夺乇右 支史／拙厄林昧委勒伯／報事

岸灸礼灸 矢伞／哈沙下剌者車／犯辺

尚 叓荦／忽捏苦魯／呼朋

写耒見 凩伩／一立受孩背勒／設官

癸尢矢 朿丸／牙魯乖埋分厄／糾合

---

[1] たとえ語順を直しても女真語になりうるかどうか疑わしい。会同館『女真訳語』と対比すれば明らかなように、「作歹」はəhə ʨisu-とはならず、əhə ʨafa-となる。「作」を ʨisu-で表現するのは明らかに漢語に牽引された硬訳である。

第七節　『女真訳語』雑字の女真語彙における問題

吴尤夭 禹立／牙魯乖埋革恩／糾衆
去币叐 甬岜／塔苦剌謙師／遣師
②漢語の語順[前置詞＋名詞]→女真語の語順[名詞＋後置詞]
灸光秉卓／忒吉勒答失剌／徧覆（語順のみならず、漢語の解釈も間違っている）
岀土 先夬件／卜温失剌哈替／自古（女真語の語順に直しても文法に合わない）
伟貝斥 朿佅／替孩吉諸勒[諸勒勒]／従前（女真語の語順に直しても文法に合わない）
③漢語の語順[動詞＋名詞]→女真語の語順[名詞＋動詞]
伏钆夰貝 禹花斥／出出瓦孩革勒吉／照例
伏钆夰貝 叐宅／出出瓦孩塔以／照依
2. 第二類の連語　語の組み合わせ型が女真語文法に合わない
①剰余成分＋動詞　　　　　　　　動詞＋剰余成分
夲尚庒夭／背也忽如剌／鞠躬　　　兄犀盂夂／撒希西因／知悉
其玊金羑／其兀伯申／求討
②剰余成分＋名詞　　　　　　　　名詞＋剰余成分
枭羑夂佅／朶申因勒／引類　　　　朶甬貝件岸答孩捏児麻／賓客
　　　　　　　　　　　　　　　　仓羊件／黒黒厄捏児麻／婦人
　　　　　　　　　　　　　　　　叏厏件*udiğə niarma／兀的厄捏児麻／野人
③剰余成分＋副詞
么夊甭岺卉／厄木剌亦宣都／互相
伟貝斥岙夊／替孩吉厄兀魯／随即
④剰余成分＋形容詞
扡千丰弖夯／革洪約斡洪／明白
⑤動詞の形態が女真語の文法に合わない
虻凪叐店冬／阿里卜為卜斡斡／給与
吴右老兵右／安察別番住昧／追究
灰老夭丈／答別剌魯／備写
伋圭寿貝／端的孫哈答孩／聴信
肯臾弓用／厄忒黒阿剌哈／勝負
朴刿丈承右／貴也魯弗忒昧／伴送
弓刊伞斥／弗里随古里吉／行移
夭丈攵灸丈／剌魯木忒卜魯／写成
片兵老舟更／琐迷別忒別／潜居

第二章 『女真訳語』

牟圠戈夯屯右／頭牙卜魯拙厄林昧／伝報
卦支炎右／退卜連兀里昧／延留
亡条夭兇礼壬／禿魯哈剌団下孫／看守
朿列兄犀／厄申撒希／不知
朿列关並／厄申殿忒／不会

⑥連語の構成が女真語の文法に合わない

尒広央／卜楚禿吉／霞
乑斥充会失承／多羅斡薄替弾巴／法度
肖亥国土羊／杜里剌国倫你／中国
寻史件／厄黒伯捏兒麻／歹人
呑羊件／厄然你捏兒麻／主人
呑羊东／厄然你府／主輔
冉伬件／禿里勒捏兒麻／夷人
丑斥用宅／厄勒吉扎以／因此
寿昗字戽史／哈答温脈魯厄伯／誠意
邑桃丞卒冞／禿必巴忒屯／綱常
岸羊史甬乩斥／卓你伯答出吉／鋒鋭
冉伬件／禿里勒捏兒麻／夷人
冉伬玊仐／禿里勒忒厄／外面
冉伬关仟／禿里勒禿魯温／夷情
呆屯乑斥充／兀里厄林多羅斡薄／倫理

3. 第三類の連語　漢語の語義による寄せ集め

卆列更夷峝／愛因別赤巴勒／務要
叐宅夯花斥／塔以革勒吉／依例
承亥尖夯屯右／召剌埋拙厄林昧／奏報
角委斥叐甲／的黒黒[里]吉塔哈／帰順
孟羗宅屯列／脈[厄]兒革以哈称因／方物
会犀件／弗只希捏兒麻／部下
冘斥可尤／弗里吉該別／命将
丑斥用宅／厄勒吉扎以／因此
友立南尤／斡恩一那／雖是

第七節　『女真訳語』雑字の女真語彙における問題

斉芥甬乇／革木児一那／都是

乚羊矢坈／厄木你哥塞／一般

矢炗𢖽夅夫／革卜禿魯哈剌／名望

尖斥尚号／戈迷吉果卜連／寛饒

抱千圭叓夯／革洪約斡洪／明白

呵右荣舟／該別禿番／将就

光夯𢆍見／晩湾半的孩／怎生

禾艮屯壬伞／木者革忒厄／当面

呉土兄㐬／古温上江／玉白

伞友夬更㐬／哈答剌埋答魯別／率領

庋弓斥庆叐夫／哈剌魯斡哈沙剌／捷音

呈勿房呵／皇阿木魯該／皇后

允伏带夫／延脈児塔剌／宴犒

夷伴来𤴓／克安分厄／勘合

秉斥店仟旻余／莽吉斡温者勒／可嘉

禾艮屯壬伞／木者革忒厄／当面

乐申屴𢆍見／南哈洪半的孩／安生

乢夊志烝夫／出因扎撒剌／処治

乢叐甬土／出温都魯温／重陽

その他、一部の連語は、女真語の文法に外見だけはよく似ているが、それが確かに当時の女真人の言語の実情を反映しているか否かには、疑いをはさむ余地がある。たとえば、

乩㐬利夯／嫩江申革／青鼠

すなわち「青」＋「鼠」。但し会同館『女真訳語』と満洲語ではその語をulhuとする。

庅㐬利夯／瑣江申革／黄鼠

すなわち「黄」＋「鼠」。但し会同館『女真訳語』と満洲語ではその語をsolohiとする。

兄㐬圭／上江塞勒／錫

すなわち「白」＋「鉄」。但し会同館『女真訳語』と満洲語ではそれぞれtoholo、toholonとする。

甪仟乑／的温阿捏／来年

すなわち「来」＋「年」。但し会同館『女真訳語』と満洲語の「明年」はそれぞれisu ania、ishun aniaとする。

抱脊升丞夯／革捏黒塞革／去歳

すなわち「去」＋「歳」。但し会同館『女真訳語』と満洲語の「去年」はそれぞれduʃa ania、

dulə-kə aniaとする。女真語の動詞gənə-は「行く」の意だが、dulən-こそ「過ぎ去る」の意をもつのである。

六　動詞の形態上における不統一

『女真訳語』に収録される数多くの動詞に接続する形態語尾は、統一した形式をとらず、終止形・形動詞形・副動詞形ないし動詞語幹のような様々な形にわたっている。こうした問題は甲種本『華夷訳語』にも現れているが、それはせいぜい少数のものに止まっており、大部分は動詞語幹そのもので表示される。ところが『女真訳語』の動詞の形態語尾を見れば、以下のように18種類にものぼるほど入れ乱れている。のちに会同館『女真訳語』はそれを受け継いでいる。加えて、同一の動詞語尾が異なる表音字で表記されることも『女真訳語』に属する特徴といえる。

1. 動詞語幹形

　　 *tuəhə 禿斡黒／授

　　 *dəlhə 忒勒黒／離

　　 *ʥəfu 者弗／食

　　 *burwə 卜斡斡／与（返還）

　　 *dəndə 殿忒／会

　　 *inʥə 印者／笑

　　 *doʃin 朶申／進

　　 *baiʃin 伯申／討、尋

　　 *takura 塔苦剌／差、使

　　 *bodolo 卜朶羅／赶

　　 *gətilə 革替勒／凍

　　 *gədən 革登／往

　　 *diğun 的温／来

　　 *tuibun 退本／請

　　 *ilibun 一立本／立、豎

　　 *jabun 牙歩／走

　　 *mutabun 木塔本／回、還

2. 動詞現在時語尾 -bi

　　 *urulə-bi 兀魯勒別／準

3. 動詞現在未来時語尾 -ra(炎、爻、卓)／-rə(余、卍)

　　 *dirga-ra 的児哈剌／楽、快楽、快活

第七節　『女真訳語』雑字の女真語彙における問題

关丠甬夂 *amʃida-ra 安失答剌／含
志夵夂 *ʨasa-ra 扎撒剌／治
冼犀夂 *fuihi-ra 肥希剌／怒、悩
岸炙杞夂 *gaʃahia-ra 哈沙下剌／犯
庆炙夂 *habʃa-ra 哈沙剌／告
卐甬夂 *guida-ra 貴答剌／遅
夰开夂 *wadu-ra 瓦都剌／殺
寸灰夂 *ʧinga-ra 称哥剌／受用
玊辵夂 *ʃina-ra 申納剌／愁
它条夂 *turga-ra 禿魯哈剌／視、覧、望
尙角夂 *hudi-ra 忽的剌／唱
厓夂 *huʒu-ra 忽如剌／鞠躬
尿辵夂 *mana-ra 麻納剌／壊
攵仗夂 *mubun-ra 木本剌／裨
尣呎夂 *nogi-ra 嫩吉剌／添、加
兄甬夂 *sabda-ra 撒答剌／漏
兲夂 *tonʨu-ra／団住剌／選
伍夂 *ʨisu-ra 只速剌／作
卟甬夂 *tauda-ra 套答剌／還
卟土夂 *taun-ra 套温剌／読、罵
南刊卓 *iʨa-ra 一乍剌／聚会
秉卓 *daʃi-ra 答失剌／覆
夨卓 *umi-ra 兀迷剌／飲
为杀 *dədu-rə 忒杜勒／睡
店仟弖杀 *urğunʨə-rə 斡温者勒／喜、歓
㡍杙杀 *əbi-rə 厄必勒／飽
扭佐杀 *gələ-rə 革勒勒／懼、怕
屹玌 *i-rə 以勒／入

4. 動詞過去時語尾 -ha(甲)／-ka(用)／-hə(皃)／-ho(夊)／-ku(帀)

尾弓甲 *ʨalu-ha 扎魯哈／盈、満
朱甲 *gisa-ha 吉撒哈／砕

105

第二章　『女真訳語』

　　　孑用*ala-ka阿剌哈／敗
　　　兂用*galə-ka／哈勒哈／晴
　　　林炱*əi-hə厄一黒／不曾
　　　芈夨炱*əlbə-hə恩伯黒／出産
　　　夲伩炱*ələ-hə厄勒黒／自在
　　　肯炱*ətə-hə厄忒黒／勝負
　　　失炱*uru-hə兀魯黒／熟
　　　朹为乏*sokto-ho瑣脱和／酔
　　　尚灰甬*hula-ku忽剌吉[苦]／換[喚]
　　　冬甬*sori-ku瑣里都蛮[苦]／戦、廝殺

5. 動詞願望形語尾-hi（屖）
　　　兄屖*sa-hi撒希／知

6. 動詞命令形語尾-sun（壬）
　　　伅壬*dondi-sun端的孫／聴
　　　兕札壬*tonhia-sun団下孫／看守

7. 形動詞現在未来時語尾-ru（丈）
　　　冬盃艾*wəʃibu-ru斡失卜魯／昇
　　　虬艾*ajubu-ru阿于卜魯／救
　　　帒伜艾*tatibu-ru塔替卜魯／習学
　　　勇盃矢艾*kəʃigəbu-ru克失哥卜魯／悶、憂
　　　夊毳艾*mutəbu-ru木忒卜魯／作成
　　　伞圷艾*təujabu-ru頭牙卜魯／伝
　　　朴判丈*gujə-ru貴也魯／伴
　　　伝丈*ʨisu-ru只速魯／做
　　　东亐丈*funia-ru弗捏魯／念
　　　岸炱丈*gaʨa-ru哈扎魯／要
　　　兂丈*ʃira-ru失剌魯／襲
　　　为夨丈*təŋla-ru膳剌魯／膳写
　　　丞朩丈*tunʨa-ru屯扎魯／鎮守
　　　艾弁丈*həndu-ru恨都魯／説
　　　夨丈*la-ru剌魯／写

106

第七節 『女真訳語』雑字の女真語彙における問題

呑舟丈 *miaku-ru 滅苦魯／跪

佽气丈 *soŋgo-ru 桑戈魯／哭

亣朿 *aʃidu-ru 阿赤都魯／動

8. 形動詞使役・受動態語尾 -buran(丈)／-burən(号)

　舟条丈 *usga-buran 兀速哈卜連／怨

　蚪丈 *tuiburan 退卜連／延

　宅店号 *tɕor-burən 卓斡卜連／違

　斗厷号 *ulhu-burən 兀忽卜連／暁諭

　尚号 *go-burən 果卜連／饒

9. 形動詞過去時語尾 -hai(見)／-həi(升)

　圣見 *bandi-hai 半的孩／生

　斥土攴見 *alʧunla-hai 安春温剌孩／織金

　伏乩亣見 *ʧurʃuwa-hai 出出瓦孩／照

　肖攴見 *uɕula-hai 兀住剌孩／酋長

　寿見 *hagda-hai 哈答孩／信、誠

　付釆赤見 *hafuʥa-hai 哈富扎孩／透

　去帀攴見 *takura-hai 塔苦剌孩／差、使

　㞢㞢見 *tata-hai 塔塔孩／下営

　岑見 *hula-hai 虎剌孩／賊

　写未見 *iliʃiu-hai 一立受孩／設

　犀冬升 *burwə-həi 卜魯斡黒／失

　罕禾升 *buʧə-həi 卜車黒／死

　古岦升 *əndə-həi 恩忒黒／罰

　夯皁升 *tuwə-həi 禿斡黒／落

　求禾升 *funʧə-həi 分車黒／余

　抱夼升 *soŋə-həi 革捏黒／去

　其禾升 *kiʧə-həi 其車黒／用

10. 形動詞語尾 -sui(卅)

　东卅 *a-sui 阿随／無

　导卅 *fuli-sui 弗里随／行

11. 非完了副動詞語尾 -mai(矣)／-məi(右)

107

床矢*ala-mai阿剌埋／似
炏于炱矢*bailʃa-mai伯亦沙埋／謝
乃友矢*ʧaula-mai召剌埋／奏
乇友矢*ʧila-mai只剌埋／憐
攴友矢*ʧinla-mai真剌埋／珍
庚炱矢*habʃa-mai哈沙埋／告
斉友矢*kadala-mai哈答剌埋／管
手炱矢*ʃauʃa-mai少沙埋／征
乑友矢*ʃəla-mai舍剌埋／舍
岜友矢*tula-mai禿剌埋／図
冇甬炱矢*hudaʃa-mai忽答沙埋／売
朱矢*iʃi-mai一十埋／至、到
关尤矢*jarugoi-mai牙魯乖埋／糾
斉友矢*kadala-mai哈答剌埋／管
火友矢*laula-mai老剌埋／労
吏佬矢*nəkulə-mai捏苦勒埋／結交
尚矢*odon-mai斡端埋／許
朿友矢*tsïla-mai賜剌埋／賜
奐甬矢*tinda-mai聴答埋／放
半盂右*baʤu-məi巴住昧／対
矢休右*dauli-məi道里昧／搶
夆弔右*aiwandu-məi愛晩都昧／買
壬叏右*dəjə-məi忒也昧／起
式岜右*dəltu-məi忒勒禿昧／別
弔吴右*dugu-məi都古昧／打
赤 右*dulən-məi都厄恩昧／過
矢 右*ʤəgʤi-məi者只昧／謹
卉乇右*ʤorin-məi拙厄林昧／報
盂禾叐右*ʤuktə-məi住兀忒昧／尊
兵右*fanʤu-mai埋番住（番住埋）／問
秉右*fudə-məi弗忒昧／送

第七節 『女真訳語』雑字の女真語彙における問題

伞右*guri-məi 古里昧／遷
炅主右*tomsun-məi 貪孫昧／収
关仠右*tuti-məi 禿替昧／出
夹並右*tʃəndə-məi 千忒昧／考
用杁右*uʨəbi-məi 兀者必昧／敬
为刔右*ujə-məi 衛也昧／奪
左乍右*ulhun-məi 斡洪昧／包
炎右*uri-məi 兀里昧／留
乏侑[侑]右*buhiən-məi 卜咸昧／疑
朱刔右*bujə-məi 背也昧／愛
同同右*jojo-məi 約約昧／飢
斤兔伩右*kəŋkələ-məi 康克勒昧／叩頭
茁甭右*sahada-məi 撒[哈]答昧／打囲

12. 使役・受動態非完了副動詞語尾-buma(为)／-fumə(岀)

于卦为*irdi-buma 一的卜麻／撫恤
孚为*tafa-buma 塔法卜麻／交
売並为*dəgdə-buma 忒忒卜麻／進貢
更岀*bi-fumə 別弗脈／在

13. 分離副動詞語尾-bi(龙)

南伞龙*duʃan-bi 都善別／勤
芺龙*ʨafa-bi 扎法別／擒、捕
关呑龙*amtʃa-bi 安察別／追
育龙*baha-bi 八哈別／得、獲
庋龙*kala-bi 哈剌別／改
南呑龙*hatʃa-bi 哈察別／見
灰龙*da-bi 答別／備
夬龙*dalu-bi 答魯別／領
可龙*gai-bi 該別／将
于弓龙*ilu-bi 一魯別／騎
朿呑龙*omia-bi 斡滅別／会
茲龙*sabi-bi 撒必別／計

片兵𤈶*somi-bi瑣迷別／潜

舟𤈶*tə-bi忒別／坐

14. 分離副動詞語尾-fi(𠀎、朱)

志盃𠀎*ʤaʃi-fi扎失非／吩咐

东朱*o-fi斡非／為

15. 使役・受動態分離副動詞語尾-buwi(瓦)

𠇀瓦*ali-buwi阿里卜為／給

兵帯瓦*mita-buwi密塔卜為／退

16. 条件副動詞語尾-gisa(朱)

林朱*əi-gisa厄一吉撒／不可

矢盃朱*ʤəgʃi-gisa者失吉撒／哄誘

17. 条件副動詞語尾-bal(㐂)

更夷㐂*biʃi-bal別赤巴勒／務要

18. 限界副動詞語尾-tala(帯攵)

伏帯攵*mər-tala脈児塔剌／犒

第八節　『女真訳語』雑字の注音漢字

　『女真訳語』雑字の注音漢字に反映された女真語の音韻は、編集者が四夷館に滞在する女真人の発音を基準としたものであり、一方、注音漢字が反映する漢語の音韻は、明朝初期の京畿地方の北方漢語である。こうした特定の時期・地域における漢語は、金・元時代の中原雅音を引き継ぐものとはいえ、いくつかの方面ではすでにそれとはっきりした異同が現れてきている。朱伯顔の『蒙古字韻』(1308)と周徳清の『中原音韻』(1324)は、近世漢語の音韻形成を代表する標識であり、それらに反映された中原雅音では、入声韻尾が消え、入声が陽平・上・去の3種類の声調に配属されている。こうした音韻変化の発生時期は、実のところ北方漢語においてはずっと早い。筆者の契丹大小字と金代女真大字に対する研究結果によれば、遼代の契丹人が接触した北方漢語は入声韻尾において-kと-tがつとに消失し、-pだけが残存しており、この-pは、金代女真人が接触した北方漢語には顕著な存在形跡がすでになくなっていることが証明される[①]。『蒙古字韻』の覃・侵二韻および『中原音韻』の監咸・廉纖・侵尋諸韻部では、なお韻尾-mが保存されており、-mの-n・-ŋへの転化につき、部分的転化から完成に至った時期は、14～16世紀の間にあると考えられるが、女真大字に反映した事実によると、こうした転化を金代の北方漢語方言にまで遡ることができる。このよう

---

① 拙著『契丹大字研究』(記念金啓孮先生学術叢書之三)東亜歴史文化研究会、2005年。pp.46～47。「12～13世紀の北京音」、『ポリグロシア』第3巻、2000年9月。『女真語言文字新研究』明善堂、2002年所収。

第八節 『女真訳語』雑字の注音漢字

な生々しい音韻現象は、いかなる韻書にも記録されておらず、具体的な研究を行わないと発見できないものである。

　『蒙古字韻』における表音問題については、とくに改めて見定める必要がある。この書物は漢字の発音をパスパ字母で表記するが、パスパ字母の音価は等韻学の手段である声・韻・等・呼によってではなく、書物に載る字母表によって推定できるのである。それに記録された漢字音は『中原音韻』と同じく北方漢語に属するものだが、表音上は同時代の『中原音韻』より一層明確である。しかしながら見落とせないのは、『蒙古字韻』の声韻体系では、いくつかの歴史的伝統を踏襲する韻書の音韻符号が、北方漢語においてつとに変化を起こしていたにも関わらずとどめられていることである。たとえば、宋代では全濁声母がすでに消失し、娘母が泥母に、匣母が暁母に、影母が喩母にそれぞれ合併されており、元代では疑母が喩母に合併され、微母がɱからʋに変わっている。すでに発生していたこれらの音韻変化はありのままには『蒙古字韻』に反映されておらず、それは声母体系において相変わらず守温三十六字母を維持しており、照・穿・床・奉と知・徹・澄・非という重複する四字を除けば、依然として32個の声母を保有するが、当時の中原雅音における声母は、一般的に25個を越えないことが確認されている。これによって、『蒙古字韻』は現実の音韻をそのまま記録したものではなく、その音韻体系に反映されたのは、現実の音韻記録と歴史的伝統の要素とを混淆して形成された特定の書き言葉の音韻にほかならないことがわかる。その上、『蒙古字韻』の編纂時期は『女真訳語』のそれを百年近く遡っているので、たとえ同一地域であっても音韻に変化が起こりうる。そうした変化が特に目立っているのは、mで終わる『中原音韻』の侵尋・監咸・廉纖と『蒙古字韻』の覃・侵の数韻にある。『女真訳語』の注音漢字で表記する女真大字音韻では、その絶対多数はすでにnで終わる音節に変わっている。たとえば、「監」・「見」で注音する炎*giən、「玷」で注音する老*agdianの語尾音節、「貪」で注音する夵*tan、「藍」で注音する头*ilanの語尾音節、「林」で注音する毛*ərinの語尾音節、「咸」で注音する侫*hiən、「因」で注音する束*im、「申」で注音する邑*ʃimkoの語頭音節などである。これらの現象は、明代女真音韻を復元する際に『蒙古字韻』のような歴史音韻学の伝統的形式に制約された韻書を無批判に基準として奉じえないことを示唆する。『女真訳語』の編集者自身のもつ時代的・地域的な方言の特徴、そうした生きている音韻変化は元代に成書した『蒙古字韻』や『中原音韻』には反映されない。これらの韻書のどちらにも限界があるので、それらを単純に明代初期の北方漢語音を理解するための絶対的標準としてはならない。ここでさらにいくつかの例を挙げてみよう。

　1.「阿」は、『中原音韻』では歌戈韻に属し、oとする。『蒙古字韻』ではʔoとする。しかるに「阿」で注音する女真字は炎*a（語頭）・夕*a（語頭）・东*aである。

　2.「哥」は、『中原音韻』では歌戈韻に属し、koとする。『蒙古字韻』でもkoとする。遼代の北方漢語において「哥」の音価がつとにkɑ→kəのように変わっていたことは、契丹大小字に見える多くの人名「×哥」の「哥」が犬*gə／兀芬*gəのように表記されることによって証明される。『女真訳語』も例外なく、「哥」で注音する音節は、一律にgəである。しかもその中の矢*gəの字源は

まさに契丹大字の伏*gəである[1]。

3.『女真訳語』のすべてのmu音節は均しく「木」「母」「目」によって注音するが、ただ女真語の「水」と「木」に注音する漢字だけが「没」となる。満洲ツングース諸語の「樹」と「木」は同一単語なので、『女真訳語』も同一の芰を使って「樹」と「木」の双方を示す。「樹」の注音漢字が「莫」となることによって、女真語の「木」に注音する「没」は実に女真語の「樹」に注音する「莫」と音韻が同じくmɔ（←*mon）であることがわかる。ここからさらに、漢語「没」の明代初期の発音は『中原音韻』や『蒙古字韻』に記録されるmuではなくmuɔであると断定しうる。まさにこうした差異の存在によって、女真語「水」の表意字乇を*muəと推定できる。muəとmɔは、異民族にとってmuと相似するように聞こえるので、『女真訳語』の編集者が同一の「没」を用いてmuəとmɔに注音するのに対し、「木」「母」「目」を用いてmuに注音するのである。

4. 先天韻「玄」は、合口介音を帯びない（侑*hiən）。侑は、金代石刻では肩とし、開口字「賢」を表音する。さらに女真語*hühiən-həi（扶持）の第二音節hiənを表す。その異体は侑となり、夬と組み合わせた侑夬*hiənによって「軒」を表音する。ここから、早くも金代において「玄」「軒」類の字における合口介音の消失が生じていたことが確認される。同様の現象は遼代まで遡りうる。すなわち、契丹小字は同一形式の尐方を用いて合口字「玄」と開口字「乾」とを表音し、契丹大字の荃夬は「縣」にも、開口字「賢」「顕」にも用いられる[2]。従って、「玄」「縣」の合口介音は遼代においてつとに脱落していたことになる。

5.「密」は、『中原音韻』では斉微韻に属し、meiとする。『蒙古字韻』ではmuèとする。しかるに「密」で注音する女真字は兵*miである。

以上に掲げた諸々の例証によれば、「阿」「哥」「没」「玄」「密」の当時における実際の発音はそれぞれa、gə、muɔ、hiən、miとなり、『蒙古字韻』や『中原音韻』に記録された発音からかけ離れた歴史的音韻変化が存在していることが証明される。

『女真訳語』の雑字が使用する注音漢字は2種類に分ける必要があり、一類は女真語に注音するもの、もう一類は漢語借用語に注音するものである。これら2種類の注音漢字はその性格を異にし、それらに代表される音訳の方向も異なる。もっぱら女真語に注音する漢字は、女真語音を推定する根拠とはならず、むしろまず考察すべきことは、当該女真字が現れるすべての環境、当該女真語音節が位置する語の性質、当該女真語に対応する親族言語の音韻構造、などである。たとえ漢語借音語の注音に専用する漢字であっても、当該女真字が金代において女真語彙を綴った用例の有無を考察しなければならない。単に漢語借音語のために製作された女真字は結局のところわずかなのである。

女真語と漢語の音韻体系が一致するものではなく、互いに音訳するとそれらの間に齟齬が生じることは必然的である。とりわけ『女真訳語』の注音漢字そのものに用字の不統一のほか、一字多音、

---

[1] 拙著『契丹大字研究』（記念金啓孮先生学術叢書之三）東亜歴史文化研究会、2005年。p.124。
[2] 拙著『契丹大字研究』（記念金啓孮先生学術叢書之三）東亜歴史文化研究会、2005年。p.103。

一音多字、便宜上の表音、語義にこじつける注音、など多くの問題が存在する。その上、『女真訳語』の編集者自身がいくつかの注音漢字に特定の表音機能を主観的に賦与していることも、立ち入った研究なくしては認識しえない重要な問題である。ゆえに、注音漢字を主観的かつ機械的に女真字の音価を推定したり女真語の音韻を復元したりするための主要な根拠としてはならない。これら注音漢字はせいぜい一つの参考材料に過ぎないので、韻書に照らし合わせる方法で注音漢字の「明初」における音価を一々再建することは、満洲語の辞書を開いて女真語彙をそれに一つ一つ無理に吻合させるのとまさに同じである。

一　便宜上の表音

便宜上の表音には、さらに2種類の場合が含まれている。その第一は、漢字が代表する音節では女真語の音節構造を適切に表現できず、やむを得ずそれに近似する漢字を用いて注音することであり、その第二は、女真語の音節を表記する適切な漢字がありながら、あまり適切でない別の漢字を用いて注音することである。後者の場合は、会同館『女真訳語』では比較的少ないと見られる。それと対比してわかるように、四夷館『女真訳語』の漢字注音に存在する問題はより複雑である。

一音に多字（1個の女真音節に複数の漢字）の注音と、一字に多音（1個の漢字で複数の女真語音節）の注音という現象は『女真訳語』ではかなり普遍的に見られる。語義にこじつける注音を除けば、注音漢字そのものに統一的な用字規則がないことは、『女真訳語』の注音漢字体系の混乱が形成される主な原因といえる。

女真語の音韻構造と漢語のそれとの間には相当大きな隔たりがあり、漢字の音価と注音される女真語音節とを等号で結びえないことは、常識的に明らかである。両者の間においていくつかの音節が構造上相同または相似でありながら、より多くは便宜上の表音手段で注音した結果である。よって、単に韻書から与えられる音価だけに頼って分析を加えるのでは、必ずや女真語音韻の実情から外れた推定結果に導かれてしまう。

1. 同じ漢字または同音や音近の漢字を用いて異なった女真語の音節に注音する例
（★を附した字は、漢語義にこじつけるものである）

女真語音節	四夷館『女真訳語』注音漢字	会同館『女真訳語』注音漢字	『中原音韻』『蒙古字韻』
fu	伏、府、付、撫★、弗、富	伏、夫★	fu
fə	弗、夫	伏、仏、富	
də	忒	得、忒	tiəi
tə		忒	
bu	卜、歩	不、布	pu
bo	卜、薄（格語尾）	博	
bə	伯、薄	伯	pai

第二章 『女真訳語』

bai	伯、百★、珀★		
boi			
miə、mia	滅		miɛ／me
fui、fai	肥	費、非	fei／wii
fun	粉、分	分、風（語尾）	fuen／fun
fol	分		
ful		分	
fan	番	放、凡	fuan／fan
fən		忿	
sai	塞、賽	塞、賽	sai／sai
sə	塞	塞	
la、ra	剌		
li	里、立	力、里、利、立	li
ri	里	力、里	
lə、rə	勒	勒	lei／ləi
lu、ru	魯	魯	lu
lo、ro	羅	羅	lo
ran	連	藍(ran, ram, lam)	liɛn／lèn
rən		倫	
lən	藍	冷	lam
lan		郎、朗	
niə、nə	捏	捏	niɛ／ne
nia			
nəm	南		nam
nam		納木	
giən	見、監★		tɕiɛn／ken
gian	江	姜	
nin、niŋ	寧	寧	niŋ
tɕo	拙、卓	拙、灼、卓、着	tʂɛ
tɕuə	拙	拙	

2. 発音が近い漢字で女真語の音節に注音する例

女真語音節	『女真訳語』注音漢字	『中原音韻』『蒙古字韻』
dən	登	təŋ／təŋ
tən	天	tiɛn／tièn

114

tʃin	称	tʂiŋ／tʃiŋ
dian	玷	tiɛm／tėm
tan, tom	貪	tiam
tʃən	千	tsiɛn／tsien
ʃən	先	siɛn／sen
soŋ	桑	saŋ
rin	林	lim
no, nio	嫩	nuen／nun
ʃoŋ	双	ʂuaŋ／ʃŭaŋ
ʃo	朔	ʂau／zŭaw
ɖo	卓	tʂau／tʃŭaw
goi	乖	kaui／kŭai
giə	解	kai／kėi
gio	交	kau／kĭaw

3. 注音漢字に現れる編集者の主観的意図

当時同音または近音であった何組かの注音漢字を列挙すると、そこから編集者が主観的に規定した用法を読み取れる。

①「昧」・「梅」

「昧」・「梅」ともに斉微韻に属し、合口介音は『中原音韻』では「昧」*mueiと表記されるが、『蒙古字韻』では「梅」*muèと表記される。二つの韻書はそれぞれ独自で統一した見解をもたず、女真語音韻を推定するのに役立つ傍証とはなりがたい。

『女真訳語』花木門の「梅」は、漢語借音語であり、それを綴る女真字はまさに非完了副動詞語尾女性形の右*məi（注音漢字「昧」）である。ここから、「昧」と「梅」の発音が当時全く同じであったことがわかる。しかるに、注音漢字「梅」を使用する女真語の「蛇」の語頭音節では、それに対応するツングース北語派諸語はmi：、南語派諸語はmuiとなっており、満洲語のməiはむしろ時代がずっと降ってはじめて形成された晩期形式であるので、明初女真語の形式は、muihəとすべきである。

②「安」・「岸」

aŋを表記する㐷は、『女真訳語』においては一律に「安」で注音するが、この「安」はさらにam、al、ğanの注音にも使う。一方、anを表記する米の注音に使うのは例外なく「岸」である。「安」と「岸」が同韻でありながら、字面だけでaŋ、am、al、ğanとanを区別させることには、『女真訳語』編集者の意図がはっきり看取される。

石刻における㐷は、aŋ韻母を含む漢語借用語の対訳のみに使われ、an韻母に対訳するものは一つもなかった。表にまとめれば以下の如くである。

第二章 『女真訳語』

借用語	金代石刻	明代石刻
堂、唐	帯牟 *taŋ	帯斥 *taŋ
良	弄斥 *liaŋ	
張	赤牟 *dʒaŋ	去斥 *dʒaŋ
康		斤斥 *kaŋ
党	甫牟 *daŋ	
郎	亥牟 *laŋ	
尚	呑牟 *ʃaŋ、允牟 *ʃaŋ	
彰	去牟 *dʒaŋ	
長	呑牟 *ʃaŋ	

　こうした音韻が同じだが字形が異なる漢字をもって異なった女真語音節を区別させることは、『女真訳語』注音における一種の便宜上の手段といえる。いかなる韻書にも載っておらず、立ち入った研究を経ないと気付かないことである。
　③「必」・「別」
　『女真訳語』では、動詞語尾となる尢や更に注音する場合、一律に「別」を用いるが、他の品詞におけるbi音節に注音する場合には、「必」を用いる。石刻に現れる尢・更がともに動詞語尾・副動詞語尾として互いに通用できることは、両者が文字形式においてはっきりした区別をもたないことによって表明される。加えて、更は動詞「ある」の語幹にも使い、その語幹の音韻は会同館『女真訳語』および満洲ツングース諸語ではみなbi-というかなり一致した形を示すことから、『女真訳語』が尢・更だけに「別」と注音するのは、上述の同音の「安」・「岸」を異なった音節に別々に当てはめたことと同じ意図から出たものと思われる。

二　漢語の意味にこじつけた注音

　『女真訳語』に収録された128個の漢語訳音語（漢語訳音語をもつ連語および漢語訳音語を語幹とする動詞をも含む）では、漢語の意味を無理矢理に注音漢字に反映させることがかなり多く存在している。それらはさらに、①女真語に兼用するもの、②女真語に使用しないもの、という２種類に分かれる。後者の女真字には外来語に専用するものもあれば、石刻の中で女真語を綴るのに使うものもある。
　漢語の意味にこじつけた注音は、『女真訳語』注音漢字の体系を一層煩雑にしている。一音対多字という現象が形成された主な原因は、こうした注音方法によるものだといえる。
　1. 女真語に兼用する注音漢字

第八節 『女真訳語』雑字の注音漢字

女真字の音価	漢語の意味にこじつけた注音字	女真語彙の注音字
天 *tai	太	太、太乙
天 *dai	帯	大
东 *fu	府、撫、輔	府、弗
厓 *han	寒	罕
盂 *ʃi	食	失
伞 *təu	頭	斗
肖 *go	騍	果
斧 *wa	瓦	瓦
甬 *i	驛、椅、夷	一、亦
弓 *lu	爐	魯
市 *hau	侯	好
金 *bai	伯、百、珀	伯
患 *giən	監	見
尽 *ʃu	書	舒
芭 *ʃi	侍、史、士、師	師
灾 *hoi	揮	回
朩 *tuŋ	同	同、桶
朵 *dʑi	知	只
尚 *hu	戸、琥、瑚、呼	忽
夬 *hua	和	化
早 *lo	邏、羅	羅
攵 *mu, -m	目	木
吞 *tʃa	茶	察
禾 *su	酥	素
灸 *ʃa	紗	沙
邑 *tu	突	禿
盂 *dʑu	注	住
午 *sai	賽	塞
朱 *so	梭	瑣

㐱*-s, sï	子	子

2. 女真語に使わない注音漢字（★を附したものは、漢語音訳に専用の字）

女真字の音価	漢語の意味にこじつけた注音字	女真字の音価	漢語の意味にこじつけた注音字
㢼*giŋ	京	叉*ʥin	鎮
秂*gon	関	屌*gau	髙
又*ʥəu	州	★盂*si	西、犀
★吏*hien	縣	★矣*fan	番
★庚*ʥuan	磚	毛*mian	緬
夻*giun	君	片*so	左
★王*guŋ	公	★玉*ly	緑
★仕*ʃaŋ	尚	伐*dəi	徳
★宋*hui	回	侠*gio	厥、闕
★柯*dien	殿、甸	丸*giə	解
★禹*guŋ	宮	为*təŋ	膳
★卋*ləu	楼	★写*muŋ	蒙
㑒*giŋ	斤	★呈*huaŋ	皇
厷*sun	寸	去*tuŋ	通
在*ju	御	差*ʥam	站
孟*ʥi	指	休*paŋ	胖
氹*juŋ	容	★釜*kuŋ	孔
★㐱*tsï	賜		

さらに、女真語の意味を注音漢字に反映させるものも見られる。たとえば、
夬*dorhon（アナグマ）。注音漢字は「朶児歓」とはせず、「朶児獾」とする。
囯土*gurun（国）。注音漢字は「古倫」とはせず、「国倫」とする。

三　女真字の音韻に合致しない注音

こうした注音をもたらした原因には、主に①漢字の字形が近いことによる誤り。②漢字の発音が近いことによる誤り。③次序の転倒。④字を書き漏らした。⑤余計な字を書き加えた。⑥語尾を間違えた。⑦語義が近い女真語彙の存在による誤り。⑧女真字の意味に牽引された誤り。⑨その他。

第八節 『女真訳語』雑字の注音漢字

⑩ 夊*iŋの誤用。⑪ 㐅*uŋの誤用。⑫ 屰*aŋの誤用。などがある。

以下、誤字はアミカケで表示し、脱字は文字囲で表示する。

	誤	正
①	父／兀黒彦／豬	父／兀里彦／豬
	甬委斥／的黒黒吉／帰	甬委斥／的黒里吉／帰
	爻平／莫截／拙	爻平／莫戩／拙
	尚夊币／忽剌吉／換	尚夊币／忽剌苦／換
	肉米斥／吉波吉／骨	肉米斥／吉浪吉／骨
②	夫其／卜勒其／塵	夫其／卜剌其／塵
	圵刃／牙歩／走	圵刃／牙本／走
③	歹／埋番住／問	歹／番住／問
	样乇／卜的洪／被	样乇／的卜洪／被
④	苩甬右／撒答昧／打囲	苩甬右／撒[哈]答昧／打囲
	巫米／木剌／凳	巫米／木剌[岸]／凳
	枀伇／諸勒／前	枀伇／諸勒[勒]／前
⑤	冬米／安班剌／大	冬米／安班／大
	侷／賢元／玄	侷／賢／玄
	去冘／黒勒厄／市	去冘／黒勒／市
⑥	夶币／瑣里都蛮／戦	夶币／瑣里苦／戦
⑦	亇／寧住／六	亇／寧谷／六
⑧	甬夊／根剌／原	甬夊／答剌／原
⑨	盂羊／脈児革／方	盂羊／厄児革／方
	侷／必阿／河	侷／必剌／河
	赤立右／都厄恩昧／過	赤立右／都勒恩昧／過

⑩	石刻		女真訳語			
			正		誤	
卿	其夊*kiŋ	庁	伩夊*tiŋ	麟	休夊*kiliŋ→休列*lin	
瀛、英	夊*iŋ	兵	桃夊*biŋ	引	夊*iŋ→列*in	
明、洺、名	乓夊*miŋ	嶺	休夊*liŋ	処	乱夊*ʧu-iŋ→乱*ʧu	

平	□久*piŋ		規	□久*gui-iŋ→□*gui
	□久*piŋ			
聖	□久*ʃiŋ		悉	□久*si-iŋ→□*si

⑪ 石　刻		女真訳語			
		正		誤	
中	□久*ʤuŋ	重、充	□久*ʧuŋ	属	□久*ʃuŋ→□*ʃu
奉、蓬、鳳	□久*puŋ	総	□久*suŋ		
宗	□久*suŋ	匈	□久*hiuŋ		
勇、永	□久*joŋ				
雄	□久*hiuŋ				
弘	□久*huŋ				
隆	□久*liuŋ				

⑫ 石　刻		女真訳語	
党	□牛*daŋ	勘	□牛*kaŋ→□米*kan
郎	□牛*laŋ	藍	□牛*laŋ→□米*lan
尚、長	□牛*ʧaŋ		
尚	□牛*ʃaŋ		
良	□牛*liaŋ		
張	□牛、□牛、□牛*ʤaŋ		
堂、唐	□牛*taŋ		
康	□牛*kaŋ		

四　音節末の子音に統一的な注音漢字を使用しない

こうした音節尾子音は、-lと-rに見られる。

1. 音節尾子音-l

-lが明示される場合、『女真訳語』では「羅」「勒」「魯」「里」「剌」およびn韻尾の漢字を使用して表す。

「羅」の例

第八節 『女真訳語』雑字の注音漢字

　　夈夬*dolwor／多羅幹
「勒」の例
　　于夬*ilga／一勒哈
　　式兔*dəlhə／忒勒黒
　　式㔾右*dəltuməi／忒勒禿昧
　　丙夊*dalbala／答勒巴剌
　　更夷㢈*biʃibal／別赤巴勒
　　先米*dilgan／的勒岸
「魯」の例
　　亙貝*gulmahai／古魯麻孩
　　禾兂*ulguma／兀魯兀馬
　　㞥兂*moŋgul／蒙古魯
　　㞥在千*ulhuhun／兀魯忽洪
「里」の例
　　父*ulgian／兀黒[里]彦
　　㡿朩升*ʨilʨihəi／只里只黒
「剌」の例
　　盉天*saldai／撒剌大
　　夯申*gulha／古剌哈
n韻尾の漢字
　　㞍夊*folto mo／分脱莫
　　㡀𢎥*halma／罕麻
　　㡀兂求*halgandan／罕安丹
　　丱𢎥兔*əlbəhə／恩伯黒
　　斥土*alʧun／安春温
2. 音節尾子音-r
　-rが明示される場合、『女真訳語』では「児」「里」「魯」を使用して表す。
「児」の例
　　犳乄*narhun／納児洪、犳斥*nargi／納児吉、叏䒑*fundur／粉都児、㞢夊*orho／斡児和、全*gar／哈児、岽䒑*mudur／木杜児、夬*ʃirga／失児哈、罙*aʨir／阿只児、皃*dorhon／朶児獾、孟屄*hirgə／希児厄、㢅犳*fannar／番納児、厶屏*sunmur／寸木児、伡*niarma／捏児麻、英䒑*hutur／忽秃児、芊条天*dirgara／的児哈剌、伏兔*mərhə／脈児黒、早甪千*irdihun／

第二章 『女真訳語』

一児的洪、尒*ʨirhon／只児歓、口*gorhon／戈児歓、干*durhon／独児歓、土*darhon／答児歓、呆甬*mar／麻児、毛申午*irhahun／一児哈洪、斉苹*gəmur／革木児、伏帯夊*mərtala／脈児塔刺、戈甬*far／法児、羏苹*hutur／忽禿児、夘房*ʨaʃir／扎失児、盂美*ərgə／厄児革、可全*gaigar／該哈児、为尾*hərğə／赫児厄、尭苹*fiʒur／非如児

「里」の例

壴*dorbi／朵里必／狐、甬夆*dihər／的黒黒[里]、奘毛升*funirhəi／分一里黒

「魯」の例

羍峃*ərdə／厄魯忒、㞢*ʨarğu／扎魯兀、夹千*urmə／兀魯脈／針、昺苹*nəkur／捏苦魯、亡枀夊*turgara／禿魯哈刺、在夂*husur／忽素魯、夊卞气*surtogo／素魯脱戈、㟁仟*turğun／禿魯温、字尾*mərgə／脈魯厄、甲冬升*burwəhəi／卜魯斡黒

一部の「里」・「魯」について音節末の子音を示すのか、母音を伴う音節を示すのか傍証が欠く場合、それらを国際音声字母に転写するには、母音をĭ・ŭ・ăのように表す。たとえば次の如くである。

夹炱*ʃirĭhə／失里黒、吊昊*sərŭğun／塞魯温／涼、尢乕*sarĭğan／撒里安、肯夷*farĭgian／法里見／暗、舷兮*talĭgian／塔里江、凩昊*halŭğun／哈魯温、吊昊*sərŭğun／塞魯温、伩昊*dulŭğun／都魯温

五　音節末の子音を表記しない

音節尾子音-g／-kにつき、甲種本『華夷訳語』が小字「黒」や「克」で示すのとは異なり、『女真訳語』はこれらを一切表記しない。会同館『女真訳語』もそれを受け継いでいる。

罖余舟*ʨigdiŋku／只丁庫／焼

佥夨*tiktan／替弾／法度

昊耒*ʃiksəri／失塞里／晩

夷列*ukʧin／兀称因／甲

甪屶夂*soktoho／瑣脱和／酔

耂*agdian／阿玷／雷

冃*agda／阿答／騙

寿昊*hagdağun／哈答温／誠

佅盂*fakʃi／法失／匠

卆癸*təktun／忒屯／常

矢盂朱*ʨəkʃigisa／者失吉撒／哄誘

第八節 『女真訳語』雑字の注音漢字

　　矢夲右*dʑəgdʑiməi／者只眛／謹
　　及央犀*təgdəhi／忒忒希／被
　　売㞢歹*dəgdəbuma／忒忒卜麻／進貢
そのほか、音節尾子音-l、-r、-mを表記しない場合もある。
女真大字の表音字によって音節末の子音の存在が証明できる例は、以下の如くである。
夲*əl～ər
　　夲夷*əlʃi／厄赤、夲㑟斥*əlhəgi／厄黒吉、夲夲*təkər／忒厄、呈夲*dər／忒厄、壬夲*dər／忒厄、夲夷*əlʃi／厄赤
令*ər
　　凬令*ʃər／舍厄
于*il～ir
　　炏于灻夨*bailʃamai／伯亦沙埋、于卦歹*irdibuma／一的卜麻、凢于*dʑuil／追一
屮*ul
　　屮去号*ulhurən／兀忽卜連
㕚*sol
　　㕚仸*solgo／瑣戈、㕚哭*solgi／瑣吉
庖*ur
　　庖仟㠯余*urğundʑərə／斡温者勒、宅庖号*dʑorburən／卓斡卜連、㐷庖冬*burwə／卜斡斡
夵*tar
　　卞夵*faitar／肥塔、夵昊*tarğun／塔温
㪔*or
　　丰㪔旡*jorhon／約斡洪、㢟㪔*dolwor／多羅斡
卒*tək
　　卒夲*təkər／忒厄、卒䒭*təktun／忒屯
女真大字の表意字によっても音節尾子音が附くのか否か判断しがたい場合は、次の「松」の事例のように、総合的に判断を下す。
『金史』の「桓端」および会同館『女真訳語』の「換多」並びに満洲ツングース諸語の語頭音節は画一的にkol～holとする。金代女真語の*holdonからhodoのように変わったとすれば、表意字の帚はそのままでは使えなくなり、代わりにho音節を示す夊とdo音節を示す㕯の組み合わせを用いて「松」を表音するはずである。「貴」、「鵒」、「驢」、「束」、「駝」のような表意字を用いた単語はみな同様の根拠によって説明しうる。
㕡と式とはいずれも表意字ではない、上に述べたように㕡の本字は契丹大字と同形の㕡であ

る可能性があり、式の本字はやはり契丹大字岺に由来する头であるが、甪・岺ともに尾子音をもっており、加えて、会同館『女真訳語』および満洲ツングース諸語の「夢」と「長」は語頭音節に尾子音をもつ。

六　不完全な表意字の注音に統一的原則が存在しない

『女真訳語』では、不完全な表意字の注音方式に異なった３種類がある。表意字に表音字を続けたのち、表意字が表示する音価の一部を表音字に譲り、その音価は不完全な表意字の中に含まれなくなる。こうした変化が注音漢字に表現されたものが、最も普遍的な「字に従う注音」と呼ばれる方式である。たとえば、「山」の表意字は毕*alinとなるが、不完全な表意字＋表音字となる毕列の音韻構成はali-inであるため、「字に従う注音」でば、「阿里・因」となるわけである。

しかるに、『女真訳語』の注音漢字は一部の不完全な表意字を相変わらず従来の音価で表記している。たとえば、「兄」の表意字は克*ahunだが、「不完全な表意字＋表音字」に変わった克土の音価は克のそれに等しい、注音漢字は「阿渾温」ahun-unとするが、ここの「渾」hunにとって適切な注音漢字は「忽」huであり、すなわち「阿忽温」とすべきである。今一つは、不完全な表意字に続く表音字を注音漢字で表記せず、「字に従う注音」ではなく単語全体の音韻に従い注音している事例である。たとえば、「馬」の表意字は侼*murinだが、「不完全な表意字＋表音字」に変わった侼列の音韻構成はmuri＋inとなり、「母林」は表音字列の音価inを表記しておらず、「字に従う注音」をすれば「母里因」となるはずである。

こうした統一的原則が存在しない注音例をまとめれば下表の如くである。

①表意字の音価に従う注音	②不完全な表意字＋表音字 単語に従う注音	③不完全な表意字＋表音字 字に従う注音
克土*ahun／阿渾温／兄	囻土*gurun／国倫／国	毕列*alin／阿里因／山
丈土*əjun／厄云温／姐	侼列*murin／母林／馬	杀列*uʃin／兀失因／田
羑土*nəhun／捏渾温／妹	柬列*əʃin／厄申／不	冬犮*oson／斡速湾／小
斥土*alʧun／安春温／金	中米*uihan／委罕／牛	玫犮*fon／伏湾／時
乜列*haʧin／哈称因／節	先米*dilgan／的勒岸／声	乗土*doron／多羅温／印
吏列*ukʃin／兀称因／甲	冬米*amban／安班／大	矛土*dəun／斗兀温／弟
凪兎*hagan／罕安／皇帝	丙米斥*girangi／吉浪吉／骨	仐土*usun／兀速温／貧
冬友*ambala／安班剌／多	里去*hadu／哈都／服	千坕*haliu／哈里兀／海獺
	闲羊*uϕəi／兀者／重	仓羊*həhəi／黒黒厄／婦

注音例①は、上にまとめた限られた数しかないが、②と③は『女真訳語』の従うむしろ主な原則といえる。引き続き、この２種類の注音原則における具体的表現形式を分析しよう。

七　字に従う注音と単語に従う注音との区別

『女真訳語』は、女真言語文字を学ぶための教材として、女真語彙を記録すると同時に生徒に女真語彙を綴る女真字の発音を容易に理解させ、覚えさせるため、語彙の絶対多数を字に従う注音としている。字に従う注音と単語に従う注音とは同じではなく、前者は単語の音韻の実態とかなり違っており、一種の形式的な注音方法にすぎない。単語の音韻復元は、女真文字における①膠着②重合③重複④借音という４種類の表音原則によって始めて完成される。その中では、ただ膠着だけが単語に従う注音とさほど区別がなく、膠着によって注音するものはその単語の音韻の実態となる。他の３種類はいずれも、音節や音素の合併を経てから単語の音韻を復元している。単語に従う注音の一部は、女真字の各字音よりなる結果と食い違っている、こうした場合の女真字は、便宜上の表音の特例と考えられる。従って、単語の音韻復元に当たって、字に従う注音と単語に従う注音とを見分けることは先決的条件といえる。

第九節　『女真訳語』雑字の手本

　前述の通り、女真人の入貢上奏文を訳することは、『女真訳語』編纂の重要な目的の一つといえる。
　『女真訳語』の大多数の門類には、数量の一定しない増補語彙が存在する。これらの増補語彙の内容から見れば、その多くは女真人の入貢活動に関わる、四夷館通事が女真人の入貢上奏文（来文）を翻訳したり書写したりする際に常に用いられる単語と連語である。これらの語彙の増補は、一部は『女真訳語』の編纂時期とほぼ同時になされ、一部は明らかに永楽朝以後になされたと判定しうる。たとえば、地理門には「藩籬」（女真文字は「辺牆」とする）という語があるが、辺牆の築造は英宗正統七年（1442）に始まり、本来はモンゴル兀良哈および海西女真等部の南への侵掠を防御するためのものであった。憲宗成化五年（1469）に増修した辺牆は、もっぱら建州女真を目標として築かれたもので、遼東内地と建州女真との境界線となっていた。「辺牆」という語の出現は、『女真訳語』が正統年間に至るまで引き続き増補されていたことを物語る。加えて、これら増補語彙のすべては各門類の最後に並べられるだけではなく、その一部は各門類の既存語彙の間に挿入されている。これら増補語彙に研究を加えたうえでそれを取り除く作業は、『女真訳語』編纂の際に依拠した手本の本来的な面目を復元するのに不可欠である。
　四夷館が各館の訳語を編纂するに当たり、共通の手本が設けられたと考えられるが、それはせいぜい大体の門類数、門類ごとの大体の語彙数およびその収録範囲を定めたものにすぎない。このことは、各門類に収録された語彙に言語によってかなりの差異が見受けられることによっても裏付け

第二章 『女真訳語』

られる。それにもかかわらず、女真文字はそのころもはや女真人全員に通用する文字ではなくなっていたので、『女真訳語』を編纂する時には分類辞典に類する手本が存在していたと想定しうる。それが元朝が編集した十三国訳語に含まれる女真訳語の転写本であるかどうかはなお断定できないが、後文の考証によれば、そうした可能性がかなり大きいと考えられる。

　西安碑林より発見された『女直字書』の写本に対する研究結果によれば、それは明朝四夷館が編纂した『女真訳語』の「雑字」に多くの面にわたって相似するところが認められる。金啓孮先生と筆者の考証によれば、『女直字書』と『女真訳語』には密接な関係があり、前者は後者の雑字部分が編纂された時にモデルとされ、『女直字書』の底本は明初に至っても存在し、その形式は増補の写本あるいは元代に編集され現在は伝わっていない『女真訳語』（その手本は『女直字書』にほかならない）そのものであろうとされる。そうした考証は、『女真訳語』の女真字の用法に見える、金代石刻とは異なり『女直字書』に類似するところや、『女真訳語』の表音字に明代女真語より古い音韻的特徴が見られるところから傍証される。『女真訳語』に「硬訳」連語にのみ現れながら、単語の形で門類に収録されていないものが数多く存在する現象より見れば、編集済みの『女真訳語』の単語数をかなり上回る単語を納めた手本が存在していたことを証明できる。さもなければ、編集の際にそうした「硬訳」連語を作る女真語の単語を、編集者が思いつくはずはないからである[①]。

　明朝の四夷館が一連の華夷訳語を編纂する段階で、各種訳語を統一的な体裁に揃えたことが、『女真訳語』の門類や内容にかなりの変動を及ぼしたことは容易に想定される。

　四夷館が編集した『女真訳語』は、雑字部分が19門類に分かれており、さらに若干通の来文が附されている。入貢の上奏文はそもそも一定の書式を踏襲し、古いものを棄てて新しいものに差し替えているので、現存の大部分は成化年間（1465-87）以降のものとなっている。明朝政府は、入貢する際に、上奏文がなければ貢納を認めないとしたが、正統年間（1436-49）以降、東北女真各衛では女真字を読めるものはほとんどいなくなっており、入貢に当たり官職の昇進を求め、四夷館の館員に賄賂を贈って上奏文を書かせた。館員の通訳の水準は不揃いで、女真文字学習者の水準がさらに低かったことは、「来文」に頻見する漢語文法と女真語彙が混在したピジン言語的状況から察知できる。「来文」のみならず、「雑字」にもこのような女真語文法から外れるものがよく見られる。雑字におけるこうした要素を排除し、残った部分に研究を加えれば、もとの手本の姿を復元することができる。以下では言語と文字の双方から考証を施してみよう。

[①] 『華夷訳語韃靼館下続増』に現れる大量の「硬訳」連語に対照すれば明瞭である。いわゆる『華夷訳語』丙冊は、天文門から通用門までの17門類に分かれており、総計314個の語彙を収録しているが、天文・地理・時令3門の46個の語彙を除けば、花木門から通用門までの268個の語彙に含まれる連語のほとんどは、『華夷訳語』甲冊に載る単語から寄せ集めたものである。そのうち、モンゴル語文法に合わないものは、速卜惕克卜温（珠子）、土失綿可卜温（臣子）、格児該可卜温（妻子）、朵羅納朶児辺勒真（東方）、你刊字思（一起）、の如くである。

第九節 『女真訳語』雑字の手本

一 『女真訳語』の注音漢字が一部の不完全な表意字に注音するのは『女直字書』の表意字の本来の音韻である

　この事実は、金代石刻でつとに表音字を附けた表意字の音価ではなく、明らかに『女直字書』の表意字そのものを踏襲していることを裏付ける。さらにここから、元代に編纂された『女真訳語』の一部の表意字に、なお表音字を附けず原型のままで維持されていたものがあった（まさに『女真訳語』の中に見える老*agdianなどの如く）ことが看取される。

『女直字書』の表意字例	『女真訳語』の不完全な表意字例
尭*ahun	尭土*ahu-un
关*nəhün	关土*nəhu-un
丈*əjün	丈土*əju-un
朩*alʧun	斤土*alʧu-un
乜*haʧin	乜列*haʧi-in
凪*qahan	凪兎*ha-ğan

二 『女真訳語』の表音字が表記するのは元代の発音である

　『女真訳語』におけるかなり多くの単語は表意字に表音字（または複数の表音字）を附けたものである。語尾に位置する表音字は往々にして置換されることがある。置換が生じた原因の一つとしては、単語の発音と文字表記との間に適合性がなくなったためであり、新たな表音字に置換することによって変化後の発音を表記できるようにするのである。『女直字書』や金代石刻と比較してみれば、『女真訳語』では表音字が置換された事例がかなり大量にあることがわかる。表音字が置換された単語の示す発音は金代女真語のそれとは隔たっている。一方、『女真訳語』では発音に変化が生じたにもかかわらず表音字が置換されていない単語も存在しており、それらが代表するのは明代以前の発音にほかならない。こうした２種類の表音字が併存する現象から、明代『女真訳語』の綴り方は、現在伝わっていない元代のそれに由来するものであり、表音字が置換された単語は、元代においてすでに音韻変化に適応するために改められた綴り方であるのに対して、表音字が置換されていない単語は、依然として金代の発音とほぼ同じなので原型がそのまま維持されえたものと推測しうる。『女真訳語』の編集はすでに明初に降り、音韻の変化が相変わらず継続しているが、文字使用者の激減などの原因で、表音字を規範に従わせることが間に合わず、そのため音韻の変化に合わないという齟齬が文字と発音との間に生じているのである。まさにこうした齟齬の存在によって、『女真訳語』の原型並びに金代『女直字書』→元代『女真訳語』→明代『女真訳語』という発展の脈絡を探ることが可能となる。いくつかの例を挙げてみよう。

第二章 『女真訳語』

	金代	元代	明代
	伹→伹玍*bohol	伹玍*boɢol	伹玍*boɢoə
	罡*haduhu(n)	罡玍*haduhu	罡玍*hadu
	向学*əmərgə(n)	向学伏*əŋgəmər	向学伏*əŋgəməi
		㘴乇*hoton	㘴乇*hoto
	乕*hodihon	乕乇*hodiɢon	乕乇*hodiɢo
		乇臣*irgən	乇臣*irɢə
	乎*təmgən	乎臣*təmgən	乎臣*təmɢə
	采尒*həʧən	采尒*həʧən	采尒*həʧə
	尢亥*goiji	尢亥*goiji	尢亥*goiju

　『女真訳語』に現れる玍は、『女直字書』においてはそもそも互いに字形が異なる二字であり、一つは玊（金代石刻玍）*ur～ul、今一つは玍*hu～kuであるが、それぞれの意味も同じではない。伹は「臣」の表意字であり、女真語の「臣」はモンゴル語の*boɢol（←*boɢal）に由来する借用語なので、伹に附く玍は『女直字書』の玊*urに由来することがわかる。ところが、伹玍の注音漢字は「卜斡厄」となり、玍の発音はすでにuəに変わっている。

　罡玍の注音漢字は「哈都」となり、満洲語のadu（衣服）に対応するが、罡は『女直字書』においては「畜群」を示す表意字であり、それはモンゴル語族のaduɢu（←*aduɢun）に由来する借用語であるが、語頭になお現代モンゴル語より古い子音h-が付いている。従って、罡に附く玍は『女直字書』の玍*huに由来するものにちがいない。罡玍の注音漢字「哈都」によれば、語尾の音節huが明代『女真訳語』を編纂するまでにすでに脱落してしまったことがわかる。

　「鞍」は『女直字書』においては向学と表記するが、表音字学が『大金得勝陀頌碑』では動詞「考える」の語頭字となり（学玍旻夘）、『女真進士題名碑』では名詞「考え」の語頭字となる（孛臣）ことから、学と孛が同音異形字であること、金代女真語の「鞍」の発音がツングース諸語のəməgiə:l・əməɢə・əmgunによく似た*əmərgə(n)であることがわかる。従って、明代『女真訳語』に注音漢字で示される「恩革埋」*əŋgəməiは、音位転倒が発生したのちに形成されたものであり、語尾音節mərは明代に入るとməiに変わっている。

　以上の３例を纏めると、金代女真語から明代女真語にかけて変化の中間に位置する形式（*boɢol、*haduhu、*əŋgəmər）は、元代に相当する時代に存在したものにほかならない。

　語尾表音字を乕のような単母音字とする場合、それは間違いなく後に附加したり置換したりしたものと判定できる。従って、㘴乇や乕乇類の原型は、㘴乇（または㘴玊）や乕乇（または

斥灸）のようなものにちがいない。但し、巫は「ヒョウタン」の表意字ではなく借音字であり、それと同じものにはさらに氐屋がある。特定の方言では明代初期に至っても依然として語尾音節のgənを屋で表記することから、少し前の元代にはそれらの単語の発音がnで終わるものであったことは疑いない（亦も同じ事情に属する）。

 夌は、金代石刻では夊*laと組み合わせた夊夌*laiによって漢語の「萊」を示し、友*laと組み合わせた友夌*laiによって漢語の「賴」を対訳する。よって、夌が表示するのは「萊」と「賴」の韻尾iであることがわかる。しかるに、夌は『女真訳語』においては「干」を用いて注音するが、「干」は『中原音韻』では魚模韻に属し、yとする。『蒙古字韻』では?yとする。そのほか、「干」で注音されるものはさらに虬元（阿于馬［鼇］）と虬夊（阿于卜魯［救］）があり、動詞「救う」の語根に対応するツングース諸語はajiw-・ajaw-・ajawu-・ajauなどの形となり、「愛する」を表す。女真語はその語根に使役・受動態語尾buを附けることによって「救う」となるのである。従って、「阿于」で注音される音節はaju（←*ajaw←*ajawu）であり、ajiではあるまい。こうした推定音を「鼇」に及ぼせば、ajuma（四夷館『女真訳語』）→aiwuma（会同館『女真訳語』）→aihuma（満洲語）のようなはっきりした音韻変遷が看取される。ゆえに、光夌の音韻は明代にgoijuに変わったものの、字面で表示する音韻は相変わらずであり、それはまさに元代音にほかならない。

 以上の各例に関する元代音の推定は、みな注音漢字および親族言語によって傍証されるものである。

三　『女真訳語』の女真字は金代石刻よりは『女直字書』のほうに似ている

女真訳語	女直字書	金代石刻
岔*na	岔*na	乇*na
朿*giŋ	朿*giŋ	朶*giŋ、吊*giŋ
耂*agdian	耂*agdian	耂米*agdian
帝*holdo	帝*holdon	帝夊*holdon
爻*mo	爻*mon	爻夊*mon
父*ulǧian	父*ulgian	冬米*ulgian
朩*jara	朩*jaran	朩米*jaran
正存*fannar	正佇*pannar	正反竿*pannor
呑天*saldai	厺*saldai	荼天*saktai
先米*dilǧan	先*dilgan	芉雨*dilǧan
卡*dujin	卡*dujin	朱*dujin
卫*gorhon	口*gorhon	干三*ɖuan ilan

第二章 『女真訳語』

| 丘*tobohon | 丘*tobohon | 千圠*ʤuan ʃunʤa |

以上の各例は、その綴り方が語尾子音の脱落より出現した「表意字の回帰」に属する帚、癸、宋の三例を除けば、いずれも『女直字書』を直接に継承することを示している。とくに10位の数詞は、『永寧寺記碑』に見える千一*ʤua əmu（十一）と会同館『女真訳語』に見える「荘額木別」*ʤuan əmu bia（十一月）のような後期形に対し、『女真訳語』では依然として『女直字書』のモ*amʃo を受け継いでいる、これらの事実は、元代に編纂された『女真訳語』が明代初期においても残されており、しかも明代の『女真訳語』を編纂する際の手本になった可能性を物語っている。

四 『女真訳語』と『女直字書』の門類・語彙における類似性

『女直字書』の各門類に列する字数は、天文門・地理門・時令方隅門・人物門・田禾門・車帳門・厚薄・花木門・果実門・飲食門・宮室門・珍宝門・衣服門・毛髪・書信・辺塞・一斉・霊聖・俊醜・宮京・数目門などの各門類では、ともに30〜40字の間にある。これは大体『女直字書』を編纂する際に規定された各門類の基本的字数である。身体門・鳥獣門・器用門・収覆・移動などの門類の字数は、その他の各門類の倍になっているが、それらの門類はさらにいくつかの子類に分けられ、子類ごとの字数はその他の各門類に納める基本的字数にほぼ相当している。『女直字書』において条目がはっきりしている門類と『女真訳語』の門類の字数を対比してみれば下表の如くである。（*を附けるのは推定数）、そこから若干の問題が発見される。

門類	天文	地理	時令	方隅	人物	身体	鳥獣	花木	果実	田禾	飲食	車帳	器用	珍宝	衣服	数目
字書	38	30	32		38	32/30	34/62/36/32/76	32/32/32			32	32/32/31/61		*31	*27	30
訳語	30	42	31/26		68	30	59	31			22	56		22	26	30

1.『女直字書』天文門は『女真訳語』より字数がやや多いが、それはすべてが天文名詞ではなく、冒頭に一部抽象名詞が混在しているからである。

2.『女真訳語』地理門において『女直字書』より増えた部分は、後者の人物門・宮京・地名門などの門類に含まれている。

3.『女真訳語』人物門に見える明朝の官職名称や周辺民族の名称などは明らかに後に添付されたものである。

4.『女真訳語』鳥獣門・器用門の字数は明らかにその他の門類よりずっと多い。それは一連の『華夷訳語』の体裁に準じて編集された際にも保たれた『女直字書』固有の特徴であり、同様の現象は

第九節　『女真訳語』雑字の手本

モンゴル語を記録する甲種本『華夷訳語』にも見られる。

5.『女直字書』地名門のほとんどは、金代の路・府・州・県などの地名である。当然ながら、それは『女真訳語』には現れない。

さらに注意しておかねばならないのは、『女直字書』各門類の字数が実際に記録された単語数とは限らないということである。現時点で解読済みの範囲における統計では、少なくとも30個の単語が複数の字で綴られ、51個の字が異なる位置に重複して出現しているので、その中に複数の字で綴られる単語が存在する可能性が否定できない。加えて複数の字で綴られる単語の一部には、その中のどの字も重複して出現しないものがある。仮に各門類の単語数をほぼ30個とすれば、それを超過する場合には必ずや複数の字で綴る単語が存在するに違いない。

以下では、『女真訳語』と『女直字書』に記録された単語の各門類における分布状況を対比してみよう。この作業の目的は、第一に、両者における単語の分類法、第二に、両者における文字の使用状況を解明することにある。上述のように、単語の分類法には、時代による編集者の名物類別に関する認識の差異、編集の目的による単語の門類に占める位置の差異、が表現されている。対比した結果は、『女真訳語』の手本、すなわち元代の『女真訳語』を復元するのに些かながら役立つものである。

まず、門類に従って単語の変遷情況を観察しよう。

[天文門]

『女真訳語』の30個の単語の中に『女直字書』に見えるものが10個（解読されたものに限り、文字囲で表示する。『女直字書』以降に附加された語彙に下線を附しておく。以下同じ）ある。

囙、靁、日、月、風、雲、雷、雨、霜、露、斗、星、煙、霞、氷、圈、雪、霧、陰、陽、火、空、三臺、五斗、日出、日落、天陰、天晴、大風、細雨

「日」は天体の「太陽」ではなく、時間の「日」である（『女直字書』の時令方隅門に見える）。「太陽」に当たる語は、「陰」と訳し間違っており、「陽」に訳されている語は実は「暖かい」の意である。「空」は天空の意ではなく、「虚しい」を示す形容詞である（『女真訳語』の通用門に同形語がある）。以上は、明らかに『女直字書』以後の編集の段階で発生した錯誤である。

『女直字書』では天文類に属する未解読の単語はおよそ8個しかないことから、『女真訳語』の「雨、霜、露、斗、星、煙、霞、氷」に当たる可能性がある。「火」は『女直字書』の地理門に見える。『女真訳語』の「三臺、五斗、日出、日落、天陰、天晴、大風、細雨」はすべてのちに追加されたものである。

[地理門]

『女真訳語』の42個の単語の中に『女直字書』に見えるものが8個ある。

京、国、城、池、街、市、地、土、山、河、邦、村、関、塞、湖、海、林、泉、江、田、水、石、府、州、県、井、路、徑、塵、泥、野、道、園、牆、灰、炭、沙、堤、辺境、地面、地方、藩籬

地理門の内容から、再編集の際に、もとの門類が合併され、語彙の序列がはげしく変動したことが推測される。地理門における『女直字書』と門類を異にするものとして、「京、県」は『女直字書』の地名門に、「国、邦」は人物門に、「城、府、井」は宮室門に、「地」は天文門に、「塞」は

辺塞字類に、「泉」は鳥獣門禽類②に、「田」は田禾門に、「地方」は宮京字類にそれぞれ見える。一方、「辺境」は「塞」と、「地面」は「地方」と同じ女真語に重複して当てられた漢訳語であり、また「地面」という語は明代から使用され始めた語である。さらに、「街」は女真語の「柵」＋漢語の「街」による合成語、「関」は漢語「関口」の音訳、「徑」は「小」＋「路」の合成語、「藩籬」は「辺」＋「牆」の合成語であり、これらはすべてのちに追加されたものである。

[時令門]

　『女真訳語』の31個の単語の中に『女直字書』に見えるものが11個ある。

春、夏、秋、冬、昼、夜、年、節、時、歳、早、晩、朔、望、古、今、季、閏、冷、熱、涼、温、寒、凍、朝、夕、清明、端午、重陽、去歳、来年

　「早」と「朝」は同一のərdəだが、さらに人事門にも見え、それは「遅い」と対になって「速い」という意味を示すモンゴル語由来の借用語である。それはおそらく元代に女真語に入って、元来のもっぱら「朝」を示すtimariに取って代わった（ただし会同館『女真訳語』および満洲語に併存している）。「古」は『女直字書』の天文門にあるが、「歳、閏、今」は『女直字書』の時令方隅門には含まれず、「熱、寒」は『女直字書』の身体門にあるが、「冷、涼、温、凍」はほかの門類にあるかもしれないがなお解読をまたねばならない。さらに、『女真訳語』が合成語で表す「朔、望、清明、端午、重陽、去歳、来年」のほとんどは、女真語文法に合わず漢語の意味によって無理に合成させたものが含まれており、すべてのちに追加されたものと判断できる。

　『女真訳語』が『女直字書』の時令方隅門を時令と方隅の二門に分けることは、元代より受け継いだ伝統であり、『至元訳語』はすでに二門に分けられた形式を取っている。

[花木門]

　『女真訳語』の花木門は、『女直字書』の花木門・果実門・田禾門の合併である。まれではあるが、三門類のほかにも見える単語があり、「ヒョウタン」が『女直字書』の器用門にあることはその一例である。

　『女真訳語』の31個の単語の中に『女直字書』に見えるものが8個ある。

松、柏、桃、李、桑、榆、杏、梅、梨、棗、柳、樹、草、木、花、葉、根、栗、苗、枝、果、麦、柴、松子、榛子、核桃、葡萄、西瓜、蘿蔔、葫蘆、白菜

[鳥獣門]

　『女真訳語』の鳥獣門では、59個の単語の中に『女直字書』に見えるものが38個ある。

　虎、駝、馬、獅、象、驢、牛、羊、熊、鹿、犬、豹、兎、狐、獐、鷹、鶴、雀、鴨、鶏、猪、魚、鼈、蛇、騸馬、豺狼、兒馬、騍馬、獾、海豹、海獺、鴛鴦、鷺鷥、鴉鶻、麻雀、海青、貂鼠、黄鼠

　『女直字書』がこれらの語彙を並べる順は、

　獅、駝、馬、驢、牛……兒馬、騸馬、騍馬、猪、犬、象……羊……鹿……鶏……豹……熊……虎……豺、狐、獺、獐、獾……兎、貂、鼬……鷹……海青、鴉鶻……鶴……雀……鷺鷥……麻雀……鴨……蛇……魚……海豹……鼈

第九節 『女真訳語』雑字の手本

となっている。『女真訳語』に載せる「騾、鼠、猿、猴、鵝、虫、麒麟、野猪、山羊、野馬、野驢、海狗、鴛鴦、仙鶴、燕子、天鵝、野雞、蟒龍、銀鼠、青鼠」などの単語は『女直字書』においてなお解読されていないものだが、『女直字書』の中には複合語が存在しないので、『女真訳語』にある「猿、野猪、野馬、野驢、海狗、銀鼠、青鼠」などの語彙は『女直字書』に載っていたとしても必ずや単語形をとり、『女真訳語』に載せる複合語とは異なっているはずである。会同館『女真訳語』にulhu（青鼠）があり、すなわち満洲語のulhu（灰鼠）であるが、『女真訳語』ではnogian（青）＋ʃiŋər（鼠）のような複合形となっている。同様に、『女直字書』のsolohi（黄鼠）も『女真訳語』ではsogian（黄）＋ʃiŋər（鼠）のように改めている。『女直字書』鳥獣門には解読されていない字や残欠のところが多く、………………………………の中に含まれていることはあり得る。金…………………………………………………………………形式はすでに変貌している。「鴛鳥」を……………………………………………………nとするが、『女真訳語』では満洲語と……………………………………………………『女直字書』の方は天文門に載せている。

……………………………………………………『女直字書』宮室門に見えており、

……………………………………………………簾、梁、柱、磚、瓦、学、館駅」の……………………………………………………宮室門の15個の未解読の単語に含……………………………………………………館駅」は明らかに後から加えたもの……………………………………………………、それらは『女直字書』の時期に

……………………………………………………直字書』とは異なっており、「宮」……………………………………………………されている。

……………………………………………………見えるのは14個であり、

……………………………………………………………鍾……鍋……桌

鏡…………………………………………………椅、盤、壺、燈、燭、針、線、直…………………………………………………令牌、奏事」の諸単語は『女直………………………………………………ある。そのうち、「下営」以下の第53～56の……………………………れたものと見られる。

第二章 『女真訳語』

　『女真訳語』器用門の「書、劍、墨、硯、鞭、盈、車、船、印」の諸単語は、『女直字書』とは配置される門類が異なる。「書、印」は『女直字書』書信字類に、「劍、鞭、盈、車、船」は車帳門に、「墨、硯」は珍宝門にそれぞれ配置されている。

[人物門]

　『女真訳語』人物門の68個の単語のうち19個は、『女直字書』人物門に見えており、

　　人、国、臣、官、父、母、兄、弟、民、女婿、姐、妹、夫、妻、孩児、男、女、主、奴

　である。『女直字書』がこれらの語彙を並べる順は、

　　国……人、官……民……主、奴、臣……男、女、夫、妻、父、母……兄、弟、姐、妹……女婿……孩児

　となっている。

　『女真訳語』人物門に載る大量の官職名や民族名などの単語は明らかに後から加えたものであり、すなわち、

　　君、文官、武職、将軍、公、侯、伯、太監、尚書、侍郎、都堂、御史、総兵、指揮、同知、千戸、百戸、鎮撫、鞑靼、回回、高昌、西番、百夷、緬甸、女直、西天、高麗、邏邏

　である。

　第58の単語「朋友」はモンゴル語から借用したものであり、『女直字書』のそれがなお*andaとしていることから、借用の時期が金代以降であることがわかる。そのほか、女真の言語習慣や文法構造に合わないいくつかの複合語および漢語訳音語も明代の追加物と見なすべきである。すなわち、

　　貴人、高祖、賓客、主人、夷人、野人、酋長、頭目、賊人、歹人、部下

　である。

　『女直字書』人物門に解読されていない単語は9個あり、欠けている単語は4個あるが、それらが置かれる場所から、親族関係の呼称に属する単語と見られ、『女真訳語』の追加単語に含まれる可能性はない。

　『女真訳語』人物門の「皇帝、聖人、孫子、公」は『女直字書』とは配置される門類が異なる。「皇帝、子孫」は『女直字書』天文門に、「聖」は霊聖字類に、「公」は宮京字類にそれぞれ配置されている。

[人事門]

　『女真訳語』人事門の150個の単語のうち、『女直字書』移動字類に見えるのは10個、収覆字類に見えるのは1個、俊醜字類に見えるのは3個、霊聖字類に見えるのは1個、一斉字類に見えるのは3個であり、すなわち、

　　擒、得、楽、改、移、買、授、動、笑、説、勤、貧、愛、進貢、重、自、且、怠

　である。

　『女真訳語』人事門の単語で『女直字書』の関連門類に現れるものは20個しかないが、残る130個の単語の『女直字書』における対応語はなお解明されていない。『女直字書』の『女真訳語』人事門に当たる部分はおおむね移動字類と収覆字類であり、『女真訳語』通用門に当たる部分はおおむね一斉字類・霊聖字類・俊醜字類であるが、その中には『女真訳語』の門類配置と異なる語彙が

多く見られ、上に挙げた『女真訳語』人事門における7個の単語が『女直字書』の移動・収覆字類に置かれず、一斉・霊聖・俊醜などの字類に置かれていることはその例である。『女直字書』ではこれら5門類において、石刻や『女真訳語』に見えない字が最も多く、そのため解読し得る語彙が最も少ない。『女真訳語』人事門における、なお『女直字書』で解読されていない130個の語彙の語頭字の絶対多数が仮借字であることから、それらにはもともと表意字があったが、『女直字書』以後に、複数の表音字に取って代わられたことがわかる。従って、『女直字書』の未解読字の中には、『女真訳語』人事門の130個の語彙が含まれている可能性が極めて大きい。

『女真訳語』人事門の「聴、賞」は『女直字書』においては異なった門類に属し、「聴」は『女直字書』身体門にあり、「賞（録）」は書信字類にある。

『女真訳語』人事門の第131、132、134、136、138、139、141、149などの複合語には、女真語文法に合わないところが多く、明らかに四夷館員が同義の漢語によって創作したものである。

[身体門]

『女真訳語』の30個の語彙のうち、『女直字書』身体門には次の13個が見える。

身、口、歯、唇、鼻、手、脚、腸、肚、項、力、気、肥

『女直字書』がこれらの語彙を並べる順は、

口……手、脚……項……力……気……身……肚……唇、歯……鼻……肥……腸

となっている。

『女真訳語』身体門の「面、頭、眼、耳、舌、眉、胸、背、心、骨、肉、血、皮、膽、痩」などの語彙は、『女直字書』では未だ解読されていない。『女直字書』身体門の冒頭の欠けている8個の字には、あるいは「面、頭、眼、耳、舌、眉」などの語彙が含まれており、残った分は、未解読の15字に含まれている可能性がある。

『女真訳語』身体門の「毛髪」という語は、『女直字書』毛髪字類に配置されている。

[飲食門]

『女真訳語』飲食門の22個の語彙のうち、『女直字書』飲食門に見えるものには3個があり、「酒、茶、醋」である。『女直字書』に並べる順は、「酒……茶……醋」となっている。

『女真訳語』飲食門における「肉、飯、菜、油、塩、醤、米、面、酥（油）、食、飢、飽、炒面、生熟、焼餅、奶子」などの語彙は、『女直字書』では未だ解読されていない。『女直字書』飲食門において未解読の字は23個、欠けている字は3個であり、上に挙げたこれらの語彙は、その中に含まれている可能性がある。

『女真訳語』飲食門の「果、飲、苗」は、『女直字書』においては異なった門類に置かれており、「果」は『女直字書』果実門に、「苗」は『女直字書』田禾門に、「飲」は『女直字書』移動字類にそれぞれ見える。

[衣服門]

『女真訳語』衣服門の26個の語彙のうち、『女直字書』衣服門に見えるものは6個あり、「表、里、梳子、裙、襪、皮襖」である。『女直字書』衣服門に並べる順は、「梳子、皮襖……裙……表、里、襪」となっている。

『女真訳語』衣服門の「帯、靴、帽、環、枕頭、衣服、褌、鞋、被、褥、布、絹、紗、羅、緞、織金、膝襴、暖耳」などの語彙は、『女直字書』衣服門では未だ解読されていない。『女直字書』衣服門において未解読の字は10個あり、欠けている字は9個ある。上に挙げた語彙は、あるいはその中に含まれているかもしれない。

『女真訳語』衣服門の「冠」は、『女直字書』書信字類に置かれている。

[珍宝門]

『女真訳語』珍宝門の22個の語彙のうちの8個は、『女直字書』珍宝門に見えており、「金、銀、珠、銅、鉄、財、琥珀、珊瑚」である。『女直字書』がこれらの語彙を並べる順は、「金、銀……青銅……鉄……珍珠……琥珀、珊瑚……貨財」となっている。

『女真訳語』珍宝門の「玉、宝、銭、錫、蝋、物、象牙、犀角、瑪瑙、赤玉、呵膠」などの語彙は『女直字書』珍宝門では未だ解読されていない。その中の「錫、蝋、象牙、犀角、赤玉」は複合語であるが、『女直字書』には複合語がない。「錫」に例をとれば、会同館『女真訳語』はなおtoholoとする（満洲語はtoholon）だが、『女真訳語』珍宝門ではすでにʃaŋgian（白）＋sələ（鉄）とされている。そのほか、「物」という語は女真語・満洲語ともに「節」と同音なので、『女真訳語』でも同様に表記されている。しかしながら、『女直字書』珍宝門（他の門類も含む）には時令方隅門にある「節」の表意字と同形の字が存在せず、よって、「物」という語は『女直字書』に載っていないことがわかる。

『女真訳語』珍宝門の「蟹、人参」は、『女直字書』では異なった門類に置かれており、「蟹」は『女直字書』書信字類に、「人参」は果実門にそれぞれ見える。

[方隅門]

『女真訳語』方隅門の26個の語彙のうち、『女直字書』時令方隅門に見えるものは14個あり、「東、西、南、北、上、下、左、右、前、後、明、暗」である。『女直字書』がこれらの語彙を並べる順は、「東、西、南、北……明、暗、上、下……左、右、横、竪……前、後」となっている。

『女真訳語』方隅門の「内、外、角、斜、直、従前、在後、外面」などの語彙は、『女直字書』では未だ解読されていない。そのうち、「従前、在後、外面」は女真語文法に合わない創作されたものであり、「角」も動物の「角」を「方角」の「角」に混同し、間違って方隅門に入れたものである。『女直字書』時令方隅門には未解読の字が3個あるが、音韻から見れば「内、外、斜、直」に近いものは1個もない。

『女真訳語』方隅門の「傍」の同根語は、『女直字書』収覆字類に見え、「中」は『女直字書』霊聖字類に見え、「正」は『女直字書』一斉字類に、「辺」は『女直字書』辺塞字類にそれぞれ見えている。

[声色門]

『女直字書』には声色門がない。20個の単語のうちただ「光」と「色」だけがそれぞれ天文門と書信字類に見える。

『女真訳語』声色門の第14～20の単語（天青、雪白、鴨緑、桃紅、柳翠、玉白、金黄）はみな複合語であるが、『女直字書』には複合語がない。複合語でないものも、表音字を組み合わせて表示

しており、こうした単語は『女直字書』以後に追加されたものであろう。
［数目門］
　『女真訳語』数目門の30個の単語はすべて『女直字書』数目門に見える。
［通用門］
　『女真訳語』通用門の94個の単語のうち、『女直字書』移動字類には「落、知暁、快楽」、収覆字類には「得」、厚薄字類には「厚、薄」、霊聖字類には「好、重、虚」、俊醜字類には「醜、俊」、人物門には「老」、一斉字類には「須臾、一斉、自」が見える。
　『女直字書』においておおむね『女真訳語』の通用門・人事門に対応語彙がある5個の門類（一斉・霊聖・収覆・俊醜・移動）に収める字は、石刻や『女真訳語』に見えるものが最も少ない。そのため、解読できる語彙の数も極めて少ない。『女真訳語』通用門に収録する語彙のほとんどが、複数の表音字を組み合わせていることから見れば、『女直字書』以降、表意字の合併が通用門と人事門に収める虚詞および動詞の一部に集中していたことが窺われる。
　『女真訳語』通用門にも、女真語文法に合わない、明らかに追加された語彙が多くある。たとえば、「怎生、因此、雖是、寛饒、明白、将就、享禄、名望、法度、当面、誠意、可嘉、鞠躬、叩頭、自古、都是、一般」の如くである。
　『女真訳語』における続添、新増の2門類はともに明代において増補されたものであるため、ここで行う対比研究の範囲内からは外しておく。

本章参考文献

金光平・金啓孮『女真語言文字研究』文物出版社、1980年。
金啓孮『女真文字講義』内蒙古大学研究生教材、1978年。
　　　　『女真文辞典』文物出版社、1984年。
金啓孮・烏拉熙春「女真語和満洲語関係浅議」、『民族語文』中国社会科学院民族研究所、1994年1期、1994年2月。
　　　　『女真文大辞典』明善堂、2003年。
　　　　『女真語・満州通古斯諸語比較辞典』明善堂、2003年。
愛新覚羅　烏拉熙春「従女真語到満洲語」、『満族文化』台湾満族協会、総13期、1990年2月。
　　　　　　　「女真語第一音節母音の研究」、『立命館文学』546号、1996年7月。
　　　　　　　「西安碑林『女真文字書』新考」、『碑林集刊』西安碑林博物館、第5巻、1998年8月。
　　　　　　　「碑文、『訳語』女真字非大小字混合考」――記念女真大字創製880周年――, ALTAI HAKPO, Seoul National University, Vol.9, 1999.7.
　　　　　　　「女真語無二次長元音考」, ALTAI HAKPO, Seoul National University, Vol.8, 1998.12.
　　　　　　　「『朝鮮北青女真字石刻』新釈」、『立命館文学』561号、1999年9月。
　　　　　　　「『大金得勝陀頌碑』女真文新釈――金光平先生生誕百周年を記念して」、『立命館言語文化研究』11巻2号、1999年9月。
　　　　　　　「女真語名詞的格与数」、『立命館言語文化研究』12巻2号、2000年9月。
　　　　　　　「女真語動詞的時和体」Proceedings of the 4th Seoul International Altaistic Conference,

第二章　『女真訳語』

The Altaic Society of Korea 2000.10
「『女真文字書』的復元」、『碑林集刊』西安碑林博物館、第7巻、2001年6月。
「明代女真語的輔音系統」、『立命館言語文化研究』13巻1号、2001年6月。
「『女真文字書』的年代及其底本」、『立命館言語文化研究』13巻2号、2001年9月。
「女真文字的製字方法及其相関問題」、『愛新覚羅氏三代阿爾泰学論集』明善堂、2002年4月。
「『奥屯良弼詩石刻』新釈」、『愛新覚羅氏三代阿爾泰学論集』明善堂、2002年4月。
「古文字研究与古文字研究成果的引用」、『愛新覚羅氏三代阿爾泰学論集』明善堂、2002年4月。
「意音文字向表音文字演変的過程」、『愛新覚羅氏三代阿爾泰学論集』明善堂、2002年4月。
「明代女真語的元音系統」、『立命館言語文化研究』14巻1号、2002年6月。
「再論女真語無二次長元音」 *ALTAI HAKPO*, Seoul National University, Vol.11, 2002.7.
『女真文字書』的体例及其与『女真訳語』之関係」、『碑林集刊』西安碑林博物館、第8巻、2002年9月。
「女真語的節首輔音r」、『金啓孮先生逝世周年記念文集』東亜歴史文化研究会、2005年4月。
「女真文的両個動詞詞尾字」、『金啓孮先生逝世周年記念文集』東亜歴史文化研究会、2005年4月。
「従名詞格後綴、複数後綴的異同看満洲語与女真語的関係」、『満語研究』2006年第2期。
「蒙古九峰石壁石刻と"札兀惕·忽里"」、『立命館文学』595号、2006年7月。
「女真大字石刻総考前編」、『白川静記念東洋文字文化研究所紀要』第1号、2007年2月。
「黒水城発見の女真大字残頁」総合地球環境研究所居延研究プログラム報告書、井上充幸・加藤雄三・森谷一樹編『オアシス地域史論叢―黒河流域2000年の点描―』松香堂、2007年4月。
『第37回三菱財団人文科学研究助成研究成果報告書　女真大字の電子化および契丹大字との比較研究』2007年7月。
Manchuria from the Fall of the Yuan to the Rise of the Manchu State (1368-1636)『立命館文学』601号、2007年8月。
「金上京女真大字石刻考」、『東亜文史論叢』2008年第2号、2008年12月。
『愛新覚羅烏拉熙春女真契丹学研究』松香堂、2009年。

第三章　『永寧寺記碑』

第一節　石碑の建造経緯

　『永寧寺記碑』（永楽十一年［1413］立石）は、『奴児干都司永寧寺記碑』とも称される。碑は元来ロシア領内黒龍江下流域の東岸にある特林（北緯51°41′、東経138°31′）に立てられていたが、のちにウラジオストークに運ばれた[①]。現在ロシア連邦ウラジオストーク市の沿海地方国立アルセーニエフ総合博物館に陳列されている。『重建永寧寺記碑』（宣徳八年［1433］立石）は、同館の分館である国際展示センターの前庭に置かれている[②]。

　特林は明代に設置された奴児干都司衙署の所在地であり、そこは遼代には東京道、金代には上京道に属したが、元代には東征元帥府に隷属し、はじめて弩児哥あるいは奴児干の名[③]が見えるようになる。明成祖永楽七年（1409）、当地に奴児干都司を設け、その下に衛一百八十四・所二十を置き、現地の少数民族酋長を都督・都指揮・千百戸・鎮撫などの職に任命し、印信を授与し、旧俗に従って、それぞれ属部を統轄し、定期的に朝貢させるようにした[④]。

　明朝政府は現地の少数民族官吏と住民に下賜し、これらを慰労するため、宦官の亦失哈を前後七回[⑤]にわたって現地へ遣わした。明成祖永楽十一年（1413）に現地に永寧寺を建て、そこに、その

---

① 鳥居龍蔵「人類学及人種学上より見たる北東亜細亜」（『鳥居龍蔵全集』第8巻、朝日新聞社、昭和51年）第一章、「六　ウラジオ博物館」に「それからなお石人石獣のようなものも、やはりニコリスク附近から持って来て、博物館の庭に並べて居る。それから永寧寺の碑文二基、すなわち永楽年間のものと、宣徳年間のものとが並べられて居る。又その石碑の側にあった所の煉瓦の塔に使った模様のある塼も此処に並べられて居る。であるから永寧寺の碑文を見るには、この博物館によるより外に無いのであって、これらはどうしても此処に来て見なければならぬのである。」とある。
② 中村和之・山田誠・川村乃・泊功「石碑の復元による中世アイヌ民族の生活史の研究」、『基盤的研究開発育成事業（共同研究補助金）』研究成果報告書。
③ 『元文類』巻四十一／「經世大典」序録・政典・征伐／招捕の「遼陽骨嵬」項に、至元十年征東招討使匣塔剌の呈に弩児哥地が見える。また『元典章』新集／刑法の項に奴児干は元代に重罪人を流刑する所だとある。弩児哥は、即ち奴児干である。
④ 明・陳循等『寰宇通志』巻一百十六／女直の項に「奴児干都司永楽七年置。」とある。
⑤ 亦失哈が奴児干に赴いた回数については、十回と七回との二種の異説がある。ここでは、永楽年間の五回と宣徳年間の二回という七回説をとることにする。

経緯と統治の意図を記した『永寧寺記碑』という漢文・モンゴル文・女真文三体対照の石碑を刻した。明宣宗宣徳八年（1433）に、現地の住民によって破壊された永寧寺を再建し、改めて漢文だけの『重建永寧寺記碑』を建てた。『永寧寺記碑』と『重建永寧寺記碑』の内容は、どちらも宦官の亦失哈をはじめとする明朝軍隊が奴児干と東海苦夷（庫頁島）などを招撫した史実である。

この二基の石碑は、19世紀末までずっと特林の断崖に聳え立っており、現地の原住民より「素より霊異を著す」とされて崇拝されていた。

碑文の記述は明朝の東北アジア支配並びに当時極東の辺縁に住んだ満洲ツングース人とパレオ＝アジア人の活動の歴史を研究するうえで、第一級史料といえる価値をもつものである。明朝とアイヌ民族との朝貢交易についての記述もみられ、サンタン交易や北のシルクロードについての研究では、必ず言及されてきた。とくに女真文字が刻まれた『永寧寺記碑』は、金哀宗正大元年（1224）以降に現れた唯一の女真文字石刻であり、女真学における意義の大きさはいうまでもない。

第二節　石碑の発見と関係する記述

石碑の発見および関連調査については、17世紀中葉以降のロシア人・中国人・日本人の記録に見える。

ロシア人の発見の経緯につき、A.R.アルテーミエフの著作[①]をもとに簡単にまとめると、以下の如くである。1675-78年に外交使節として中国に滞在したことがあるN.G.スパーファリーが1678年に書き上げた手稿がその先駆けといえる。その中に、「我らがコサック兵は、私が赴任するまでの20年間、アムール川流域と河口で中国人と戦ったが、彼らが言うには、アムール川の河口から2日、船で遡ったところに、まるで人の手によって削られたかと見まがう険しい断崖があり、そこで21プードはあろうかという中国製の鐘一つと、中国の文字が刻まれた三つの石碑を発見したとのことであった。現地の人々がコサック兵に語った話によると、その昔、海からアムール川を遡って当地を巡幸した中国の皇帝が、記念に石碑と鐘を建てたという。」とある。この手稿は1910年になって始めてカザンで出版されたが、1692年にオランダ人のN.Witsenが刊行した『北タルタリアと東タルタリア』（アムステルダム）第2巻にすでにその一部を引用していることによれば、早くも石碑の存在はヨーロッパに伝承されていた。1850年7月にロシアの軍人G.I.ネヴェリスコーイ大尉が船で特林を訪れた際に「ネヴェリスコーイ発見の古代石柱図」として石碑を記述しており、東シベリア総督N.N.ムラヴィヨフの同年11月27日付け皇帝ニコライ1世宛ての報告書に添えられている。1854年に現地を訪れたロシア人の極東研究者G.M.ペルミーキンが始めて石碑およびその周辺の遺跡を詳しく調査したうえ、それらの絵を描き残した。かれは特林の断崖上に高さ1.42mの文字の刻まれた同型の石碑を二座発見した。1856-57年にアムール川下流域を訪れた美術学者のE.E.メイヨールの書簡には「同じ形の柱か石碑の礎石が見えて」という記述が見える。同じ1850年代にアメリカ人のP.

---

① A.R.アルテーミエフ『ヌルガン永寧寺遺跡と碑文─15世紀の北東アジアとアイヌ民族─』菊池俊彦・中村和之監修、垣内あと訳、北海道大学出版会、2008年。

第二節　石碑の発見と関係する記述

　M.コリンズがアムール川下流域を訪れ、石碑と寺院の遺跡についての詳細な記述を残した。1873年に特林の遺跡を調査したのはC.N.パノーフとクスチェールであった。1875-76年に写真家のラーニンが特林の断崖と石碑を撮影した。

　中国人で最初に石碑の存在にふれたのは、順治十六年（1659）～康熙二十年（1681）に寧古塔（中国黒龍江省寧安県）に流謫されていた呉兆騫（漢槎[1631-84]）である。かれの詩作『送阿佐領奉使黒斤』に「曲棧荒林紛積阻、剥落殘碑昧今古」とあり、さらに注に「老羌屢侵掠黒斤、非牙哈諸種、寧古塔歳出大師救之、康煕三年（1664）五月、大将軍巴公乗大雪襲破之于烏龍江、自是辺患稍息。」とある。巴公は、すなわち巴海である。巴海の出征を送る詩作『送巴参領』にも「跡荒青海外、駅断雪山西、上将銘功処、残碑待爾題」（『秋笳集』巻二）とあるが、二カ所の残碑ともに永寧寺記碑を指すものである。そうしたことから、遅くとも康煕三年（1664）までに、永寧寺記碑の存在はすでに中国人に知られていた。

　その次は康煕年間の楊賓（可師[1650-1720]）である。かれが著した『柳辺紀略』に、

> 己巳年、人伝飛牙喀一碑、本属漢文而訳為満、不能録大要。其地為二崗国。十年教養之後、立此碑版。後書東唐国鎮守満種山、将軍馬元亮。又有都指揮同知官名。

とある。己巳年は、康煕二十八年（1689）に当たる。飛牙喀は呉の詩作に見える非牙哈であり、すなわち碑文に記される「吉列迷」である。二崗国は、碑文に記される「奴児干国」のさほど適切でない訳音である。

　さらに、乾隆元年（1736）に編纂された『盛京通志』巻十五/海辺古城に「城東北三千余里、在混同江東南入海処、城外有元時石碑、路遠莫考其詳。」とある。古城とは、奴児干都司所在地の遺跡であろう。碑の背面にモンゴル文字が刻まれていることによって、元碑と間違えられたようである。乾隆・嘉慶年間に二度にわたって編修された『大清一統志』にはともに「殿山、在寧古塔城東北二千七百二十里、上有二碑」と記載されている。

　碑文の内容と年代が本格的に紹介されたのは、光緒十一年（1885）に曹廷傑（彝卿）が石碑所在地を訪れてからである。その前に、かれはすでに『東北辺防輯要』に、黒龍江下流域に「碑額曰永寧寺」という石碑があることにふれた上に「今三姓人貿易東海者多知之、亦多見之。惟王守礼、守智兄弟親至碑所、思拓其文、因被俄夷禁阻未果。故其弟守信能為余述其詳云。」と記述している。こうしてみれば、1885年より前に、石碑所在地まで踏み込んだ中国商人もいたのである。曹氏によって始めて石碑の年代が明代に属し、その内容は明朝が奴児干地方を経営した始末を記述したものであることが明らかにされた。かれが著した『西伯利東偏紀要』（光緒十一年[1885]）第64～65条に、

> 一、査廟爾上二百五十余里、混同江東岸特林地方、有石礪壁立江辺、形若城闕、高十余丈、上有明碑二、一刻勅建永寧寺記、一刻宣徳六年重建永寧寺記、皆述太監亦失哈征服奴児干海及海中苦夷事。論者咸謂明之東北辺塞、尽于鉄嶺開原、今以二碑證之、

第三章 『永寧寺記碑』

其説殊不足拠。謹将二碑各搨呈一分、咨。
一、査勅建永寧寺碑陰有二体字碑文、其碑両旁有四体字碑文。惟唵嘛呢叭嚩吽六字漢文可識、余五体俱不能辨。

とあり、さらに『東三省輿地図説』(光緒二十四年 [1898]) の「特林碑説之一」に

按『通志』載、寧古塔東北二千七百二十里殿山、又称殿山嘴、上有二碑。楊賓『柳辺紀略』載、康熙庚午、与俄羅斯分界、固山額真巴海等分三道至咸伊克阿林、一従亨烏喇入、一従格林必拉入、一従北海繞入、遂立碑于山上、碑刻満洲・俄羅斯・喀爾喀文。今特林二碑、一刻「永寧寺記」、一刻「宣徳六年重建永寧寺記」、皆述明太監亦失哈征服奴児干海及東海苦夷事。其小碑之陰有二体字、両旁又各有四体字、或即巴海等分界時所刻也。

とある。

石碑の拓本を最初に採ったのも曹氏である。『庫頁島志略』(葉十一下〜十二下) に引用される甘蕖樵の『明奴児干永寧寺二碑跋』によれば、「一呈希侯、一呈枢府、一呈総督、一自蔵。余二本為喇嘛持去呈俄政府、海内無第五本。蓋彝卿自述如此。」とのことだが、希侯・枢府・総督とは、それぞれ当時の吉林将軍希元・軍機処・かつて湖南巡撫であった呉大澂を指す。

曹廷傑の持ち帰った拓本をもとに、『吉林通志』(光緒十七年[1891]刻本) の金石志に最初の釈文が公表された。

日本の探険家間宮林蔵が文化六年 (1809) 7月2日にアムール川を下った際に舟の上から石碑を遠望し、その著作である『東韃地方紀行』にその詳細を描き残した。

1891年、二座の石碑はロシア人によりウラジオストークへ船で運ばれた。その後、日本の白鳥庫吉 (1909) と梅原末治 (1930) によって碑文の採拓は2度行われている。

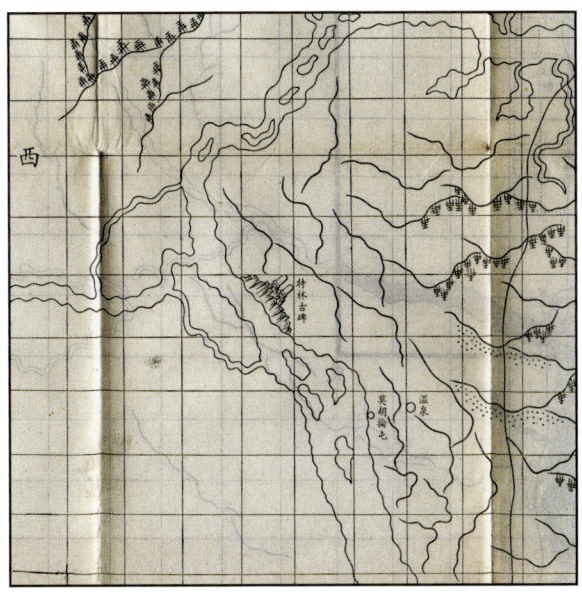

曹廷傑作製の「廟爾図」

永寧寺記碑陽拓本　　永寧寺記碑陰拓本　　碑側拓本

第三節　石碑文字の性格

　『永寧寺記碑』は大理石を石材とする、高さは105cm、幅は49cm、碑側の幅は左24、右26cmである[①]。石碑左側の頂部に3カ所の凹みがあり、右側の足端にこぶしほどの大きさの欠損があり、運搬の際についた傷であろう[②]。

　碑陽の額に漢文「永寧寺記」4字が右から左へ横書きで刻まれており、碑陽に刻まれた漢文は30行で、行ごとに62字となっている。第6、7、12行は二字、第11、15行は1字擡頭している。第20行から第30行に見える職官の姓名は、正文より19字下げられ、字体もやや小さい。碑陰の額に横題のモンゴル文「奴児干永寧寺」4字が左から右へ刻まれており、碑陰のモンゴル文と女真文はそれぞれ15行を占めている。モンゴル文は左から右へ、女真文は右から左へ書かれている。四体文字の「六字真言」は、碑の左右両側ともに同じである。

　女真文とモンゴル文とは碑陰の一面を占めており、碑文の題額はモンゴル文だけで女真文がない。

題額：

　　　nurgel　　juŋ　　niŋ　　süm-e
　　　奴児干　　永　　寧　　寺

　石碑の両側に刻まれている四体文字の「六字真言」[③]は二行にわかれ、行ごとに上下二段に分けられる。右の上は漢文、右の下はモンゴル文、左の上は蔵文、左の下には女真文となっている。

[①] A.R.アルテーミエフ『ヌルガン永寧寺遺跡と碑文―15世紀の北東アジアとアイヌ民族―』菊池俊彦・中村和之監修、垣内あと訳、北海道大学出版会、2008年。

[②] 洪牧「永寧寺碑新考」、『黒龍江省集郵学術文選2006～2007』黒龍江人民出版社、2007年。

[③] 永寧寺記碑側のほか、宣徳年間の寺院址で見つかった石板にも六字真言が漢字で刻まれているが、石碑の「㖄」を「吽」とする。「蓮華の上の宝珠」など複数の釈義がある。観音菩薩の慈悲を表現した真言であるため、観音六字とも呼ばれ、それを唱えれば、悪事から観音菩薩が加護してくれるというもので、石・銅鏡・建築物のほか、とくに転経輪（チベット語でMani Kor-loと呼ぶ）の内外にも六字真言が刻まれて信仰されている。ところが、契丹時代の亭閣式転経輪（即ちMani Sot-kol）にそれが見出されず、墓誌の抜き書きがその代わりとなっていることは、興味深く思われる。

　女真大字で表記されたこの六字真言は、padとhumの尾子音が附かないことが一つの特徴となっている。それは女真大字にpadやhumのような音節を表記するものがない上に、複数の字で組み合わせて表記することを避けるためである。

第三節　石碑文字の性格

漢文：	唵	嘛	呢	叭	嚩	吽
モンゴル文：	om	ma	ni	bad	mi	quŋ
蔵文：	om	ma	ni	pad	me	hum
女真文：	am	ma	ni	ba	mi	hu

　碑陰のモンゴル文と女真文は、碑陽の漢文よりずっと簡略で、逐語的に対訳したものではない。しかも言い回しにおいて若干の変動も見られる。しかしながら、女真文とモンゴル文が基本的に一致していることから、同じ原稿に基づいたものではないかと思われる。モンゴル文にのみ刻まれた碑陰の額題から見れば、女真文の訳文はモンゴル文のそれを参照したものではないかと推測されるかもしれないが、最後の行のモンゴル文の「阿魯不花が訳した」という表現に対して、女真文には「女真文を書いた人は遼東の女真康安である」とあって、「女真文を訳した人」のように記されていないことから、やはり女真文のほうが原本であったと思われる。文中のいくつかの表現についても漢文に対比すれば同じ結論が導かれる。たとえば、(1) 漢文「先是、已建観音堂于其上、今造寺塑仏」の一句は、女真文はほぼそのまま表現しているのに対し、モンゴル文は「観音堂の外に寺を建て」となっており、(2) 漢文の「九夷八蛮」は女真文においてほぼ直訳されているが、モンゴル文の方は「沙陀（回回）……モンゴル」のような意訳をしている。(3) 漢文「依土立興衛所」は明らかに奴児干都司万戸衛門の設置を指すもので、女真文は「万戸衛門を建てさせ」という表現をとるのに対して、モンゴル文の方は「万の衛門を建てさせ」となっており、「万戸」の意味がまったく理解されていない。要するに、邢枢が撰した漢文を手本に略写した文章がまず女真語に訳するのに用いられ、モンゴル語訳文は女真語のそれに基づいて書き上げられたと考えられる。

第三章 『永寧寺記碑』

第四節　女真大字碑文の研究史

　碑文の研究については、各国の学者によるおびただしい著作があり、その内容も多岐にわたる[①]。
　女真大字碑文に関する紹介と研究には、Grube W., Vorläufige Mitteilung über die bei Nikolajeusk am Amur aufgefundenen Jucen Inschriften. Berlin, 1897, 羅福成「明奴児干永寧寺記碑女真国書図釈」(『満洲学報』第5期、1937年12月)、安馬弥一郎『女真文金石志稿』(京都碧文堂、1943年)および長田夏樹『奴児干永寧寺記碑蒙古女真釈稿』(『石浜純太郎先生古稀記念論叢』、1958年]11月、関西大学文学部東洋史研究室石濱先生古稀紀念会編) などがある。
　女真大字碑文の解読を画期的に飛躍させたのは、金光平・金啓孮『女真語言文字研究』に載せる「永寧寺碑」の訳釈である。実のところ、この書物の原稿は1940年代にすでに完成していたが、1964年になってはじめて『内蒙古大学学報』特集号の形で世に問われ、1980年文物出版社によって出版された。
　筆者の本章における考証と解釈は、金啓孮所蔵の拓本写真および京都大学所蔵の拓本に基づき、金光平・金啓孮『女真語言文字研究』の録文を参考にした、『永寧寺記碑』の女真文に関する最新かつ全面的な釈文を施したものであり、解読した単語数はこれまでで最も多い231個に、録出した女真大字もこれまでで最も多い676個に達している。
　『重建永寧寺記碑』の碑文は漢字のみであるが、『永寧寺記碑』の方は、碑陽に漢文、碑陰にモンゴル文と女真文、さらに碑の両側に漢・モンゴル・蔵・女真四体文字の「六字真言」がそれぞれ刻まれてある。本章は碑陰と碑側の女真文を中心に解読を行うものだが、対比研究のために、保存状態が女真文よりずっとひどくなっているモンゴル文の対応する部分を女真文の各行に並べておく。国際音声字母に転写したモンゴル文は、鐘民岩・那森柏・金啓孮共著の「明代奴児干永寧寺碑記校釈」(『考古学報』1975年2期)を主に参照した。

---

① 主なものをここで並べておく。内藤湖南「奴児干永寧寺二碑補考」、『東北文化研究』2-2～5、1929年6月。中村和之「奴児干永寧寺碑文をめぐって」、『彷書月刊』9-5、1993年3月。矢島睿・右代啓視・山田悟郎「永寧寺碑について」、1993年度「北の歴史・文化交流研究事業」中間報告、『北海道考古学』30、1994年3月。斉藤利男・佐々木馨「ロシア連邦内での奴児干都司・永寧寺跡および永寧寺碑・重建永寧寺碑、調査報告」、『青森県史研究』第5号、青森県史編纂室。2000年11月。なお、A.R.アルテーミエフ『ヌルガン永寧寺遺跡と碑文—15世紀の北東アジアとアイヌ民族—』は次のものを挙げている。L.リゲティ「特林の女真語碑文：呪文唵嘛呢叭嚧吽」、『ハンガリー科学アカデミー東洋学紀要』第12巻、ブダペスト、1961年。pp.5～25。V.P.ヴァシーリエフ「アムール川の河口近くの特林の崖の上にある遺跡で発見された碑文についての覚書」、『科学アカデミーサンクトペテルブルク通報』第4巻、1896年。 P.ポポーフ「特林の遺跡について」、『ロシア考古協会東方支部紀要』第16巻第1冊、イルクーツク。1905年。

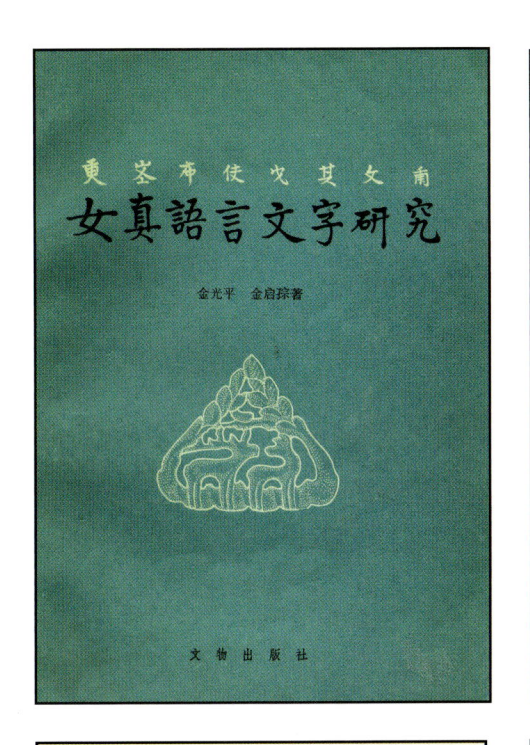

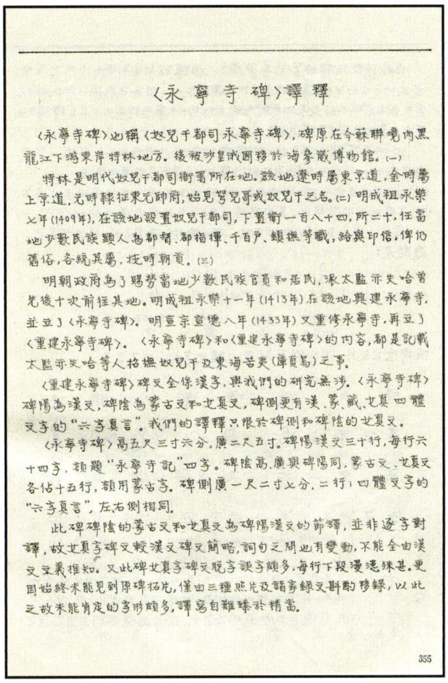

第四節　女真大字碑文の研究史

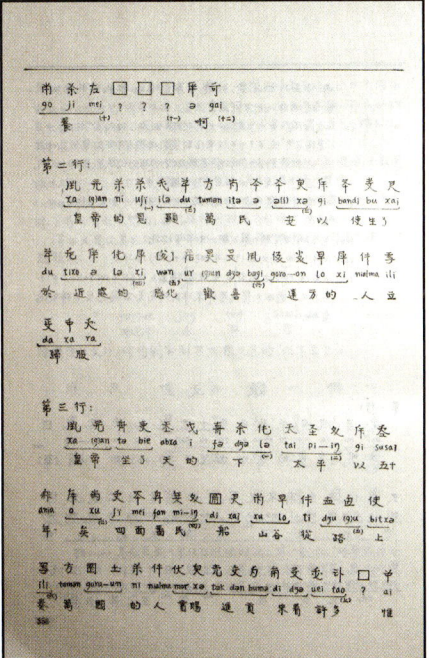

「『永寧寺碑』訳釈」（金光平・金啓孮『女真語言文字研究』、文物出版社、1980年）

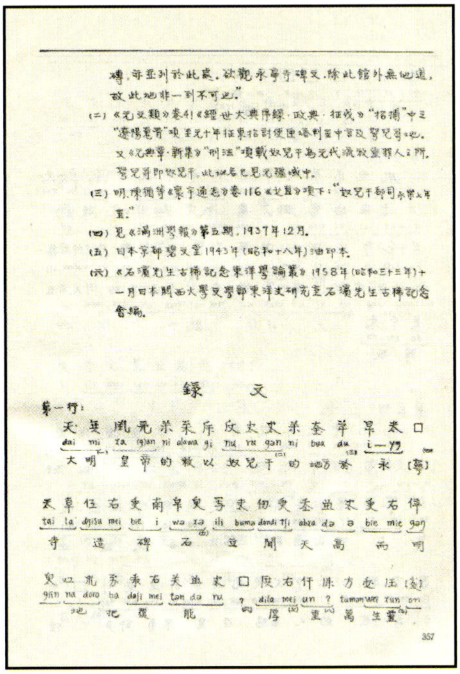

第五節　女真大字碑文の言語的背景

　本碑文は、金代以降に発見された唯一の女真大字石刻である。金代石刻と較べると、字体や綴りから音韻の表記にいたるまで諸々の面で異同が顕著である。それが、時代的かつ方言的に起こった音韻変化が文字に反映されたものであることはいうまでもない。綴りの相違から往々にして発音の変化が窺われる。同時代においても異なった綴りは方言的差異の存在を意味している。

　本碑文が記録した女真語は、女真大字の書写者「遼東女真康安」自身が使用していた一種の女真方言にちがいない、ここではしばらく「遼東女真語」と呼ぶことにする。時間的にいえば、四夷館『女真訳語』より降り、方言的にいえば四夷館『女真訳語』と会同館『女真訳語』とのどちらとも異なるところが見えており、とくに後者に代表される海西女真方言との隔たりが大きい。

一　音韻上の特徴

　遼東女真語の音韻上の一大特徴は、語尾（または語幹末）における子音ないし音節の普遍的脱落にある。それは契丹語を中世モンゴル語と較べて得られる特徴と似ているように思われる。こうした現象は、会同館『女真訳語』およびツングース南語派に属するウデヘ語にもよく見られる。音韻上の変異が文字に反映された、「表意字への回帰」と呼ばれる現象が現れており、その数は四夷館『女真訳語』を上回る。このような現象が発生した言語的背景には、語尾に位置する音韻が変化したり脱落したりしたことがある（「表意字の置換」と「表音字の縮減」にも「表意字への回帰」と類似する現象が含まれており、やはり『永寧寺記碑』にもっとも多く見られる）。

　「表意字への回帰」とは、【Ⅰ表意字→Ⅱ表意字＋表音字→Ⅲ表意字】という変化の過程を指す。Ⅲ段階の表意字は、うわべはⅠ段階の表意字に同じように見えるが、事実上すでに根本的変化が起こったことによって、Ⅲ段階の表意字とⅠ段階の表意字とはそれぞれ表示する音韻に歴然たる差異が生じている。というのは、Ⅰ段階の表意字が代表するのは単語全体の音節だが、Ⅱ段階の「表意字＋表音字」に移行したのちに、表意字はもはや単語全体ではなく、語頭音節（または第二音節をも加える）のみの音韻を代表し、後続の表音字が語尾子音の音韻のみを表示する場合、もとの表意字のⅡ段階における音価は、語尾子音を除いた部分の音価となるのである。Ⅱ段階からさらにⅢ段階へ移行すれば、後続の表音字がその存在価値を失って脱落し、Ⅰ段階における表意字とまったく同じ形式に回帰する。こうしたうわべだけの同形には実に音韻変化の歴史過程が潜んでおり、ゆえにⅢ段階を古い書き方の保存や原始表意字の踏襲と見なすことはできない。『女直字書』・金代石刻および『女真訳語』との比較によって証明されたように、「表意字への回帰」という現象が出現したのは、Ⅱ段階における表音字に代表される音韻（語尾子音または語尾音節）が脱落したり変化したりしたことによって、表音字自身の存在価値が失われたためである。「表意字への回帰」は、音韻変化が文字上に表現されたものであり、そうした変化後の音韻構造を明確に表すために文字が言語に接近した結果でもある。だから、表意字への回帰と表音字の置換には同工異曲の効果があり、

第五節　女真大字碑文の言語的背景

両者ともに発音を適切に表現することを共通の目的としたものといえる。
　下表は、金代石刻・明代『女真訳語』と比較した場合、『永寧寺記碑』の対応する単語に「表意字への回帰」が認められる事例である。

Ⅰ表意字	Ⅱ表意字＋表音字	Ⅲ表意字	
女直字書	金代石刻・女真訳語	永寧寺記碑	女真訳語
炎*mon	炎夊*mon		炎*mo
朮*jaran	朮米*jaran		朮*jara
肯*itəgə	肯任*itəgə	肯*itə	
先*ʃiraga	先夊*ʃiraga, 先夬*ʃiraha	先*ʃira	
乑*hahai	乑兇*hahai	乑*haha	
仓*həhəi	仓羊*həhəi	仓*həhə	
帚*holdon	帚夊*holdon		帚*holdo
肙*sajin	肙米*sajan, 肙列*sajin	肙*sai	
夯*aʧin	夯列*aʧin	夯*aʧi	夯*aʧi

　Ⅲ段階における一部の表意字については、『女直字書』に現れていなくても、Ⅱ段階に見える用法およびⅢ段階での「回帰」形式によって推測すれば、Ⅰ段階に当たる最初の表意字を推定できる。たとえば以下の如くである。

（表意字）	Ⅱ表意字＋表音字	Ⅲ表意字	
	金代石刻・女真訳語	永寧寺記碑	女真訳語
片*ʨon	片夊*ʨon	片*ʨo	
庋*kalan	庋米*kalan	庋*kala	庋*kala
会*pərgi	会镸*pərgi		会*fəʨi
冬*amban	冬米*amban	冬*amba	
今*oson	今夊*oson	今*oso	

　元来表意字をもたない語にも音韻の変化によって類似的な「表意字の回帰」が見えている。

仮借字	Ⅱ仮借字＋表音字	表意字
	金代石刻・女真訳語	永寧寺記碑
光*ono	友光*ono, 光夊*onon	光*ono

第三章　『永寧寺記碑』

夻*gəmu(r)	夻芈*gəmur	夻*gəmu
抝*gə	抝古*gən	抝*gə
为*duli	为夊*duliŋ	为*duli

　以上に掲げた例語については、「表意字への回帰」となる表現が『永寧寺記碑』に見えている。上述のように、語尾（または語幹末）における子音ないし音節の普遍的脱落は本碑文の音韻上の一大特徴であり、文字に反映される数は、同時代の『女真訳語』より多い。

　「表意字の置換」も「表意字への回帰」と同じ意義をもつ表現形式である。置換された字が表示する音韻はもとの表意字のそれと較べると、音節構造での異同が見えており、置換の目的は、文字を単語の発音の変化に適応させることにある。たとえば以下の如くである。

最初の表意字	表意字＋表音字	最初の表意字に回帰せざる表音字
玫*pon	玫乐*pon	失*fo
夯*tuhə	夯呆*tuwə	羊*tu

　『永寧寺記碑』が記す遼東女真語の「刻む」は、語幹末の-n子音を脱落したfoだが、最初の表意字玫に回帰せずに「スモモ」を表す表意字失に置換して、その語頭音節だけを取りだし「刻む」の語幹音節を表示させている。こうした現象は、広義の「表意字への回帰」といえる。
　『永寧寺記碑』が記す遼東女真語の「帰する」は、語幹の音韻形式tuがウリチ・オロッコ・ナナイ諸語に相似するが、『大金得勝陀頌碑』の关呆*tuhəおよび『女真訳語』が記す方言とは異なり、発音の変化によって羊に差し替えたものである。

　「表意字への回帰」と同じ意義をもつ今一つの表現形式は「表音字の縮減」である。縮減とは、Ⅱ段階での表意字に２個の表音字を附加したのち、附加された二番目の表音字で示された語尾（または語幹末）の音韻に変化が発生し、文字にそうした変化を表示させるために、この二番目の表音字がまず縮減されるのである。たとえば以下の如くである。

Ⅰ表意字	Ⅱ表意字＋表音字①＋表音字②	Ⅲ表意字＋表音字①
天*tairan	天卓米*tairan	天卓*taira
尼*ʨalan	尼友米*ʨalan	尼友*ʨala
伏*mərhər	伏夗芈*mərhər	伏夗*mərhə

　「表音字の置換」も綴りと発音との間に生じた食い違いを克服するための方法の一つである。音

第五節　女真大字碑文の言語的背景

韻の変動は、女真語においては往々にして語尾や語幹末に現れるので、そこに位置する表音字が頻繁に置換される。たとえば以下の如くである。

I 表意字	II 表意字＋表音字①	III 表意字＋表音字②
〓 *dəgdən	〓〓 *dəgdən	〓〓 *dəgdə
〓 *doron	〓〓 *doron	〓〓 *doro
〓 *saldai	〓〓 *saldai	〓〓 *saktai

「老」という語は、金代では〓 *saldaiと〓〓 *saktaiの2種類の発音があるため、それぞれ異なる綴りを用いる。『永寧寺記碑』は『女真訳語』と同じsaldaiなので、綴りも同じく〓〓としている。〓〓のような語尾のみならず語頭の音韻にさえ変化が起こったことにより表意字にまで変更をもたらす例は、『永寧寺記碑』と『女真訳語』にも見える。たとえば以下の如くである。

I 表意字	II 表意字＋表音字	III 表音字＋表音字
〓 *pamaga	〓〓 *pamağa	〓〓 *falia
〓 *ʃiğun		〓〓 *ʃiuwun

〓は「部落、邦」の表意字で、『女直字書』に見える。金代石刻では〓〓、『女真訳語』では〓〓のように書き綴る。どちらも表意字に表音字を後続させる形となるが、『永寧寺記碑』だけは、〓〓のような表音字を組み合わせる表記をとっている。それは、碑文の書写者がもとの綴りを忘れたのではなくて、自らの遼東方言にpamaga→famağa→*faliaという音韻変化が起こったため、それを書き写すのに表音字を改めたのである。

〓は「太陽」の表意字で、『女直字書』と金代石刻に見られる。『永寧寺記碑』はそれを襲用することによって、音韻面では相変わらずʃiğunとなるようだが、『女真訳語』は第二音節u母音の影響のもとで第一音節でʃi→ʃiuのような変容が起こったことで、文字面で〓→〓〓の変更に及んでいる。

元来表意字をもたない語にも音韻の変化によって類似的な「表音字の置換」が見えている。

I 表音字＋表音字①	II 表音字＋表音字②	
金代石刻	永寧寺記碑	女真訳語
	〓〓 *dəgən	〓〓 *dəgə
〓〓 *oron	〓〓 *oro	

第三章 『永寧寺記碑』

侈乇*goron, 侈乐*goro	侈炎*goron	侈乐*goro
盃甲*ʧauha	盃尺*ʧauhai	盃甲*ʧauha
	甬甲*diha, 甬尺*dihai	
肖光*saiʃa	肖朱*saiso	肖昼*saiʃu
会仒*pərgi	舟夻*fəʨi-	舟夻, 会*fəʨi-
扫呎夂*gəgiən	伻更*gəŋgiən	伻更*gəŋgiən
兎朶*tətü'ö	兎左舟*ətuku	厇乇*ətuhun
	丯屯*jorin-	同同*jojo-
	亥刈凡*təjərə	炙光*təgirə

　並史（高い）は『女真訳語』においては語尾n子音脱落のため、異なった綴り方並禿をとるようになる。金代石刻の功反（路）から『永寧寺記碑』の刋宛（興地）までの変更も、同じ原因に基づく。

　侈炎（遠い）は、金代石刻においてすでに侈乇と侈乐の2種類の綴りがあるが、後者の方が示すのは語尾n子音の脱落であり、それは早くも金代のある方言に現れ、『女真訳語』が同じ綴りをとっている。『永寧寺記碑』における侈炎の綴りは、元来「エンジュ」を示すもので、異なる綴りを用いて同音の「遠い」と区別をつけるのである。ここから見れば、遼東女真語の「エンジュ」の発音はすでに金代とは違って、goroに変わっていたことを推測しうる。

　盃尺（軍）は金代石刻と『女真訳語』ともに盃甲のように綴られている。名詞語尾に位置する母音が複母音化することは『永寧寺記碑』の一つの特徴とはいえ、語尾音節を示す表音字は尺に差し替えられている。こうした音韻変化が発展の途中にあることは甬尺と甬甲のような併存形より窺われる。ほかにはなお禹尺*imahaiがあり、女真文には同語が見えないが、満洲語のimataはそれの対応語となる。

　肖朱（よい）と『女真訳語』の肖昼とは、金代石刻の肖光に対応するものだが、第二音節の音韻が異なっているので、それぞれ異なる表音字を後続する形となる。

　舟夻（下）は、金代石刻で会仒のように綴られているが、『永寧寺記碑』においては音韻変化のため綴り方が全般的に変更している。『女真訳語』では、舟夻と会との併用が見られるが、後者の示す音韻はもはや金代のpərgiでなくfəʨiである。

　『永寧寺記碑』の伻と『女真訳語』の伻は互いに異体となり、どちらも金代に見えない表音字で、両者の綴った語「明るい」は同音である。金代石刻の扫呎夂に表示されるように、第一音節末にあるŋは明代に至って二次的に発生したものである。

　ほかには、关休*tuli-／再*tuli-と庤昃旻凡*urğunʨə-rə／庤什旻夻*urğunʨə-rəのように、

音韻面の変動が生じていないが、異なる表音字で綴る語も『永寧寺記碑』と『女真訳語』との対比によって確認される。

　語頭母音ないし音節の脱落は、女真語と親族言語との比較によって確認される音韻変化である。『永寧寺記碑』に現れる**盃里***ʃihaはそうした例となり、会同館『女真訳語』のaʃaおよび満洲語のaʃiha・aʃihanと対応する語だが、語頭のa母音だけは脱落している。類似した事例は、
　a母音の脱落：huri（四夷館『女真訳語』）／ahuri（『金史・金国語解』）
　u母音の脱落：jəgĩ（ソロン語）jəgin（エヴェンキ語）jəji（ウデヘ語）／ujəwun（『永寧寺記碑』・四夷館『女真訳語』）ujun（会同館『女真訳語』・満洲語）、jə：（ウデヘ語）／ujəhə（四夷館『女真訳語』）uihə（会同館『女真訳語』・満洲語）
　i母音の脱落：təgə：（エヴェンキ語）təgə（エヴェン語）／itəgə（四夷館『女真訳語』）itə（会同館『女真訳語』）
に看取される。

　音位転倒という現象も、親族言語や方言に普遍的に存在している。『永寧寺記碑』に現れる**夬厈伋***kəkəŋlə-はそうした例である。語根の音韻形式につき、『女真訳語』および親族諸語の同語はすべてkəŋkə-のように並べており、『永寧寺記碑』だけに音位転倒が生じたと思われる。そのため、文字の綴りもこうした音韻変化に合わせて**厈夬伋→夬厈伋**と並べかえるに至っている。類似した事例を挙げれば、*nogor（『金史』）／*norgo（金代石刻）、*əmərgən（『女直字書』）／*əŋgəməi（四夷館『女真訳語』）、*ongonso（金代石刻）／oŋgoʃon（満洲語）、の如くである。

二　語彙上の特徴

　次に、遼東女真語における語彙上の特徴を分析してみよう。
　キ一*ʥua əmu（十一）。女真語の10位の数詞が、契丹語に由来することは上述の如くだが、十一から十九までの数詞は、「十」プラス基数詞という満洲語のような晩期的な形式(満洲語では、十五および十一月と十二月の場合に使う十一と十二のみ、変異していない)をとらず、契丹語の序数詞語幹プラス10桁を示す語尾のように1個の単語として組み立てる。よって、文字上ではそれぞれ1個の表意字をもって表すことが、金朝初期の『女直字書』より明朝初期の『女真訳語』にかけて一貫して用いられていた。ところが、方言変異の不揃いが原因で、早くも金末においてすでに満洲語のような晩期形（「十五」の表現は満洲語よりさらに進んでいる）が出現した。

固有形		変異形	
『女直字書』	『女真訳語』		
乇	乇	キ一（糸）『永寧寺』 *ʥuan əmu（bia）『会同館』	11

			12
口	卫	キヲ(日)『進士碑』	13
乇	兌		14
丘	표	キ玌(日)『進士碑』	15
之	仝		16
卫	土		17
歩	歩		18
义	乇		19

二キ二 *ʤuə ʤua ʤuə（二十二）。二十から九十までの女真語にも同様な変異が出現した。しかしながら、非変異形の共存（え圡 *orin ʃunʤa）より、遼東女真語には転型期にある口語の不安定性が窺われる。

	固有形	変異形	
	『女直字書』	『女真訳語』	
	え	ス	二キ二(日)『永寧寺』	20
	夂	夂		30
	夻	夻		40
	坙	坙		50
	仟	仟		60
	马	马		70
	圡	歩		80
	土	土		90

　上表に示されるように、明代女真語において、満洲語より早い変異が先行していることは、『永寧寺記碑』および会同館『女真訳語』に見える。しかもそうした動きの前ぶれは、金朝末期にまで遡りうる。

　夲 *oso（小さい）。女真固有の語彙で金代女真語 *oson を継承しつつ語尾音韻を減少させ、amba（大きい）の対語となっている。それに修飾される名詞としては、「城」「官」「道」などが数えられる。ところが会同館『女真訳語』では、*oso が「少ない」の意味へ変転し、今一つの *aʃa が「小さい」の意味を担うようになっており、それに修飾される名詞としては、「雨」「河」「豚」などが見える。*aʃa は、『永寧寺記碑』の盂里 *ʃiha に当たり、その本義は元来「幼い」である。さらに満洲語に至ると、「小さい」の意味を担うのは、ほとんど女真語には見えない aʤigə に独占され、

第五節　女真大字碑文の言語的背景

*osoのなごりをとどめるosohonの使用はかなり狭い範囲に限られており、しかも連語構成の機能が完全に喪失してしまっている。

肯夲*itə-1（民[複数]）と氏厇*irgən（民）。前者は金朝初期の女真語にすでに現れ、ツングース北語派に属するエヴェンキ語とエヴェン語にのみ同源語が見出される。後者は『永寧寺記碑』と四夷館『女真訳語』に初見し、モンゴル語由来の借用語である。ところが、満洲語に至っては、固有語の前者が消えてしまい、外来語の後者ばかりによって「民」の意義を担うようになる。ここから、元明時代の女真人がモンゴル文化を受容した結果、外来のモンゴル語彙が固有の語彙に侵入し、一定期間の併用を経てからついに固有語彙に取って代わったことがわかる。『永寧寺記碑』はまさにこうした歴史状況を反映しており、ちょうどかつての古モンゴル語が突厥語の影響を受けて大量な古モンゴル固有語を喪失させてしまった[①]ことと同様である。

三　文法上の特徴

遼東女真語のもう一つの特徴は、母音調和の緩みによる文法語尾の減少にある。

金代石刻および『女真訳語』に見える副動詞語尾夨*-mai／右*-məiは、動詞語幹の性別によって母音調和しているが、『永寧寺記碑』では、-məiを示す右だけが見え、-maiを示す夨が一カ所も現れず、動詞語幹と語尾との間にかつて存在していた母音調和が、この語尾において最初に消失したことを窺わせる。実際のところ、金代石刻の-mai／-məiにおいても語幹との母音調和による区分はすでに厳密にはなされていなかったが、『女真訳語』はそれを受けつぎながら文字上では夨と右との併存を維持している。会同館『女真訳語』においては、-mai／-məiに当たる副動詞語尾を一つの-məで示し、音韻上では満洲語と完全に同形式になっている。

副動詞語尾夨*-mai／右*-məi				
永寧寺記碑	女真訳語			
	女性・中性	男性	男性・中性	女性・外来語幹
更右	攴侷右	金弁右	夃夊夨	毘佋夨
乗右	隼刈右	半㐂右	朱夨	亀夊夨
長夊右	壬刈右	矢休右	長夊夨	又夊夨
伝右	式邑右	屎右	炱甬夨	炏夊夨

---

① 契丹語研究の進展による大量な契丹語彙の解読は、モンゴル語族の古代のありかたを復元する高い価値をもつ。契丹語には数多くの古語彙が保存されており、qaʤu（鉄）はその一つに数えられる。モンゴル諸語はおおむね突厥語由来のtemurに転用するようになり、ダフール語にのみqaʤuのなごりであるkaso:が保存されているが、造語の機能はすでに喪失している。これに対して、契丹語はqaʤuを語根とする単語群をもっている。

第三章 『永寧寺記碑』

　金代石刻に見える与位格語尾には二組の形式があり、位置を示す 朶*-do／羋（朶）*-döと、対象を示す 夂*lu／攴*duluである。後者の方は、『女真訳語』にはすでに見えなくなっており、母音調和に支配される*-do／*-döは転じて 朶*-do／刅*-duのように表されている。『永寧寺記碑』は『女真訳語』と同様に-do／-duをとるが、-duを金代石刻の羋で表記する（ちなみに羋は『女真訳語』に見えない。刅は『永寧寺記碑』では方位詞語尾に用いる）。それにもかかわらず、与位格語尾における母音調和による使い分けは、『永寧寺記碑』においてはすでに弛緩状態を呈しており、羋の附く 奎*buğa・羍炗尺*bandibuhai・我荓*falia・甪甲*diha・丕*abuga・件*niarma・斊*saiに表れている。こうしてみると、格語尾の母音調和による使い分けの消失は、おそらく同時に発生したことではなく、与位格語尾における消失が先行したのであり、対格語尾や『永寧寺記碑』のみに見える奪格b語尾の母音調和による使い分けはなお整然として乱れていない。会同館『女真訳語』においては、-do／-duに当たる格語尾が悉く-dəに変わっており、やはり満洲語と同じなる。

与位格語尾 朶*-do／羋*-du、朶*-do／刅*-du

	永寧寺記碑	女真訳語
朶	尼炗*ʤala	奎*buğa
	朶*ania	玟炎*fon
		帀求*andan
羋	奎*buğa	南笌*isuən

第五節　女真大字碑文の言語的背景

夬	杀氏 *uʃir	
	羍叓尺 *bandibuhai	
	我莽 *falia	
	半 *muʒilən	
	甪申 *diha	
	丕 *abuga	
	厌丈史 *nurgən	
	件 *niarma	
	肖 *sai	
	盂羑 *ərgə	
	伎 *bithə	

　　金代石刻に見える対格語尾は孨*-ba／尓*-wa／史*-bə／兎*-boの四つもあり、それぞれ鼻子音で終わる男性語幹・非鼻子音で終わる男性語幹・女性語幹・広円唇母音語幹を接続条件として使い分けている。『女真訳語』の対格語尾が附く単語の語尾については鼻子音の有無という接続条件はすでに存在せず、従って金代の非鼻子音で終わる語に附く男性対格語尾尓は消失し、孨*-ba／史*-bə／兎*-boの三つが残されている。『永寧寺記碑』では、さらに兎も消えており（刋兎*oroに附く対格語尾が期待される兎ではなく孨であることより証明しうる）、孨と史との対立に男性・女性の要素だけが残存している。会同館『女真訳語』の対格語尾は満洲語と同様の-bəであったと思われるが、該当カ所はすべてこれを省いた形がとられている。

対格語尾 孨*-ba／史*-bə／兎*-bo		
	永寧寺記碑	女真訳語
孨	刋兎 *oro	金失 *tiktan
	夵圧 *uihan	邑桃 *tubi
	厌 *adi	
史	氏圧 *irgən	支 *uilə
	奭冽 *ulin	旱 *əhə
	肯夲 *itəl	千列 *halin
	叐丈 *buru	半 *məʒilən
	天圣夂 *tai-piŋ	字匡 *mərgə
	市斤 *taŋ	布 *hərusə

第三章 『永寧寺記碑』

		禹夲*usətən
		岸羊*ʥoni
		血盂*ʥugu
兂		乑庍*doro

　対格語尾の省略は、クローズや文脈が明らかな場合に限られており、『永寧寺記碑』では数カ所も見える（文字囲で示す）。たとえば、

　第1行　　天卓 夛 伍右
　　　　　 更南 朵臭 史 写丈
　第2行　　伏臭 史 売父刕
　第3行　　夲夷 史 叐更
　第6行　　癸攴 夛 写㳄
　第8行　　兂夵盆 夛 此凢
　　　　　 癸攴 夛 写㳄
　第10行　 天卓 夛 夨尭
　第11行　 天卓 夛 伍右
　　　　　 癸 夛 夨尭
　第12行　 孚壬 史 爻丈
　第15行　 矢叟丞 史 圧伕芉 夨尺
　　　　　 血㐅伕 史 夨尺

とある。

　『永寧寺記碑』にのみ見える奪格b語尾の母音調和に支配される二形は依然として整然として乱れていない。表示すれば以下の如くである。

奪格a語尾伔*ti		奪格b語尾	
女真訳語	永寧寺記碑	男性形杲犀*dohi	丹犀*duhi女性形
先夷*ʃiraha	尙杲*holo	先*ʃira	尺夵*haisi

　奪格b語尾の二形は『永寧寺記碑』にのみ現れるが、『女真訳語』には、奪格a語尾伔のほか、さらにモンゴル語の奪格語尾eʧeに由来する 史丞 が見え、比較という文法的意味を示すものである（朿史丞は、「比先」と訓する）。モンゴル語のeʧeそのものにも同様の文法的意味があるが、そ

第六節　女真大字碑文の書写上における特徴

れと対になる男性形afaに対応するものは『女真訳語』に現れていない。さらに、遼東女真語の奪格b語尾の二形が比較の意味をもつか否かについては、『永寧寺記碑』だけでは推定できない。

『永寧寺記碑』において造格語尾と確認できるものは六カ所あり、その中の五カ所は金代石刻と一致する斥*giだが、一カ所だけは羊*niである。羊*ni（鼻音で終わる語に接続）は、宅*i（母音で終わる語に接続）とともに主に属格を示すが、造格を示す羊は『永寧寺記碑』において初見する。属格語尾を造格に用いる事例は、ツングース諸語には見えず、満洲語にのみ類似する用法が見られる。しかしながら、金代石刻では造格を表すすべての場合には、斥*giだけが見えており、それはツングース諸語のʨiに対応するものである。明代に至ると、『永寧寺記碑』の属格・造格機能を兼ね備える羊と『女真訳語』の属格・造格機能を兼ね備える宅（造格としての用例は、受宅伏乩斧見に見える）が一例ずつ現れており、属格で造格を表す格語尾の文法的機能の拡張がかなり晩期に出現したものであり、その中には方言的要素を含んでいる可能性があることがわかる。ツングース南語派では、造格・共同格ともに同じʨiを使うのに対し、北語派の共同格には、-gili:／-gali／-lgoliが現れる。女真語には共同格が存在しないが、「同」という語には*əmʨi（四夷館『女真訳語』）／*əmdə（会同館『女真訳語』）／əmgi～əmdə（満洲語）のような対応関係がある。こうした対応はʨiとgiの間に何らかの関連性があることを示唆するものかもしれない。

伀犀・呆犀のように犀と同じような形容詞的機能を果たしている方位詞語尾は、『永寧寺記碑』にのみ見える。あるいは、それは遼東女真語にのみ属する特徴であろう。男性形夊犀は理論上存在するだけであり、現時点で女真文資料の中にはなお現れていない。方位詞の語尾は、表に示せば以下の如くである。

名詞兼副詞的方位詞語尾				形容詞的方位詞語尾			
夊*la	伀*lə	弓*lu	呆*lo	犀*hi	夊犀*lahi	伀犀*ləhi	呆犀*lohi
为夊 干夊 乄夊	冉伀 肏余伀 朿伀 贾伀 尾伀	柔房 发夂弓 余代弓	杲呆	会犀 关休犀		厄犀伀犀	伇发呆犀

第六節　女真大字碑文の書写上における特徴

『永寧寺記碑』と『女直字書』とが一致する字例：

第三章 『永寧寺記碑』

『女直字書』の字体	『女真訳語』の字体	『永寧寺記碑』の字体
丕	吞	丕
刃	列	刃
尺	見	尺
乘	秉	乘
飛	飛	飛
丞	亟	亟
岙	岙	岙
冬	夅	冬
氏	毛	氏

『永寧寺記碑』のみ異形となるもの：

『女直字書』の字体	『女真訳語』の字体	『永寧寺記碑』の字体
丞	丞	丞
囚	囚	囚
更	更	夷
伇	伇	伇
扣	扣	扣
益	益	益

『永寧寺記碑』に特有の字体：

  血　岜　圣

何カ所か字が書き漏らされている。行の順番に並べておくと、

第 1 行　　天兵（→天兵夊）
第 2 行　　奎伇炎弋（→奎伇炎弋民休斥）
第 3 行　　角旻（→角旻丈）
第 6 行　　旱杲（→旱米杲）
第 9 行　　夅（→夅見）
　　　　　齐（→齐丈）

毛舟（→毛ㄏ舟）
第12行　朱（→朱币攴）

8カ所もある。ほかにも、第3行の写の下にも動詞語尾があるはずである。こうした多くの錯誤は明朝の支配力を辺境地区にまで及ぼすという趣旨を記す碑文自身の厳かさには、まことに相応しない。漢字碑文に「鑽字匠」を羅泰安とすることから、女真文字を知らない漢人が碑文をいい加減に仕上げたものと考えざるを得ない。

第七節　碑文に見える「吉列迷」と「諸種野人」

明・厳従簡『殊域周咨録』巻二十四/女直に、永楽元年（1403）に行人邢枢が知縣張斌とともに奴児干に赴き吉列迷諸部を宣撫し、故に海西女直・野人女直の諸酋長が悉く来附したとある。「吉列迷」は、『金史』『元史』に「吉里迷」「乞列迷」[①]とする。『吉林通志』によれば、それは『元史』の「帖列滅」、『契丹国志』の「阿里眉」であるという。清朝時代に至り、その名称は「費雅喀・費雅哈・斐雅喀・非牙哈」などとなったが、ロシア人がギリヤーク（Gilyak、複数形はGilyaki）と称しているものは、コサックの兵士が附近の土人からその名称を聞いて誤伝したものである。いずれも自称ではなく他称であり、ティミイに居住するものはNixbung、黒龍江に居住するものはNibux、サハリンに居住するものはNibyxとそれぞれ自称している（みな「人」の意。ロシア語での複数形はNivkhi）[②]。アイヌ（すなわち『永寧寺記碑』第9行にある舟南）は彼らをSumerenkuruと呼び、白鳥庫吉の解するところによれば、その語はSamoro-un-guruの訛ったもので、「側にある人」の意味とのことである[③]。

女真大字碑文の第3行に「北東奴児干の部落でドンボの吉列迷野人は天下が太平になると聞いて挨拶しに行こうと思っていたが、道が遠いことで至らなかった。」とあることに対応して、漢字碑文の第4行に「惟東北奴児干国、道在三訳之表、其民曰吉列迷及諸種野人雑居焉。皆聞風慕化、未能自至。」とある。

女真大字とモンゴル文は同じgiləmiを表示し、当時の発音をそのまま書き写したものであろう。近現代のアムール川下流域のナナイ人がギリヤークを指してgillemiと呼ぶことからも、giləmi〜

---

① 『金史』巻二十四/地理志上に「金之壤地封疆、東極吉里迷兀的改諸野人之境」とある。『元史』巻五/世祖二/至元元年十一月に「辛巳、征骨嵬。先是、吉里迷内附、言其国東有骨嵬、亦里于両部、歳来侵疆、故往征之。」、巻六/世祖三/至元二年に「三月癸酉、骨嵬国人襲殺吉里迷部兵、敕以官粟及弓甲給之。」、巻八/世祖五/至元十二年二月に「命開元宣撫司賑吉里迷新附饑民。」とあり、巻四十四/順帝七/至正十五年八月に「立吾者野人乞列迷等処諸軍万戸府于哈児分之地。」とある。

② L. von Schrenck, Reisen und Forschungen im Amur-Lande. 第三冊附録、W.Grube:Giljakischens Wörterverzeichniss.（鳥居龍蔵「奴児干都司考」、『鳥居龍蔵全集』第六巻より）

③ 白鳥庫吉「粛慎考」、白鳥庫吉全集第四巻『塞外民族史研究上』岩波書店、1970年。

第三章 『永寧寺記碑』

gillemiがやはり一種の他称であることがわかる。ただし、語頭音節尾の-lが二次的に形成されたものかどうかは明らかではない。

　吉列迷は古くから苦夷（アイヌ）・亦里于・觧因などと隣り合って居住していたが、アイヌ語とも満洲ツングース諸語とも系統を異にする固有の言語ニヴフ語をもつ。オホーツク文化の担い手であったという説もある。吉列迷は現在多くはロシア領内に住むが、第二次世界大戦前、日本領だった南サハリンに居住して日本国籍をもっていたため、日本の敗戦後に北海道（網走市など）へ強制送還された人や移住した人もいる。かれらの伝統的な居住地域はロシア連邦ハバロフスク州のアムール川下流域から、サハリン州サハリン島北部にかけての地域である。帝政ロシア時代の統計では、1897年で4649人、1911年には4182人であった[①]。最近ロシアが公表した住民台帳によれば、1996年の時点で永寧寺碑のあったティル村に住んでいるニヴフ人は、わずか4名しかいないとのことである[②]。

　『金史』巻二十四/地理志上に「金之壃地封疆、東極吉里迷兀的改諸野人之境」とある「兀的改」は、『元文類』巻四十一の「兀的哥」および『李朝実録』に頻出する「兀狄哈」に当たり、悉く女真大字碑文の 夭 *屋*udigənの異なる時代における訳音である。漢字碑文の「野人」に関わる表現に、「其民曰吉列迷及諸種野人雑居焉」とあるところから、「野人」とは女真と同じツングース系統に属する複数の民族を含んでおり、それらを指している。19〜20世紀ロシア極東地方の民族分布を見ると、かつて「野人」と呼ばれた集団は、アムール川下流域およびウスリー川流域のナナイ、シホテ・アリニ山脈を中心とする沿海地方およびハバロフスク地方でのウデヘ、アムグン川流域およびウデリ湖周辺のネギダール、アムール川下流域のウリチ、アムール川河口以南の間宮海峡に面した海岸線のオロチといった諸民族であったと考えられる（ニヴフはアムグン川下流域・サハリンに位置する）。これらの民族の人口は、1979年のソ連の統計によると、ナナイ15,000人、ウリチ2,600人、ウデヘ1,600人、オロチ1,200人、ネギダール500人、ニヴフ4,400人となっている[③]。これらの民族を言語的に見ると、ネギダールをのぞいてすべてツングース南語派に分類されている。金代石刻に反映される女真語が、多くの面でつとにツングース北語派から離れ、南語派に接近するものの、独自な特徴をもつように見られることは、『永寧寺記碑』にも窺われる。明朝政府が碑文にわざわざ女真大字を刻んだことは、これらの民族集団を、文化的に「女真」の中で最も開化が遅れた「野人女真」として扱ったものの、言語的に広義の「女真語」に帰属させたこと、並びに当時の東北アジアにおける女真文字使用の隆盛を示している。

---

① Aziatskaya Rossiya. 1914.（鳥居龍蔵「奴児干都司考」、『鳥居龍蔵全集』第六巻より）
② S.V.ベレーズニッツキー『アムール川下流域の諸民族の民族史と精神文化：伝統と現代―1992年・1995年の民族学調査―』ロシア科学アカデミー極東支部極東諸民族歴史学・考古学・民族学研究所保管文書、蔵書1、目録2、No.403.（A.R.アルテーミエフ『ヌルガン永寧寺遺跡と碑文―15世紀の北東アジアとアイヌ民族―』より）
③ 『ロシア極東諸民族の歴史と文化』北海道開拓記念館、平成六年。

第七節　碑文に見える「吉列迷」と「諸種野人」

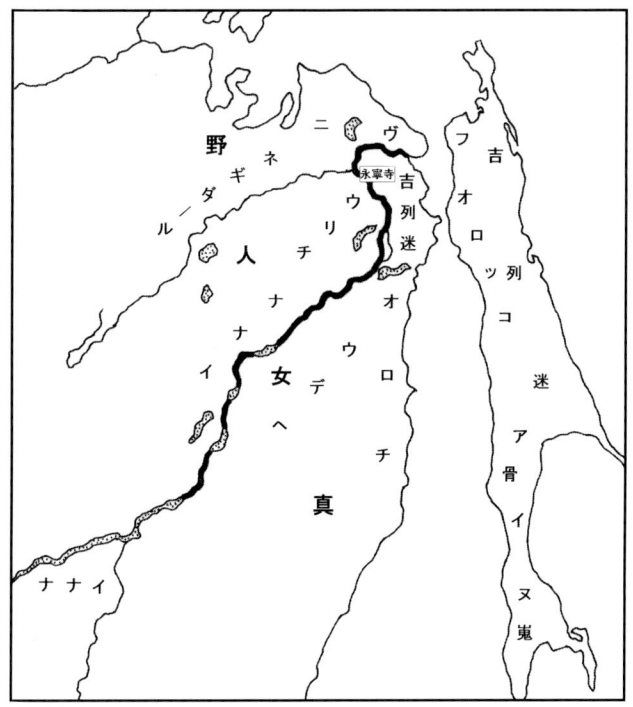

吉列迷と諸種野人分布図（著者作成）

　それでは、女真大字碑文の書写者「遼東女真康安」が書いた遼東女真語とツングース南語派諸語との間にはどの程度の異同が存在していたのか。碑文に見える女真語に例をとって窺ってみよう。
1. ツングース南語派諸語との対応語がある例（数詞はほとんどが同源なので一切省く）[①]
*adi（など）／Oroc. adiba／Ud. adin／Ul. xadù／Na. xadorsù★[②]
*ai（なに）／Oroc. awaʤi、awa：si／Ul. xajaʤï-、xawasï、xa：ï／Orok. xawasaï、xawwadu：、xamaʧa／Na. xawaŋkï、xaosï、xaï★
*ajin（ない）／Ud. anʧi
*alawa（勅）／Ud. alausi-／Ul. alaúsï-／Orok. alaú-、alaúsï-／Na. alo：sï-
*ali-（与える）／Oroc. ali-／Ud. ali-／Ul. alú：-／Orok. alï-／Na. alï-★
*alin（山）／Ud. ala／Na. ala★
*alʧun（金）／Ud. aisi／Ul. aïsï(n-)／Orok. ajsï(n-)／Na. ajsï
*amba（大きい）／Oroc. Ud. amba／Ul. Orok. amba(n-)／Na. ambã★
*ania（年）／Oroc. Ud. Ul. ania／Orok. ananiï／Na. ajŋanï

---
① 対応語に使用する略語：Oroc.（オロチ）、Ud.（ウデヘ）、Ul.（ウリチ）、Orok.（オロッコ）、Na.（ナナイ）。
　引用語出典は、『女真語・満洲通古斯諸語比較辞典』（金啓孮・烏拉熙春編著、明善堂、2003年）より。
② ★を附したツングース南語派諸語は、意味面で若干のずれがある。

第三章 『永寧寺記碑』

*baitaga（物品）／Oroc.baita／Ud.baita／Ul.bajta／Orok.baïta／Na.bajta、bajtakú★
*baha（得た）／Oroc.Ul.Orok.Na.ba:-／Ud.b'a-★
*bandi-（生きる）／Ul.baldï-／Oroc.ba:gdi-／Ud.bagdi-／Orok.Na.baldʒi-
*bi-（有る）／Ud.Ul.Orok.Na.bi／Neg.Oroc.bi:-
*biğa（月）／Oroc.bæ:／Ud.beæ／Ul.Orok.be:／Na.bïa
*bithə（字）／Oroc.bitiğə／Ul.bitxə／Orok.bitʃixə／Na.bitʃxə
*bolo（秋）／Oroc.Ud.Ul.Orok.Na.bolo
*bu-（与える）／Oroc.Ud.Ul.Orok.Na.bu:-
*buğa（地方）／Oroc.ba:〜bua〜buwa／Ud.bua／Ul.ba:〜búa／Orok.bo:／Na.ba
*daʃi-（覆う）／Oroc.dasi-／Ul.dasï-／Orok.dasï-、dassï-／Na.dasï-
*dəgən（高い）／Ud.dilə、dinu／Ul.duilə、duisi／Orok.duwwe:lə／Na.duwuj、duwudʑimə、dujlə★
*də-（昇る）／Oroc.dəili-〜dəjli-〜də:li-／Ud.diəli-／Ul.Na.dəgdə-／Orok.dəgdə★
*didʑə-（赴く）／Ul.dʑidʑu-／Na.dʑidʑu-★
*diraməi（厚い）／Oroc.dijami／Ud.deæmi／Ul.dïramï／Orok.Na.dʑïramï
*dondi-（聞く）／Oroc.do:gdi:-／Ud.dogdi-／Ul.do:ldï-／Orok.Na.do:ldʑï-
*doro（印）／Oroc.doro(n-)／Ul.doro(n-)／Orok.doro(n-)／Na.dorõ
*duligən（中央）／Oroc.dulin／Ud.duleæ／Ul.dúlïn／Na.dolga、dolï
*dʑala（世代）／Oroc.Ud.dʑala(n-)／Ul.dʑala(n-)／Orok.dala(n-)／Na.dalã★
*dʑuktə-（祭る）／Ul.dʑəwundʑi／Orok.dʑəwunidʑi／Na.dʑog★
*dʑuləgən（前の）／Oroc.dʑulidumə／Ud.dʑuliəuxə／Ul.dʑuli〜dʑulu／Orok.duldə、duli／Na.dʑuliə
*əʒən（主）／Oroc.ədʑə(n-)／Ud.ədʑə(n-)／Ul.ədʑə(n-)／Orok.ədə(n-)／Na.、ədʑə˜
*əigən（〜していない）／Oroc.əsin、ətʃin、atan／Ud.əhini、əsini、atan／Ul.-asi-、-əsi-／Orok.əsiw〜əsu／Na.-atʃi-、-ətʃi-
*əlhə（平安）／Oroc.Ul.Orok.ələ／Ud.ələ／Na.ələ:
*ədʑəhə（官職）／Oroc.Ud.ədʑə-／Ul.ədʑə-、ədʑəwən-、ədʑəktu／Orok.ədəmu-／Na.ədʑə-、ədʑəsu★
*əʒən（君主）／Oroc.ədʑə(n-)／Ud.ədʑə(n-)／Ul.ədi(n-)／Orok.ədə(n-)／Na.ədʑə˜
*əlhə（平安）／Oroc.Ul.Orok.Ud.ələ／Na.ələ:★
*ərgə（方面、方位）／Ud.ə:
*ərin（時）／Oroc.əru:(n)／Ud.ə:li(n-)／Ul.əru(n-)／Orok.əri(n-)〜əru(n-)／Na.ə:r
*ətuku（衣服）／Ul.tətu、tətuj、tətuə／Orok.tətu〜tətuğə〜tətukkə〜tətuə／Na.tətuə
*fədʑilə（下に）／Oroc.xəggilə／Ud.xəgiələ／Ul.pədʑilə／Orok.pədʑe:lə／Na.pəgilə
*fərilə（西）／Ul.pərxi(n-)／Na.pərxi
*folu（銘）／Na.polkolï-、pələ-★
*gə-（行く）／Orok.ŋənnə-〜ŋənə-／Na.ənə-★
*gəbu（名）／Oroc.gəbbi／Ud.gəgbi／Ul.Orok.Na.gəbu
*gəsə（同様に）／Oroc.Ul.Na.gəsə／Ud.gəʰiə／Orok.gəsu:★

164

第七節　碑文に見える「吉列迷」と「諸種野人」

*goiji（ないようにする）／Oroc. kowak／Ul. kəwə～kəuə／Orok. kəkku／Na. kəwkə★
*goron（遠い）／Ul. Orok. Na. goro／Oroc. Ud. goː
*gurun（国）／Ul. guru(n-)／Oroc. Orok. guru(n-)／Na. gurũ★
*hafan（役所）／Na. xafa(n-)
*haǧan（可汗、皇帝）／Na. kã
*haha（男）／Oroc. xaxaː jaduri xaxa／Orok. xaxa／Na. xaxa★
*haisu（左）／Na. xasúkta
*hatʃin（物品）／Oroc. xatʃi～xatʃin／Ud. xasi／Ul. xatʃï(n-)／Orok. xatʃï(n-)／Na. xatʃĩ★
*holo（谷）／Ul. xoːdï／Na. xoːl★
*husun（力）／Ud. kuʰi／Ul. Orok. kusu(n-)／Na. kusũ
*ili-（立つ）／Oroc. ili-／Ud. ili-～iligi-／Ul. ïlï-／Orok. ïlï-～ïllï-／Na. ïlï-～ïlïgo-
*imahai（完全な）／Na. ïma(n-)★
*ənəŋgi（日）／Oroc. inəŋi／Ud. inəŋi～nəŋi／Ul. inəŋni／Orok. inəŋ～inəŋgi／Na. ini
*irgən（民）／Na. irgə̃★
*iʃi-（至る）／Oroc. Orok. isi-／Ul. isiː-
*itʃəgi（新たに）／Orok. sitəundɕi
*kala-（改める）／Ul. Orok. Na. kala-
*kəkəŋlə-（拝礼する）／Ud. xəŋki-／Ul. Na. kəŋkələ-
*məŋgun（銀）／Ul. Orok. məŋgu(n-)／Na. məŋgũ
*niarma（人）／Oroc. niæː／Ud. nieː／Ul. niiː／Orok. narï／Na. naï
*niənian（春）／Oroc. Ul. n'əɲ'ə／Orok. nəɲnə～n'əɲ'eː／Na. niəŋnia
*nusuru（適当な）、*nuʃiba（睦まじい）／Na. nəsəxə★
*o-（成る）／Ud. o-～oː-／Ul. o-／Orok. o-sï-／Na. o-
*omolo（孫）／Oroc. omolæː～omoliː／Ud. omolo
*ono（どうして）／Oroc. oːn-do／Ud. ono／Ul. xoːn～xoːnï／Orok. xoːnï／Na. xoːn'～xoːn'a～xoːn'ï
*sa-（知る）／Oroc. Ud. Ul. Orok. Na. saː-
*saldai（老人）／Oroc. sagdi／Ud. sagdi／Ul. sagdï／Orok. sagda, sagdaj／Na. sagdɕï
*ʃimŋun（寒い）／Oroc. iŋin'isi～iŋən'isi, iŋən'æ～iŋən'i／Ud. iŋiniʰi／Orok. siŋguːn-／Na. iŋni, siŋmũː
*ʃira（古）／Oroc. sija-／Ud. seæ-／Ul. Orok. Na. sïra-★
*ʃiun（太陽）／Oroc. səu(n-)／Ud. suː(n-)／Ul. siu(n-)～su(n-)／Orok. sʳu(n-)／Na. siũ
*taha-（従う）／Oroc. daxala-、daxau-、daxuli-／Ul. daxala-、daxaú-／Orok. daxúrï-／Na. daxa
*tar（その）／Oroc. tiː、təi／Ud. təi、təji／Ul. tï、tïj／Orok. taːrï
*tə-（坐る、乗る）／Oroc. Ud. Ul. Orok. Na. təː-
*təjərə（～けれども、～であっても）／Na. təː★

*tuğə（冬）／Ud.Ul.tuə／Orok.tuwə／Na.tuə

*tu-（帰する）／Oroc.tugbu-／Ul.Orok.Na.tu:-★

*tulihi（外の）／Oroc.tuliə(n)／Na.tuliə

*ʧauhai（軍）／Oroc.ʧaúxa／Ud.ʧawaʰa～ʧauʰa／Ul.Orok.ʧaúxa／Na.ʧaoxa

*ʧəni（回、度）／Ul.ʥərgi／Na.ʥərgi

*uʥi-（養う）／Oroc.iggi-／Ud.igisi-／Ul.uʥiʧu-／Orok.Na.uʥi-

*uihan（生霊）／Ul.uju(n-)／Orok.uju(n-)、ujugu／Na.ujū

*uitau（それら、それほど）／Ud.uti,utinti-ni★

*uŋgi-（派遣する）／Oroc.uɲi-、uŋigi-／Ul.ujʥu-／Orok.ujdu-／Na.ujgu-、uŋgurə-★

*urğun（喜び）、*urğunʥə-（喜ぶ）／Orok.uruʧi,urulʥini-

*wəhə（石）／Oroc.uwə～uə／Ud.wə～uə／Ul.xurə(n-)／Orok.xurə／Na.xurə~:★

2. ツングース南語派諸語との対応語がない例は、①金代女真語と対応するもの、②満洲語と対応するもの、③明代女真語にのみ見えるもの、の３種類におおむね分類される。

　①*abuga（天）、*aʧi-（動揺する）、*buru（また）、*dihai（舟）、*dolgo-（興奮する）、*ʥisu-（作る）、*ʥo-（偲ぶ）、*ʥui（子）、*falia（部落）、*funʧərin（余り）、*gəmu（皆）、*gəŋgiən（明るい）、*həhə（女）、*itə-l（民）、 *iʧəgi（新たに）、*la-（作る）、*mədərin（海）、*mərhə（賞）、*məʒilən（心）、*nuru（毎）、*oso（小さい）、*sai（好い）、*sə-（言う）、*taira（寺）、*tasa（朝廷）、*tək（今）、*uriti（北）、*udigən（野）、*usui（しなかった）

　金代女真語と対応するものの中には、*dolgo-、*itə-l、*mərhə、*təkのようにツングース北語派にのみ同源語が存在するものが注目に値する。

　②*aʧ-（動揺する）、*ʥila-（慈しむ）、*ʥisu-（造る）、*ʥobə-（妨害する）、*əlʧi（使者）、*əitə（一切の）、*jorin-（飢える）、*təjərə（にもかかわらず）、*ʃiha（若い、少年）、*ulin（財貨）

　③*dəndə-（できる）、*jə'ə（によって、に従って）、*tikhun（近い）、*tikə-ləhi（近くの）、*uʃir（恩沢）、*ʥuə ʥua（二十）

　明代女真語にのみ見えるものの中には、*dəndə-だけが『女真訳語』に載っている。

　以上の比較より、明代女真語とツングース南語派の親縁関係が深いことが認知される。従って、こうした「諸種野人」に明朝政府の支配力を宣伝するには、女真大字碑文を刻むことが最も顕著な効果があったと思われる。

第八節　女真大字・モンゴル字碑文の復元

　『永寧寺記碑』の女真大字は楷書で、字体は正方体を呈し、字間の距離はかなり開いているので、毎行の字の位置は一定しており、録出できない字数を正確に見積もるのに役立つ。
　碑文の第1、2、3、5、6、8、9、10行はすべて二字擡頭する。

　　　第 1行　60字。録出54字。　　　第 9行　60字。録出58字。
　　　第 2行　34字。録出33字。　　　第10行　60字。
　　　第 3行　60字。録出57字。　　　第11行　58字。
　　　第 4行　38字。録出37字。　　　第12行　58字。録出55字。
　　　第 5行　24字。　　　　　　　　第13行　17字。録出16字。
　　　第 6行　60字。　　　　　　　　第14行　18字。
　　　第 7行　46字。　　　　　　　　第15行　41字。録出40字。
　　　第 8行　60字。　　　　　　　　総　計　694字。録出676字。

　『永寧寺記碑』のモンゴル文はウイグル式モンゴル文字で書写されており、綴り方において現代モンゴル文と異なったいくつもの特徴が見受けられることは、つとに関係研究者によって指摘されているが、ここでは以下の５点にあらためてまとめておく[①]。

　1. ᠊ (語中形 ᠊、語尾形 ᠊) と ᠊ (語中形 ᠊、語尾形 ᠊) の字体上の区別をせず、すべて ᠊ の一種で表記されている。

　2. ᠊ によって二個の子音 ᠊、᠊ を兼ねて表示する。

　3. 語頭における ᠊ は二個の子音 j、᠊ を兼ねて表示する。

　4. 語尾における ᠊ は二個の子音 n、s を兼ねて表示する。

　5. いくつかの単語は母音を示されず、ウイグル文字の書写体をそのまま維持している。たとえば、᠊、᠊、᠊ の如くである。

　碑文の第1、2、3、5、6、10行はすべて一単語ほどの間隔で擡頭する。

[①] 以下に使用したモンゴル文字のフォントは、高橋まり代氏が財団法人日本科学協会による平成12年度笹川科学研究助成（12-005）を受けて作成され、http://mariyot.ld.infoseek.co.jp にて無償配布されているものである。

第三章 『永寧寺記碑』

女真大字碑文

1. 天兵甪兎羋罙斥反丈史羋奎苄㫜米□天卓伍右更甫辛炅写𠂇仍夷盃齿史更右倖束刕㡰夯乗右关齿史□厌右仟□方丞压夯周余右□□□庠可
2. 甪兎羋杀氏苄方肯夲夲炅斥夅奘尺苄厇庠伩犀为店昊叟矾伩炎旲犀件□受申夾
3. 甪兎舟更盃戈舟余伩天圣冬斥𡋀爽車尚九□凡舟□甪尺㓂旲伩齿孟伩写方围土羋件伏炅売父夯甪叟夾卜□苄巵伩東孟仄丈史羋我弁苄皁炎
4. 　废戈斥伩兵史压盃戈舟余伩天圣冬史仍尨矛冇伩右抱東亥刔矾奎伩炎戈朱右关齿焉夾□
5. 甪兎羋罙斥彐亦羋夲夷受更氏压史夽夲炅斥舟舌甲房尒
6. 歪羋半苄氏压羋夲炅甲尒为禹尺拌史旲旲九爽㐬屯压列㣎甫孟仍厈一玉盂尺件久払夅甪甲苄舟皿压丈史羋奎苄受更丼斋戈厌支写皿凡尒伩
7. 　史夽戈夯奎戈肯夲斋夲炅宵受件厈齿盃苄見羋齿升㣎冇乕伩炎店昊叟矾冇求禾屯件受申尨矛冇伩右抱容朿
8. 甪兎帯余为史朱耒冬庻叟炅乕斥无𠫔舟尭爽盂巵凡件刔庻夲房尺奎苄方尚㢈支写皿東史兄尺氏压史兄犀羋叟受刔旲米旲千爽冬屯压列㣎甫
9. 孟伩压夯受更尺夯丼犀压丈史苄朱帯亥厕屯关休犀舟甫压永仓件苄无舟金帯岸夷列史㠯夯吞天孟里冬冬斋夲店昊叟右受申□□弃件厈单刔
10. 甪兎羋㐅土斥土拌𢒉屯列羋乎斥天卓夭尨奎戈肯夲史厇昊𢒉拌史𢒉交丰屯𢒉拌史夽厈苄羋犀羋叟旲米旲千一爽孔屯压丈史羋貴伩仒尒今羋
11. 　尺禾孟姜苄巳此刔夲房尺齿史更右伩齿斉庒東史夅末帯库史废更天卓伍右㡯兎尨伩炎厇𠂆戈件亥冇伩右齿禾亥朱件店昊夲炅𦙝先𦘔犀
12. 　辛□苄朱帯亥氏压史长亥右周余史□□𠂆𠂆乕左昊戈凡亥𦘔朱受申尨孚壬灸史史尤亥岸史右尨关齿史斥更付写皿升方爽𦘔岸𠂉太房
13. 　天兵冬旲米旲千一爽九月二十二日写□
14. 压列㣎甫孟刕𠂇甫利𠂇𠂇休𠂇𠂇𠂇甪列民
15. 　□丼余史夷金尚压史史丼爽夭尺件戈㐱奘尒压伩苄夭尺更乇齿𢒉伩夭尺件弁止交羋齿𢒉𠂆𠂉民

第八節　女真大字・モンゴル字碑文の復元

碑陰復元図

第九節　女真大字碑文の訳文

1. 大明可汗勅于奴児干地方建永寧寺、立碑。聞天高而明故能覆地、地厚而重故能養万物。
2. 可汗之恩沢致万民安楽、近者悦而遠者服。
3. 可汗御宇、天下太平五十年矣。九夷八蕃梯航畢達、万国之人為賞賚、進貢而来者不勝枚挙。東北奴児干部落棟
4. 孛之吉列迷野人聞天下太平而欲去叩拝、惟因路遠而未能至。
5. 可汗勅三次遣使、期人民皆安居楽業。
6. 君心猶以為人民安楽未臻至善。永楽九年春、遣内官亦失哈等一千官軍乗巨船二十五艘至奴児干地方設立都司衙門。官吏
7. 皆和順、地方之民皆得安楽。毎人皆如日昇天般歓悦。百余人賓服晋謁、
8. 一至可汗朝廷中、便獲賜大官職、印信、衣服、布鈔。按土著地方設立万戸衙門、遣之使統率旧部人民。永楽十年冬、遣内官亦
9. 失哈等自海西直抵奴児干海外之苦夷等処賜男婦以衣服器用財物。老少大小咸安悦帰服、無一人梗化不率者。
10. 以可汗之金銀諸物重新建寺、俾地方之民不寒不飢、皆帰于善。永楽十一年秋、奴児干之西、満泾站之
11. 左有山高而挺秀、改旧有之観音堂、建寺塑仏、遠近之人叩拝祈祷、人咸安楽。自古
12. 至今、未有如□□般珍恤群黎者。至子孫之世、豈能不臣服效力而持異意哉！立銘以垂万年之思。
13. 大明永楽十一年九月廿二日立。
14. 内官亦失哈、扎答申、張童児、張定安。
15. □都指揮、千百戸、奴児干都司創建者之名載于漢文。女真文書写者：遼東女真康安。

第十節　漢字碑文の録文

　碑額　永寧寺記
1. 勅修奴児干永寧寺記
2. 伏聞天之徳高明、故能覆幬。地之徳博厚、故能持載。聖人之徳神聖、故能悦近而服遠、博施而済衆。洪惟我
3. 朝統一以来、天下太平五十年矣。九夷八蛮、梯山航海、駢肩接踵、稽顙於
4. 闕廷之下者、民莫枚挙。惟東北奴児干国、道在三訳之表、其民曰吉列迷及諸種野人雑居焉。皆聞風慕化、未能自至。況其地不生五穀、不産布帛、畜養惟狗。或野
5. 人養駕□運□□□物、或以捕魚為業、食肉而衣皮、好弓矢。諸般衣食之艱、不勝為言。是以
6. 皇帝勅使三至其国、招安撫慰、□□安矣。
7. 聖心以民安而未善、永楽九年春、特遣内官亦失哈等、率官軍一千余人、巨船二十五艘、復至其

第十節　漢字碑文の録文

国、開設奴児干都司。昔遼金疇民安故業、皆相慶曰、□□今日復見而
8. 服矣。遂上□朝□□□都司、而余人
9. 上授以官爵印信、賜以衣服賞以布鈔、大賚而還。依土立興衛所、収集旧部人民、使之自相統属。十年冬、
10. 天子復命内官亦失哈等載至其国。自海西抵奴児干及海外苦夷諸民、賜男婦以衣服器用、給以穀米、宴以酒饌、皆踊躍歓忻、無一人梗化不率者。
11. 上復以金銀等物為択地而建寺、柔化斯民、使之敬順。
12. 太祖以聖□為相之瑞。十一年秋、卜奴児干西、有站満涇、站之左、山高而秀麗。先是、已建観音堂于其上、今造寺塑仏、形勢優雅、粲然可観。国之老幼、遠近済済争趣
13. □□高□□□□□威霊、永無厲疫而安寧矣。既而曰、亙古以来、未聞若斯。
14. 聖朝
15. 天□民之□□□上忻下至、吾子子孫孫、世世臣服、永無異意矣。以斯観之、万方之外、率土之民、不飢不寒、歓忻感戴難矣。堯舜之治、天率蒸民、不過九洲之内、今我
16. □□□□□□□□□、蛮夷戎狄、不仮兵威、莫不朝貢内属。中庸曰、天之所覆、地之所載、日月所照、霜露所墜、凡有血氣者、莫不尊親、故曰配天。正謂我
17. 朝盛徳無極、至誠無息、与天同体。斯無尚也、無盛也。故為文以記、庶万年不朽云爾。
18. 永楽十一年九月廿二日立
19. 欽差内官　亦失哈　成□勝　張童児　張定安　鎮国将軍都指揮同知　張旺
20. 撫総正千戸　王迷失帖　王木哈里　玄城衛指揮　失禿魯苦　弟禿花　妻叭麻
21. 指揮　哈徹里　□藍　王謹　弗提衛指揮簽事　禿称哈　母小彦　男弗提衛千戸　納蘭
22. 千戸　呉者因帖木児　寧誠　馬兀良哈　朱誠　王五十六　□□　黄武　王□君　□□□……
23. 百戸　高中　劉官永奴　孫□　□得試奴　李政　李敬　劉賽因不花　傅同　王□里帖木　韓□　張甫　金衛　□原　高遷　葉勝　□□……
24. 趙鎖古奴　王官音保　王阿哈納　崔源　里三　□□□　□柣　康速合　阿卜哈　哈赤白　李道安　□道　閻威□　総旗　李速右
25. 所鎮撫　王溥　戴得賢　宋不花　王速不哈　李海赤　高歹都　李均美　都事　席□　医士　陳恭　郭奴　□総吏　黄顕　費□
26. 監造　千戸金双頂　撰碑記　行人銅臺邢枢　書丹　寧憲　書蒙古字　阿魯不花　書女真字　康安　鑽字匠　羅泰安
27. 来降快活城安楽州千戸　王児卜　木答兀　卜里阿衛鎮撫　阿可里　阿刺卜　百戸　阿刺帖木　□納　所鎮撫　賽因塔　把禿不花　付里住　火羅孫
28. 自在州千戸　□刺□　哈弗□的　阿里哥出　百戸　満禿□　木匠作頭　石不哥児　金卯白　掲英　粧塑匠　方善慶　宋福　漆匠　李八回……
29. □匠　□□　黄三児　史信郎　焼磚瓦窯匠　総旗熊閏　軍人張豬弟　泥水匠　王六十　張察罕帖木
30. 奴児干都司都指揮同知　康旺　都指揮簽事　王肇舟　佟答刺哈　経歴　劉興　吏　劉妙勝

第三章 『永寧寺記碑』

第十一節　女真大字碑文の考証と解読

碑　額　　　　nurgel　juŋ　niŋ　süm-e
　　　　　　　奴児干　永　　寧　　寺

第一行

天兵　岚兎　羊柔　斥　反丈史羊　奎　羋　旱米　□　天卓
daimi haǧan ni alawa gi nurgən ni buǧa du i-juŋ taira
大明　可汗　の　勅により　奴児干　の　地方　に　永　（寧）寺

dai miŋ qaGan-u ʥrlG-ijar nurgel-ün orun GaʥGar-a juŋ niŋ süm-e……
大　明　可汗の　勅により　　奴児干の　地方に　　　永　寧　寺

伍右　更南　呆炱　写支　仍夷　丕　丛史　更右　俘臾
ʥisuməi bii wəhə iliburan dondiʃi abuga dəgən biməi gəŋgiən
造り　　碑　　石　　立てる　聞けば　天　高い　かつ　明るい

bosuGaʥu ʃilaGun……bajiGulba meküjin sonusbasu tŋri öndür bögetele gegegen
造り　　　石　　　　立てた　　　伏して　聞けば　天　高い　かつ　明るい

刋兎　夯　乘右　关丛丈　□　庚右　仟□　方　夾压　夯　周夈右　□□□羋　可
oro ba daʃiməi dəndəru diraməi tumən uihan ba uʥiməi　　　　gai
興地を　覆い　得る（地）厚い（広い）万　生霊を　養い　　　　　かな

GaʥGar orun-i bürkün ʃidaqu GaʥGar……bögetele ʥuʥaGan tümen amitan-ijar teʥijeʥü
興地を　　覆い　得る　地　　　かつ　厚い　万　生霊　で　養い

【漢字碑文：伏聞天之徳高明、故能覆幬。地之徳博厚、故能持載。】

天兵

　天兵夂とすべきで、「大明」の音訳。碑文がここで夂の字を漏らしていることは、第13行を参

第十一節　女真大字碑文の考証と解読

照すればわかる。

天兵瓜兎

「大明可汗」は、明朝の第三代皇帝である成祖永楽帝（1402-24年在位）を指す。永楽帝は自分が重用した宦官を各地に派遣した。南海遠征の鄭和が最も有名であるが、そのほか西蕃に侯顕を、西域に李達を、オイラトに海童をそれぞれ遣わしたことが挙げられた。アムール川下流域に派遣された亦失哈もそのひとりである。亦失哈の遠征は、鄭和のそれに較べると規模は小さく、あまり知られてもいない。しかし、東北アジア史に与えた影響には、看過できないものがある。

厌丈史

漢字碑文は「奴児干」とし、モンゴル文はnurgelとする。表音にあまり一致していない。『元史』巻五十九／地理志二／合蘭府水達達等路条に「有俊禽曰海東青、由海外飛来、至奴児干、土人羅之、以為土貢。」とあり、奴児干の名はここに初見する。『元文類』巻四十一／経世大典序録／政典／征伐項下の「招捕之遼陽骨嵬」には、奴児干を「弩児哥」とする。『永寧寺記碑』には厌丈史に属格語尾羔*niが附いており、語尾の接続条件によれば、厌丈史の音韻はnurgənとすべきである。丈の動詞語尾としての音価がruで、厌丈が対応するのが漢文の「奴児」とモンゴル文のnurであることから、丈がここで音節尾子音-rを表すことがわかる。女真大字で表記するnurgənは、モンゴル文のそれと語尾子音のところを異にしているが、後者の方は母音調和されていないことから、やはり女真大字が表す語形が原型に近いと思われる。元代の「弩児哥」や明代の「奴児干」の意味につき、満洲ツングース語の「拳」に解されることがあり、奴児干の地形があたかも握り固めた拳のような形に似るところより名付けられたという説がある[①]。しかるに、「拳」という語はいままでの女真文字には現れていないが、満洲ツングース諸語では、エヴェンキ語nidurga(←Mo.)、ソロン語norgiá〜nojgá、オロチ語nugga、ウリチ語n'ugɟa、満洲語nuʤanとなっていることから、いずれも男性母音を含むものであり、nurgənと合わない。よって、その本義については再考をまたねばならない。

奴児干は元来国名であり、その民は吉列迷と呼ばれ、苦夷諸種野人と雑居している。明太祖洪武年間、使を遣しその国に行かせたようだったが通じなかった。明成祖永楽九年（1413）、再び内官亦失哈などを遣しその国に赴き、奴児干都司を作り、詔諭して諸部を収撫し、たがいに統属させた。『永寧寺記碑』はその経緯を記述する。

早米□天卓

早米を用いて「永寧寺」の「永」を音訳する。金代石刻では及尺のような異なる表音字を用いる。外来語の音訳に決まった表音字が固定しているわけではないことは、契丹大小字にもよく見受けられる。『女真訳語』の来文が、米だけを用いて「永」の音訳に当てることから、その音価は、juŋであるはずである。『永寧寺記碑』は米の前にさらに声母を表す早を加えるが、こうした音訳形式はつとに契丹小字に見える。「薬」を例とすれば、契丹小字はそれを百芎*i-jau-u→jauのよう

尺

---

① 白鳥庫吉「奴児干と山靼ごえ」、『白鳥庫吉全集第五巻・塞外民族史研究下』岩波書店、1970年。

第三章 『永寧寺記碑』

に綴り、丙はまさに芳に含まれる音節頭子音j-を重複するものである。しかるに早が女真語を綴るのにirとなるのに対し、外来語を音訳するのにiとなるといった二通りの音価をもつような表音字は、金代石刻にいくつか見えている。早米の次の字はつぶれてしまっているが、「寧」を音訳する字に当たるはずである。但し『女真訳語』の来文では、「寧」は2個の女真大字羊久によって音訳され（「札真衛野人頭目寧加」の「寧」を見よ）1個の字ではない。

　禾卓は、女真語の「寺」である。『朝鮮慶源郡女真国書碑』は禾卓米のように綴る。金代女真語の「寺」はなお語尾子音-nを帯びていたが、明代に至るとすでに脱落し、そのため米の有無による綴り方の差異が出現したのである。女真語のtaira（←tairan）は、明らかに日本語のteraや朝鮮語のterと同源関係があるように見える。

更南夅臭

　南は、『永寧寺記碑』の第9行においては「苦夷」の「夷」の音訳にも用いるので、その音価はiとなるべきである。更南は、漢語の「碑」の音訳であり、下に「石」を表す夅臭を附けると、音訳＋意訳の連語となり、「碑」を対訳する。ウイグル式モンゴル文『追封西寧王忻都碑』（元至正二十二年[1362]）では、漢語の「碑」もやはりbiiのような形式で音訳している。「碑」は支韻開口三等字に属し、隋唐以降の音価はbiとなり、複母音化した変化がかなり時代の降るものであることは、本碑（永楽十一年[1413]）における音価が依然として元代と同じであることからわかる。清順治十五年（1658）の『遼陽喇嘛墳碑』における「碑」はすでにbəiとなっている。女真民族はそもそも碑文や石刻をもたず、金代女真大字は音訳＋意訳の連語である「刻石」を用いて「碑」の意義を表示していた。ちなみに、『永寧寺記碑』のモンゴル文もʧilaɢun（石）でそれを対訳する。

仍夷

　夷は、条件副動詞語尾。仍夷は、満洲語のdonʤi-ʧiに相当する。

倅更

　倅（『女真訳語』は倅とする）は、明代だけに見える。金代においては、倅更の代わりに抱丸または抱癶夂のように綴り、語頭音節は音節尾子音を帯びないgəである。

㓉虎

　この二字はいずれもはっきりしておらず、残存した筆画より推測すれば、㓉虎に近いように思う。この語に対応するモンゴル文はGaʤar orunである。語頭字は㓉の異体で、金代石刻の「路」は形を㓉反とし、音をoronとし、モンゴル語oranに由来する。次の字は僅かに『女直字書』のみに見え、なお音価不明である。ここでは㓉の下に置かれることから、㓉反と同一語を表示するはずだが、第二音節の音韻に変化が発生したため、反が虎に代替されたのである（ここより虎の音価をoと推定しうる）。㓉反は金代の行政単位「路」に対訳されるので、㓉虎の本義は「輿地」であると思われる。

关並丈

語幹の关屰は「できる」、「得る」の意味で、丈は、現在未来時形動詞語尾である。それに対応するモンゴル文ʧidaquも現在未来時形動詞語尾が附いた形式である。モンゴル文のquは男性語尾で、女性語尾であればküとなる。女真文丈には母音調和に支配される異体形がない。

厌右

語頭の字を羅は㦿と書き写し、長田は更とする。むしろ羅の方が近似していると思われる。いまあらためて拓片によって照合すると、当該字は疑いなく厌である。それは「厚い」の最初の表意字である厌の異体であり、『女真訳語』はそれを表音字の附いた厌右の形式に書く。まさに『永寧寺記碑』に一致している。この語の上にある字は「地」を表す表意字であるはずで、「地」は、女真文では表意字娑で表示されるが、『大金得勝陀頌碑』においては表音字乇とする。この字はすでにつぶれてしまい、娑と乇のどちらかは定めようがない。

仟□

仟□に対応するモンゴル文でもちょうど残欠しているところに当たり、漢字碑文に「地之徳博厚、故能持載。」とあることによれば、仟□は「博」に相当するかもしれない。「博」はここでは「寛広」の意味をもち、会同館『女真訳語』に「寛」という語があり、漢字表記は「窩撮」とするが、満洲語の「寛」はonʧoとする。仟は非語頭の場合にはgun（ğun）音節を表すことから、語頭の場合ではun音節を表す可能性がある。

厷圧

この二字を羅は厷牛と書き写し、長田は厷□と書き写す。満洲語は「生きた」をwəihunとし、女真語、満洲語ともに形容詞と名詞を互いに通用できるので、ここでは「生霊」を表す。厷圧の次の字はややぼんやりしているが、文脈によれば夯であると推定しうる。

冃夵右

語根の冃夵は、「養う」を表し、右は、非完了副動詞語尾の女性形である。この三字につき、羅は尚夵厷と書き写すが、拓片によって照合すると、冃夵右とすべきである。満洲語の「養う」はuʤi-であり、冃夵が綴る音韻に合致する。冃夵はさらに『永寧寺記碑』の第12行に見え、二カ所の対応するモンゴル文の語幹はともにteʤijeであるから、冃夵に誤りがないことがわかる。

叿

語気終助詞。満洲語のkaiに相当する。

第二行

貞兎	羊	杀	氐	芉	方	肎夲	夲臾	乐	芓	尤叐	尺	芉	屯厈	仳屖	月
haǧan	ni	uʃir	du	tumən	itəl	əlhə	gi	bandibuhai	du		tikələhi			dəigi	
可汗	の	恩沢	で	万	民	平安によって		生活させたことで			近くの			士	

第三章 『永寧寺記碑』

qaɢan-u……tümen ulus……amuɢul[a]ŋ-ijar tegüben törügsen……ojirakin……
可汗 の 万民 平安 によって そのように 生活した 近くの

𠕎昊旲玔 伎炗杲犀 件 □ 㚖甶炎
urǧunʤərə goronlohi niarma tahara
喜んだり 遠くの 人 従ったりする

【漢字碑文：聖人之徳神聖、故能悦近而服遠、博施而済衆。】

杀氐

この語は満洲語の「湿る」を表す語根usihi-に関わる可能性がある。ここではその意を「恩沢」と推定する。𩵋兎杀氐は、すなわち「皇恩」である。『女真進士題名碑』における「恩榜」の「恩」は今一つの綴り方炎休で表現する。

羋

与位格語尾。ここでは原因や根拠を示す。

肯夲

肯は、『女直字書』においては「民」を示す表意字である。『女真訳語』では肯任*itəgəのような表音字の附いた形式で表示される。『永寧寺記碑』の肯夲*itəlは、会同館『女真訳語』における*itə（「民」。漢字表記は「亦忒」とする）と同じようにgə音節がすでに脱落した上に、複数語尾を附ける形である。

肯任*itəgəはエヴェンキ語のtəğə:（民）・エヴェン語のtəğə（民、氏族）に対応することから、təğə:とtəğəでは語頭i母音がすでに脱落していることがわかる。肯夲*itəlは音韻上から見れば、エヴェンキ語のtəğə:l（氏族）に近く、同源関係が暗示される。肯夲*itəlに対応するモンゴル文から見れば、第2行はulus、第7行と第10行はirgənとするが、第5行・第6行・第12行におけるモンゴル語に由来する氐屋*irgənが対応するのはすべてモンゴル文のirgen（民）である。ここから見れば、満洲ツングース固有語に属する肯夲*itəlと外来語である氐屋*irgənとは語義上いささかの差異が存在している。モンゴル語ulusを、『元朝秘史』は「百姓」（§202、mongkholzhǐn ulus「達達百姓」）と訳し、現代モンゴル語は「人々」とし、『永寧寺記碑』ではなお女真文囻圡*gurun（国）に対応する。女真語のitəgəlとエヴェンキ語のtəğə:lはともに複数形で、[語根＋複数語尾-l]からなる。肯夲は、第2行では「万民」、第7行・第10行では「地方の民」（第7行が漢字碑文の「疇民」に、第10行が漢字碑文の「斯民」にそれぞれ対応する）であり、よって肯夲が複数の含意をもつことをも証明しうる。肯夲が肯任の複数形であることは、まさにエヴェンキ語のtəğə:（民）とtəğə:l（氏族）の如くである。

第十一節　女真大字碑文の考証と解読

坙关尺

尺は、男性過去時形動詞語尾。それに対応するモンゴル文の-gsenは、女性形の同語尾。今一つ第8行で、尺に対応するモンゴル文は-gsenの複数形-gsedとなっているが、女真語は時制を表示する動詞語尾に母音調和による使い分けがあるものの、数による使い分けがない。

冘乎伀犀

冘は、金代では元来「鶏」の表意字であり、その音価はtikoとなる。ここでは表音字として使われ、tikという音節を表す。冘乎伀は名詞兼副詞的方位詞「近く」であり、同じ語根の形容詞冘千は、『永寧寺記碑』の第11行に見える。

伀犀は、名詞兼副詞的方位詞語尾-ləにさらに形容詞的方位詞語尾-hiを附けてできた形である。今一つ広円唇母音方位詞に接続する-lohi（やはり-loに-hiを附けてできた形）は、本行にも見え、杲犀とする。冘乎伀犀に対応するモンゴル文は、ojira（近い）に形容詞的方位詞語尾-kin（現代モンゴル語の-ki）を附けるojirakin（近くの）の形式によって表現している。

店杲旻丸

語幹店杲旻は、「喜ぶ」の意であり、満洲語のurgunʤə-に当たる。丸は（『女真訳語』においてまた余とする）、女性現在未来時形動詞の語尾である。下文の受申に附く灭は、男性現在未来時形動詞の語尾である。

第三行

凩乑　舟更　丕　弋　舟余伀　天圣久　斥　圣　永　车尚
haǧan　təbi　abuga　i　fədʑilə　taipiŋ　gi　susai　ania　oho
可汗　坐る　天　の　下　太平により　五十　年と　成った

qaǧan……tŋri-jin dour-a taibiŋ-ijar tabin ülegü od bolba……
可汗　　　天　の　下　太平により　五十　余　年と　成った

九　□　凡　舟　□　角尺　尚杲　伀　盀盃　伩　写　方　国土　羔　件
uʤəwun　ʤakun fən　dihai　holo ti　ʤugu bithə　ili tumən gurun ni niarma
九　（夷）八　蕃　船　谷　より　表文　立て　万　国　の　人

sartaɢul……moŋɢul irged　　　　tümen ulus-un irgen……
沙陀（回回）　モンゴル　民たち　　万　　国　の　民

第三章 『永寧寺記碑』

伏闬　完兄歹　甬昃　灰孙　□　屮　圮伟　朱盃　厌丈史　羊　我莽　半　卑戋
mərhə dəgdənbuma diʤə uitau　　ai uriti ʤuləʃi nurgən ni falia du don-
賞　貢がせて　赴く　それら　　　　北　東　　奴児干　の　部落　で　ドンボ

umar-a ʤegün eteged-ün nurgel……
北　　　東　　方の　　　奴児干

【漢字碑文：洪惟我朝統一以来、天下太平五十年矣。九夷八蛮、梯山航海、駢肩接踵、稽顙于闕廷之下者、民莫枚挙。惟東北奴児干国、道在三訳之表】

舟尒伲

語根舟尒が表す音韻は明代女真語のそれであり、「下」を示す。金代女真語では叅伩を用いて同語根の音韻を示し、明代のそれと異なる。伲は、方位詞語尾である。

夭圣久

漢語「太平」の音訳である。モンゴル文はtaibiŋとし、満洲語はtaifinとする。

东尙

尙は、広円唇母音に調和する過去時動詞語尾である。

九□凡舟

「九（夷）八蕃」の音訳（漢字碑文は「九夷八蛮」とする）で、その中で筆跡がもっともはっきりしているのは凡であり、九と舟とは字形から推測しうるものである。「夷」に相当する女真大字と舟の次にある女真大字はともにぼんやりしていて読み取りがたい。舟は金代石刻においてはpər音節を示すが、『女真訳語』においてそれに当たる漢字表記は「番」であることから、fən音節を示すようになっているはずである（ちなみに、『女真訳語』における「西蕃」の「蕃」は、金代石刻に見えない夂で表示される）。漢字碑文の「九夷八蛮」は、モンゴル文においては「……sartaɢul ……moŋɢul irged」のように意訳されている。sartaɢulは、すなわち甲種本『華夷訳語』の「撒児塔温」（回回）であり、『元朝秘史』§152の「撒ᵃ児塔兀兀命」がそれと同一語の属格形であり、「回回（的）」と訓するが、『元史』に見える「沙陀」はその音訳形である。『女真訳語』にも「回回」という語が見え、宋宋としており、漢語そのままの音訳語である。

甬尺尙杲伲

甬尺は、すなわち満洲語のʤahaであり、「刀船」の意である。『金史』巻一百三十五/金国語解に「沙忽帯、舟也。」とあり、それは今一つの満洲語ʤahudaiに当たる。尙杲は、すなわち満洲語のholoであり、「山谷」の意である。『金史』巻二十四/地理志上にある「火魯火疃謀克」の「火魯」は、その語の音訳にほかならない。伲は、奪格a語尾である。甬尺尙杲伲は、漢文石碑の「梯山

第十一節　女真大字碑文の考証と解読

航海」に当たり、直訳すれば「水陸両方から」となる。

㐷㐌伕写

次の二字ははっきりしておらず、写は、ここでは動詞となるべきだが、語尾がない。書き漏らされたものかもしれない。合わせて「上奏書を提出する」の意であろう。

夾朴

満洲ツングース諸語が「そちら」、「そのような」、「これら」などの意を示す語根utaに関わりがあるはずである。それが指し示す「万国の民が賞を貢がせてくる」という文が、漢字碑文の「九夷八蛮、梯山航海、駢肩接踵、稽顙于闕廷之下者、民莫枚挙。」に対応することから、夾朴は「それら」あるいは「そうした」などの意があると思われる。

戎弃

満洲語のfalga（族、党）に対応し、ここでは「部落」と解釈すべきである。

卓发废

地名あるいは部落名のように思われる。当該地域に居住するのは吉列迷で、卓发废はそれの限定語となっており、「ドンボの吉列迷」の意となる。

第四行

废	弋	斥伀兵	夬厇	丕	弋	舟余伀	天圣久	史	仍走	夈戶伀右
-bo	i	giləmi	udigən	abuga	i	fəʤilə	taipiŋ	bə	dondibi	kəkəŋləməi
の	吉列迷	野人	天	の	下	太平	を	聞いて	叩頭し

gilemi üdigen tŋri-jin dour-a taibiŋ-i sonusʧu mörgün
吉列迷　野人　天の　下　太平を　聞いて　叩頭し

抱東	夾刿丸	奎	侒发	弋	朱右	关並	焉夾	□
gəduru	təjərə	buğa	goron	i	iʃiməi	dəndə	usui	
行こうとしたが	地方	遠くて	至り	得なかった				

odsu……qola-jin tu[l]a kürün jadaba
行こう　遠くのため　至り　得なかった

【漢字碑文：其民曰吉列迷及諸種野人雜居焉。皆聞風慕化、未能自至。】

伟伫兵史压

伟伫兵は、すなわち漢字碑文の「吉列迷」である。

史压は、モンゴル文のüdigen（野人）に相当する。史は『女直字書』では「野」を示す表意字だが、『永寧寺記碑』と『女真訳語』はともにそれに表音字压を附け加えている。この表音字の音価について、『女真訳語』の注音漢字は音節尾n子音を附けない形式だが、『永寧寺記碑』でそれを使用する氐压に附く属格語尾はもっぱら鼻子音で終わる語に使う羊なので、当時の遼東女真語において史压と氐压の語尾がなおn子音を帯びていたことがわかる。女真語udigənそのものが「野人」という意味を表すので、『女真訳語』においてudigənにさらにniarma（人）を続かせて「野人」とする表現は、漢文に牽引された杜撰なものにほかならないことがわかる。

夌丹伬右

この語は『女真訳語』の来文に頻出しており、均しく丹夌伬右*kəŋkələ-məiとし、『女真訳語』通用門86に録する語形と同じである。会同館『女真訳語』・満洲語ともにhəŋkilə-とし、ツングース諸語の形式も第一音節にみな音節尾ŋ子音を帯びる形式であるにもかかわらず、ただ『永寧寺記碑』においてのみその語の構成形式が独特である。この語は第11行にも見えるので、語頭二字の位置は誤って転倒したのではなく、方言における音位転倒が生じているものと思われる。音位転倒という現象は子音または母音においてよく見られるが、音節全体におけるものも例は多くないが、やはり金・明両代の女真語に見出すことができる、「鞍」：*əmərgən（金）→*əngəmər（明）の如くである。

抱束

語幹抱は「行く」を表す。金代女真語はそれを抱古と表示し、明代には語頭音節尾の子音がすでに脱落していたので、抱のみで表示する。束*duruは、動詞形成接尾辞-duと形動詞語尾-ruの合体であり、それに対応するモンゴル文も語幹に願望形動詞語尾-suがつく形式である。

夌判卂

後置詞。『女真訳語』続添6の夌光*təgirəとは同一語であり、満洲語のtəiləに対応する。女真語təjərəは「～にもかかわらず、～であっても」という意味を示す。

佼炱弋

対応するモンゴル文はqola-jin tula（「遠い」＋属格語尾＋原因後置詞）であり、すなわち「遠くのため」の意である。ここから、佼炱弋の下に原因後置詞の尾休斥*ʤaligi（これは金代石刻の綴り方で、『女真訳語』においては用屯*ʤa-iとする）が書き漏らされていると思われる。よって、伟伫兵史压丕弋舟余伬夭丕久史伋夌夌丹伬右抱束夌判卂奎佼炱弋朱右关並鸟疢の一文は、「吉列迷野人は天下が太平になると聞いて挨拶しに行こうと思っていたが、道が遠いことで至らなかった。」と訳しうる。さらに、佼炱は鼻音で終わる語なので、後続の弋よりは羊であるはず、第11行に現れる尼千弋にもやはり同様な原因で、尼千羊とするはずである。

鸟疢

第十一節　女真大字碑文の考証と解読

過去時否定助動詞。

第五行

屄兔羔　柔　乐　斗　㐰羔　夲夷　叐更　氏厇史　畬　夲臭　乐
haɢan ni alawa gi ilan ʧəni əlʃi uŋgibi irgən bə gəmu əlhə gi
可汗　の　勅により　三　　度　使者　遣わす　民　を　すべて　平安により

qaɢan-u ʤrlɢ-ijar gurban-ta elʧin ʤaruʤu irgen bügüde-ji amuɢul[a]ŋ-ijar
可汗　の　勅により　　三度　　使者　遣わして　民　　すべてを　　平安により

舟峀　甲厉　炗
təbu olu sə
住まわせるように

saɢulɢan ba-……
住まわせ

【漢字碑文：是以皇帝勅使三至其国、招安撫慰、□□安矣。】

㐰羔

「回」や「度」。満洲語は動量詞語尾（ŋ）gəriでそれを表示し、たとえば、əmgəri（一回、一度）、ʤuwaŋgəri（二回、二度）、ilaŋgəri（三回、三度）、duiŋgəri（四回、四度）、sunʤaŋgəri（五回、五度）、niŋguŋgəri（六回、六度）、nadaŋgəri（七回、七度）、ʤakuŋgəri（八回、八度）、ujuŋgəri（九回、九度）、ʤuwaŋgəri（十回、十度）の如くである。

叐更

語幹叐は、文脈および対応するモンゴル文により、「派遣する」と解釈できる。叐更は、『永寧寺記碑』においては合計三度出現するが、本行および第9行に対応するモンゴル文にはどちらもʤaruʤu（行かせる、差遣する）とあり、第6行に対応するモンゴル文はileʤü（送り出す、派遣する）とする。叐は『女真訳語』に見えないので、その音価がはっきりしないが、「派遣する」は、ツングース諸語においては音韻形式が一致しておらず、エヴェンキ語・ネギダール語uŋ-、オロチ語uŋi-、ウリチ語ujʤu-、オロッコ語ujdu-、ナナイ語ujgu-の如くである。しばらく満洲語uŋgi-により推定しておく。

第三章 『永寧寺記碑』

舟岙

岙は、第6行における皿が示す文法的意味と同じく、動詞使役態語尾である。本行における舟岙と第6行の「舟皿」に対応するモンゴル文もみなsaɢu（坐る）に使役態語尾lɢaを附ける形式である。岙と皿は、『永寧寺記碑』にのみ見られ、どちらも齿（女性使役態兼受動態語尾）の異体である。

甲房

語幹甲は、「成す」を示し、満洲語のo-に相当する。甲房は、金代石刻において乕杲と書かれる。語尾と語幹との間の母音調和からいえば、乕杲の方がより適合的であることはいうまでもない。

凩兎羌乑乕斗亦羌夲臾叐更氐屋史斉夲臾乕舟岙甲房夨の一文は、「可汗が三度にわたって使を遣わし、人民をすべて安穏に暮らすようにする。」と訳しうる。

第六行

秀 羌半 芉 氐屋 羌 夲臾 甲 夨方 禹尺 拤史 杲杲 九 乑
əʒən ni muʒilən du irgən ni əlhə o səbuma imahai əigən ilo ujəwun ania
君 の 心 に 民 の 平安にならしめんと 完全ならず 永楽 九 年

eǰen-ü boɢda……sedgil-dür irgen-i amuɢul[a]ŋ……juŋ lau jisüdüger on
君 の 神聖な 心 に 民 を 平安 永楽 第九 年

冭 屯 反列枀 南盂舟 反 一 玊 釒尺 件 乄 込
niənién ərin nuingon iʃika adi əmu miŋgan ʧauhai niarma orin ʃunʤa
春 季 内官 亦失哈 など 一 千 軍人 二十 五

qabur-un sar-a-da nuigon iʃiq-a-tan-i nigen miŋgan ʧerig-üd-i qorin tabun
春 の 月 に 内官 亦失哈 などを 一 千 兵たちを 二十 五

夅 角甲芉 舟皿 反丈史羌 奎 芉 叐更 丹乑 弋 疚夌
amba diha du təbu nurgən ni buğa du uŋgibi dusï i hafan
大きな 船 に 乗せて 奴児干 の 地方 に 派遣する 都司 の 衛門

第十一節　女真大字碑文の考証と解読

jeke oŋɡuʃa-dur saɢulɢaʤu nurgel-ūn orun ɢaʤar-a ileʤū dusi-jin jamun
大きな　船　に　乗せて　奴児干　の　地方　に　派遣し　都司　の　衙門

ilibu bəisə bithə-
建て　官たち　吏

bajiɢulʤu nojad
建て　官たち

【漢字碑文：聖心以民安而未善、永楽九年春、特遣内官亦失哈等、率官軍一千余人、巨船二十五艘、復至其国、開設奴児干都司。】

半
「心」を表す。『女直字書』では半とするが、「心」の表意字ではない。『永寧寺記碑』と『女真訳語』（「半」とする）はこの字で「心」を表すことから、借音字であることがわかる。会同館『女真訳語』の「心」に対する漢字表音は「木日勒」で語尾nが存在しない。ここでは四夷館の表音に従う。

甲夹夯
甲は、「成す」の語幹字。夹は、「言う」を示す。夯は【使役・受動態語尾＋非完了副動詞語尾】の合体表音字である。動詞語幹だけに付くsəbu-は、使役語気を示す命令形である。

禹尺拼史
禹尺は、満洲語のimata（すべて、まったく）に当たり、モンゴル語のimaɢta（つねに、いつも）とは同源関係をもつ。ここでは「完全な」「整った」という意である。後続の拼史は、【否定助動詞語根əi＋女性形動詞語尾-gən】である。禹尺拼史とは、すなわち「不完善」の意となる。

呆呆
呆米呆とすべきであり、「永楽」（明成祖の年号[1403-24]）の音訳である。さらに『永寧寺記碑』の第8、10、13諸行に見える。中原王朝の年号が女真文石刻に現れるのは「永楽」が最初である。これまでの年号は悉く女真語で綴る金王朝の年号である。『女真訳語』の来文にこれと同じ音訳式の明朝年号がいくつか出てきて、夊休（正統）、㕦天（景泰）、夅史（天順）、更夊夬（成化）、夅夈（弘治）、夊伐（正徳）の如くである。

厌列㐺

漢語「内官」の音訳。金代石刻の「内」の音訳である犀夅*nuiと綴り方がやや異なり、犀列の方には余計な尾子音nが附いている。夅は、第11行においてさらに「観音」の「観」の音訳に用いられる。「官」・「観」は桓歓韻合口一等に属し、元代ではその韻母がuɔnとなる。モンゴル文はgonを用い、その韻母が明初に至ってもなおuanに変わっていないことがわかる。よって、女真大字夅の音価をgonと推定すべきである。この字は碑文以外に女真語を綴るのにも用いられるから、推定音は女真語に存在可能な音韻に合致している。

南盂舟

二通の漢字碑文にともに見える人名「亦失哈」の音訳である。この名前から見れば、漢人ではなく女真人であることは明らかだが、語幹のiʃi-（「至る」の意）に専用する表意字朱を使わず2個の表音字南盂で綴られる。遼寧鞍山で出土した『崔源墓誌』に、墓主について「宣徳元年、同太監亦信下奴児干等処招諭、進指揮僉事」とあり、崔源の名は本漢字碑文第24行に見えることから、墓誌の亦信は明らかに亦失哈の別訳にちがいない。

女真人の宦官である亦失哈を任用することで、明朝は「野人女真」といわれるアムール川下流域の住民を円滑に支配することを図ったものである。イスラム教徒の鄭和を、イスラム教徒が多く住む東南アジア・南アジアの海の世界に派遣したのと、同じ意図を読み取ることができる。

㐷尺

「軍」という語は、金代石刻および『女真訳語』においてはみな㐷甲とするが、㐷尺が表示する音韻は、明代遼東女真語によるものである。

角甲

「船」という語は、第3行では角尺とする。語尾音節のha→haiは、明代遼東女真語の特徴の一つである。

丹舟

漢語「都司」の音訳。ただし、漢語支思韻の「司」を本来舟*sɿで音訳するのは金代石刻で証明しうる。舟は金末に現れ、「資」の音訳に使う。だから、「司」の音訳には、金代石刻と一致するような舟*sɿを使用すべきである。同語は第15行に再び見えており、綴り方がまったく同じである。第8行の舟は、さらに「子」の音訳に当たる。

今一つ字形が相似する舟があり、第9行に漢語斉微韻の「西」を音訳することから、碑文書写者が舟に賦与する音価は『女真訳語』の盂*siと同じになり、舟に賦与する音価は『女真訳語』の舟*sɿと同じになるのではないかと考えられる。舟は、女真固有語の音節尾子音sおよび漢語支思韻の「思」「司」「辞」「慈」「子」の音訳に兼用することに鑑み、その音価はsɿに違いない。だからこそ、『永寧寺記碑』においてそれを盂*siの代わりにし、「西」を音訳することができるのである。

外来語特有の音韻を表記するために作り出された一部の専用表音字が、使用過程において混用されることは、つとに契丹大小字に見えている。ここでは、漢語支思韻と斉微韻に使用する関係表音

第十一節　女真大字碑文の考証と解読

字を表にまとめ、比較してみよう。

韻	字例	女真大字			契丹大字	契丹小字
		金代	永寧寺	訳語		
支思	子	乔*sï	乔*sï	乔*sï	子*ʦï	伞𠈎*ʦï, 伞𠈎*sï, 廿*sï
	資	乔*ʦï			子*ʦï, 冈*sï	伞𠈎*ʦï
	紫					
	辞	乔*sï				
	慈	乔*sï			冈*sï	
	賜			乔*ʦï		
	刺				冈*sï	廿*sï, 伞𠈎*sï
	思	乔*sï				
	司	乔*sï	乔*sï		冈*sï	廿*sï
斉微	西		乔*si	盂*si	犀*si	伞㠯*si
	犀			盂*si	犀*si	

比較の結果によれば、女真大字の乔は最初にʦï・tsï・sï音訳の全般を担ったが、およそ金末の頃に外来語音を細分化するため、乔を作り出して、それをもっぱらʦïの音訳に当て、もとの乔にsï・tsïの音訳だけを担わせた。ところが後世の使用においては、契丹文字に見えるような混同が到底免れえなかったのである。

庋攴

漢語「衙門」を対訳するものである。それに対応する満洲語のhafanは「官」の意である。会同館『女真訳語』における「衙門」の注音漢字は「哈発」となり、語尾n子音の脱落を示す。

写血

写は動詞「立つ」の語幹字。血は、動詞使役態語尾。

伕夊

伕夊は、のちの満洲語bithəʃi（筆帖式）と同一語となる。主に謄写や翻訳などを務める低級官吏の属、すなわち「吏」である。

第七行

夊 斎 丈 夯 夻 弋 肯 伞 斎 伞臾 肓 叐 什 反 益 丕 羊
-ʃi gəmu nuʃiba buğa i itəl gəmu əlhə baha səmə niarma nuru abuga du
　　すべて 素直で 地方 の 民 すべて 平安 得た と 人 ごとに 天 に

第三章 『永寧寺記碑』

biʃig……tegü……Gaʨar-un irgen bügüde-ji amuGulba kemen kümüd tutum tŋri daʧa
吏　　　　　　　　地方の　民　すべてを　安んじた　と　人たち　ごとに　天　より

兄 羏 並 升 灰 庁 冊 俀 攵　店 昃 旻 乿　肴　氶 韦 屯　件　夋 甲 夅
ʃigun ni dəhəi gəsə dolgora　urGunʨərə　taŋgu funʨərin　niarma　tahabi
太陽 の 昇った 如く　興奮したり喜んだりする　百　余　　　人　　従って

naran urGuGsan metü bajasulʧamu basa ʨaGun ülegü kümün aGulʨan
太陽　昇った　如く　互いに喜ぶ　また　百　余　　人　謁見しに

夋 庁 伋 右　抱 容 朱
kəkəŋləməi　gənəgisa
叩頭し　　　行けば

odbasu……
行けば

【漢字碑文：昔遼金疇民安故業、皆相慶曰、□□今日復見而服矣。遂上□朝□□□都司】

攵 夯

形容詞「睦まじい、穏やか」である。金章宗の年号「泰和」は、すなわち同根語攵夯皀*nuʃibahaiである[①]。攵夯に対応するモンゴル文はtegü-であり、その語尾部分が欠けているが、現代モンゴル語のtegülder（完全な、完璧な）に当たる形容詞であろう。

肴

肴は、動詞「得る」の過去時形式。

呈

語気助詞。「と」の働きに似ている。『永寧寺記碑』では、モンゴル文のkemenやkemeʤüに対応す

---

① 拙著「黒水城発見の女真大字残頁」、井上充幸・加藤雄三・森谷一樹編『オアシス地域史論叢—黒河流域2000年の点描——』松香堂、2007年。pp.81〜92。『愛新覚羅烏拉熙春女真契丹学研究』松香堂、2009年所収。

第十一節　女真大字碑文の考証と解読

るが、女真文は独体字で表すことで、無活用変化の語気助詞を示す。

厌盎

後置詞。『女真訳語』は厌盎とし、「毎」と訳する。満洲語における対応語がnurhū-（連ねる）である。

並升

並は、「高い」の語根字。ここでは動詞に転用し、「昇る」を示す。升は、女性過去時形動詞語尾である。

乕伇夊

語幹の乕伇は「興奮する」を示し、語尾の夊（第2行では同語尾をまた夊とする。『女真訳語』でも二字の併用が見られる）は、男性現在未来時動詞語尾である。乕伇は広円唇母音をもつ語幹だが、語尾には母音調和に支配される満洲語の-roが出現していない。

抱容朱

語幹抱容は「行く」を示す。朱は、条件副動詞語尾であり、モンゴル語の条件副動詞語尾-basu／-besüに対応する。本行では抱容朱に対応するモンゴル文od-（行く）に附くのが男性形-basuであり、第11行の朱に対応するのが女性形-besüである。-basu／-besüは現代モンゴル語でよく-balに差し替えられる。

『永寧寺記碑』では動詞語尾朱が数回現れ、均しく動詞が示す動作の発生によって次の動作の発生を引き起こすことを表すものである。動詞語尾としての朱は『女真訳語』にも二カ所現れ、

　　井朱 *əi-gisa（不可[人事門135]）

　　矢盂朱 *ʤəkʃi-gisa（哄誘[続添20]）

とあり、さらに、『女真訳語』において朱に対する解釈があり、

　　朱 *gisa（呵[新増38]）

とある。こうした解釈によれば、朱を一種の感嘆語と誤解しかねない。実際のところ、ここの「呵」は元代公牘文体（語彙を漢語、文法をモンゴル語とする文体）によく見かける仮定語気を示す「呵」と一致するもので、仮定条件助動詞bögesüに相当する。たとえば次の如くである。

　　(1) 後頭拿住呵、便教拿住的人要者（今後押収したら、押収したものにやろう）。
　　(2) 這般宣諭了呵、別了的人毎要罪過者（こうした宣諭を行った以上、違反者が出たらその罪を問わねばならない）。

「呵」は、(1)においては仮定条件を示し、(2)においては前の動作の発生によって次の動作の発生を引き起こすことを示す。

従って、『女真訳語』における朱の解釈としての「呵」は、元代公牘文体の「呵」がもつ文法的意味を踏襲するものであり、感嘆語ではないと考えられる。

朱は、金代石刻にも見えており、条件副動詞語尾-gisaである。それは、明らかに中世モンゴル語の条件副動詞語尾-ɢasu／-gesüと同源関係がある。女真語の-gisaは、満洲語に至ると消えてし

まい、いかなる条件を示しても、同じく-tʃiで現れる。この-tʃiは、女真語の盂*ʃiと同源であると考えられるが、今一つの女真語の店*balは、モンゴル語に由来するものだろうが、『元朝秘史』にはなお見えていない。加えて更更店*biʃʃibalにのみ用いられる。この語尾の変異形は満洲語においてbiʃʃibəに見える。

第八行

  凪乕　帯荼　为攵　朱氺　冬　席旻臭　乕乕　毛圡舟　尭禾金　此凫
  hağan　tasa　duligən　iʃigisa　amba　ədʑəhə　doro　ətuku　bosɤfau　alibuwi
  可汗　朝廷　中央　至れば　大　官職　印信　衣服　布鈔　受け取り

  ………jeke　tʃola　tmɢ-a………sojurqadʑu
  　　　　大きな　称号　印信　　　　　賜り

  件　刈庨　冬房尺　夲　芉　方　尙庋攴　写皿　枈攵　兄尺
  niarma　jə'ə　bandiluhai　buğa　du　tumən　hu　hafan　ilibu　dʑuləgən　sahai
  人によって　生まれた　地方　に　万　戸　衛門　建て　先に　知った

  törügsen　ɢadʑar-taɢan　tümen-ü　jamun　bajiɢuldʑu　urida　medegsed
  生まれた　地　に　万の　衛門　建てさせ　先に　管理した

  氐屄　攵　兄犀羋　旻　愛刈　昗氺昗　千　乖　冬　屯
  irgən　bə　sahini　səmə　uŋgijə　juŋlo　dʑua　ania　tuğə　ərin
  民　を　知らしめんと　派遣した　永楽　十　年　冬　季

  irgen-i　medetügei　kemen　ilebe　jun　lau　arbadugar　on　öbül　sar-a-dur　basa
  民　を　管理せよ　と派遣した　永楽　第十　年　冬　月　に　また

  厎刈夅　甫
  nuingon　i-
  内官　亦

第十一節　女真大字碑文の考証と解読

◇◇ ◇◇◇
nuigon iʃiq-a
内官　亦失哈

【漢字碑文：而余人上授以官爵印信、賜以衣服、賞以布鈔、大賚而還。依土立興衛所、收集旧部人民、使之自相統属。十年冬、天子復命内官亦失哈等載至其国。】

◇◇

『女真進士題名碑』第3行において、「朝臣」と訳しうるものがあり、◇◇◇◇となる。従って、◇◇の本義「政」に由来する派生義は「朝廷」となる。

◇◇

語根◇は「中央」を示す。◇は、方位名詞兼形容詞語尾であり、会同館『女真訳語』の方位詞語尾-gəに相当する。

◇◇◇

「官職」の意。『女真訳語』における「武職」の「職」は◇◇◇とするが、語幹◇◇の本義は「覚える」なので、それより派生した名詞として、満洲語にはəʤəku（知事・主事）がある。

◇◇

女真語の「印」は元来「礼法、習慣」を表すdoronと同音であるが、『大金得勝陀頌碑』では◇◇を用いて「礼」「法」を表し、語尾のn子音がすでに脱落していたことを推測しうる。『女真訳語』の「印」は◇◇のように綴られており、語尾n子音がなお存在していたことを証明しうる。

◇◇◇

「衣服」の意。◇は、金代石刻ではku～hu音節を表したが、『女真訳語』ではhu～həおよび語頭のu母音を表す。そうした複数の音韻形式で現れるのは、単語の発音に変化が生じたためである。発音が変わったが、それに従って綴りを改めなかったため、同じ表音字に異なった音韻が発生したのである。『永寧寺記碑』における「衣服」という単語は、第9行においては◇◇のように綴られる。語根の◇は、明代にはətuと発音するので、本行の◇◇◇の◇がhu音節を表す可能性はない。それが果たす役割は、◇に含まれる第二音節のu母音を重複することだけである。

◇◇◇

◇◇は、漢語「布子」の音訳。◇は、漢語「鈔」の音訳。合わせれば「布鈔」となる。

◇◇◇◇◇◇◇◇◇◇◇◇◇◇◇◇◇◇の一文は、直訳すれば、「可汗の朝廷に至ると、大官職・印信・衣服・布鈔を頂く。」となり、それに対応する漢字碑文は「上授以官爵印信、賜以衣服、[賞]以布鈔」となる。

◇◇

第三章 『永寧寺記碑』

　語幹afは、「与える」を示す。凡は、【使役・受動態語尾＋完了副動詞語尾】の合体表音字である。満洲ツングース諸語においては、多くali-／al-で「受け取る」を示すが、「与える」はそれに相応した使役態で表す。たとえば、満洲語ali-（受け取る）／alibu-（与える）の如くである。『女真訳語』にはaf凡*alibuwiがあり、「給」と釈義され、満洲語と同じである。ところが、金代石刻に現れる女真語における意味はそれと正反対で、af未を「与える」とし、af房を「受け取る」とする。『永寧寺記碑』第8行にもaf凡があり、「受け取る」の意を示すが、『永寧寺記碑』第9行のaf夯*ali-baこそ「与えた」に当たる。『金史』国語解に「以物与人已然曰阿里白」とあり、「阿里白」とはまさに石刻のaf夯*ali-baにほかならない。

判疾
　判疾は、後置詞であるはずであり、「によって」「に従って」などの意を示す。女真文の件判疾㐂房尺坴羋方尚疾攴写屾朿史兄尺氏圧史兄屖羋旻受判という文は、漢字碑文の「依土立興衛所、収集旧部人民、使之自相統属」に当たる。

方尚
　「万戸」の意訳＋音訳。方は、女真語の「万」で、尚は、漢語の「戸」の音訳である。

兄屖羋旻
　語幹兄の本義は「知る」だが、ここではそれより転じて「管理する」「統轄する」となる。すなわち明、清の官称「知府」「知縣」の「知」に相当する。

　屖羋は、動詞命令形語尾。満洲語の動詞命令形語尾-kiniと同じ文法的意味をもつ。語気助詞旻は、屖羋に附くことによって、分析型第三人称命令形を構成する。兄屖羋旻に対応するモンゴル文mede-tügei kemenも、それと同様に動詞語幹medeに第三人称命令形語尾tügeiとkemenを附けている。

受判
　語幹受は、「派遣する」を示す。判は、過去時動詞語尾。この語尾は広円唇母音語幹に附く乎と同じ種類に属する。母音調和によって推測すれば、さらに男性語幹に附く-jaが存在すべきだが、現存の女真文資料にはなお出現していない。

第九行

盂用　仄　夯　受吏　　尺夯　廾屖　仄丈史　羋　朱帝亥　厵屯　关休屖　舟南　仄
ʃika　adi　ba　uŋgibi　　haisi　duhi　nurgən　du　iʃitala　mədərin　tulihi　ku'i　adi
失哈　など　を　派遣する　海西　より　奴児干　に　至るまで　海　　外の　苦夷　など

tan-i ǰaruǰu　qai si eʧe nurgel kürtele dalai-jin gadarkin küü gii……
など　を　遣わし　海　西　より　奴児干　至るまで　海　の　外の　苦　夷

第十一節　女真大字碑文の考証と解読

疒	仓	件	羊	无舟	金市斤	吏刈	史	北夯	呑天	盂罝	冬
haha	həhə	niarma	du	ətuku	baitaga	ulin	bə	aliba	saldai	ʃiha	amba
男	女	人	に	衣服	物品	財貨	を	賜った	老人	若者	大

er-e em-e……da torɢan degel ba……keregtü ed-i sojurqabasu jeke öʧüken ötegüs
男　　女　　　に　緞子　衣服　および　　必要な　物品を　賜えば　　大　　小　老人

夃	夻	夲	启昦昃右	乏甪□□	乔	件	厌	羋刈
oso	gəmu	əl-	urǧunʤə-məi	taha	aʃi	niarma	adi	ajin
小	すべて	平安	喜び	従い	動揺(する)	人	など	無し

ʤalaɢus kiged………
若者　　および

【漢字碑文：自海西抵奴児干及海外苦夷諸民、賜男婦以衣服器用、給以穀米、宴以酒饌、皆踊躍歓忻、無一人梗化不率者。】

夯
金代では、鼻子音で終わる語に附く男性対格語尾だったが、明代女真語の対格語尾が附く単語の語尾については鼻子音の有無という接続条件はすでに存在せず、従って金代の非鼻子音で終わる語に附く男性対格語尾尔は消失し、夯と史との対立に男性・女性という要素だけが残存している（今一つの広円唇音母音語幹に附く対格語尾兂は、『女真訳語』にしか見えない）。

尺夯丹犀
尺夯は、漢語「海西」の音訳である。かつて「海西」の名を漢名ではなく、女真語方言の漢語音訳とする説があったが[①]、それはモンゴル文のqai si（海西）に対応し、ともに漢語の音訳であり、女真語ではあるまい。『永寧寺記碑』の綴り方は『女真訳語』来文の尺盂とは異なっているが、どちらともhai siすなわち漢語「海西」の発音そのままを書き写すものである。
丹犀は、女性奪格b語尾。尺夯丹犀は、すなわち「海西より」となる。モンゴル文ではqai siの次に女性奪格語尾eʃʃeが附く。

朱市友

---

① 白鳥庫吉「海西女真に就いて」、『白鳥庫吉全集第五巻・塞外民族史研究下』岩波書店、1970年。

第三章 『永寧寺記碑』

希友は、限界副動詞語尾。金代石刻では、甬友*dalaや灻昊*toloの併用が見られる。『女真訳語』では、希夭*talaのように表記される。

寙屯

寙は、『女直字書』において夋と書かれ、「海」を表す表意字である。『永寧寺記碑』と『女真訳語』では、表音字を後続して寙屯となる。『女真訳語』の注音漢字が「脈忒厄林」となることから、明代における発音がmədərinとなることがわかる。『金史』巻一百三十五/金国語解/物象「忒鄰、海也」によれば、明代の発音は金代の発音tərinとの間に差異が生じている。明代において奴児干都司永寧寺記碑建立の地名は「特林」と称され、女真語tərinに音韻が近いが、実はその名は吉列迷語（Gilyaks）のtir-bahàに由来し、tirは「崖」の意をもち、bahàは「岩」の意をもつ。特林は黒龍江の東岸に位置し、石灰岩より構成される丘陵である。「崖岩」という名の由来は、その地形に因んだものであろう。アムグン川河口に居住するネギダール人は、その川の前岸にある丘陵をtirinと称するが[①]、それが漢文史書に記述される音訳「特林」の直接の出所となるはずである。

关休犀

語幹关休は、方位詞の「外」である。『女真訳語』では、冉と書かれ、会同館『女真訳語』では、tulu（注音漢字は「禿魯」）とする。犀は、形容詞的方位詞語尾なので、モンゴル文の形容詞的方位詞語尾-kin（現代モンゴル語の-ki）に相当する。关休犀は、すなわち「外側の」である。『女真訳語』に見える叁犀*fəʤi-hiは、同じ語尾を附けた方位詞である。

舟南

ku'iはすなわち漢字碑文に見える「苦夷」である。苦夷とは、『元史』など元代の史料に見える「骨嵬」および『皇清職貢図』（『吉林通志』巻百十二）の「庫野」、曹廷傑『中俄図説』（『吉林通志』巻百十二）の庫葉、魏源「開国龍興記」（『聖武記』巻一）の庫頁と同様に、アイヌを指すものである。なお遡って唐代に樺太を流鬼と称することは、白鳥庫吉の解するところによれば、ギリヤーク語のLaer-Kuye（La河の苦夷）の音訳とのことである[②]。ku'iという名は、アイヌの近隣民族のアイヌに対する他称ではなく、かれらの自称である。碑文にアイヌのことが刻まれているということは、明朝の朝貢貿易のネットワークの中に、アイヌが含まれていたことを示す。

金希岸

「物品」である。満洲語baitalan（日用品）と同根語となる。

夷刃

[①] 鳥居龍蔵「奴児干都司考」、『鳥居龍蔵全集』第六巻、朝日新聞社。1976年。
[②] 白鳥庫吉「唐時代の樺太島について」、『白鳥庫吉全集第五巻・塞外民族史研究下』岩波書店、1970年。ただし、サハリンにおける考古学的研究に基づき、13世紀中葉以前にアイヌがそこに居住していた痕跡を示す資料が発見されていないことで、流鬼をアイヌと比定しえず、ギリヤークと考える説がある（菊池俊彦『北東アジア古代文化の研究』北海道大学図書刊行会、1995年）。

「財貨」である。会同館『女真訳語』ではuli（注音漢字は「兀力」）とし、満洲語ではulin（財貨）とする。

屸夯
語幹屸は、「与える」を示す。夯は、過去時動詞語尾。『金史』巻一百三十五/金国語解/人事に「以物与人已然曰阿里白。」とあり、「阿里白」は、まさに屸夯*ali-baの訳音に当たる。

尺舟丒犀厇史史羋朱帀攴厵屯关休犀舟南厎示仑件羋兂舟金帀岸更列史屸夯 という文は、直訳すれば「海西より奴児干海外に至る苦夷など男女に衣服・物品・財貨を賜った」となる。

呑天
すなわち『女真訳語』の「呑天」であり、「老」を意味する。

盂曱
「老若」の「若」。満洲語は「幼い」をaʃihaとし、会同館『女真訳語』は「幼小」をaʃa（注音漢字は「阿沙」）とする。ここから、『永寧寺記碑』のʃihaは、語頭a母音が脱落した形式であることがわかる。

全
全の下に炱の字が漏れている。全炱は、「安らか、平安」である。

叐甶□□
叐甶の下の二字がつぶれているが、語尾字に当たるはずである。

夯
夯は、動詞「動揺する」の語幹字であり、次の件（人）の修飾語となるので、語尾字が漏れているのかもしれない。

第十行

冎兎	羊	攴土	斥土	拼攴	乜刈	羊	乎斥	天卓	夅走	奎	弋	肯夲	史
haɢan	ni	məŋgun	altʃun	əitə	hatʃin	ni	itʃəgi	taira	labi	buɢa	i	itəl	bə
可汗の		銀	金	一切の	品物で		新たに	寺	造り	地方	の	民	を

eʤen-ü möŋgün altan eldeb tabun……tan-ijar süm-e bosuɢatʃu ɢatʃar-un irgen-i
君の 銀 金 様々な などにより 寺 建て 地方 の 民 を

尸昦攴	拼史	叐攵	丰屯攴	拼史	斉	茾	羊犀	羊	叐
ʃimŋunburu	əigən	buru	jorinburu	əigən	gəmu	sai	du	tuhini	səma
寒くさせない		また	飢えさせない		すべて	善	に	帰せしめんと	

第三章 『永寧寺記碑』

eŋke amuɢulaŋ-ijar büɡüde sajin sedgil-ijer atuɢai kemedʒü
安寧　平安　により　すべて　善　心　で　有れ　と言って

juŋlo ʤua əmu ania bolo ərin nurɢən ni fərilə momɡiŋʤam ni
永楽　十一　年　秋季　奴児干　の　西　満涇站　の

juŋ lau arban nigedüger on namur sar-a-da nurgel-ün örüne eteged mön giŋ ʤam-un
永楽　第十一　年　秋月に　奴児干の　西方　満涇站の

【漢字碑文：上復以金銀等物為択地而建寺、柔化斯民、使之敬順、太祖以聖□為相之端。十一年秋、卜奴児干西、有站満涇】

拝亥
「一切の」。満洲語のəitənに相当する。

乜刅
乜刅が対応する満洲語の本義は「種類」だが、女真語はここでは「品物」と解すべきである。

羊
羊は、鼻音で終わる語に接続する属格語尾だが、ここでは造格の働きをする。

尿晃艾拝史
語幹尿晃は「寒い」を示す。会同館『女真訳語』ではʃimŋu（注音漢字は「失木兀」）とする。艾は、【使役・受動態語尾＋形動詞語尾】の合体表音字である。尿晃艾は、すなわち「寒くさせる」であり、下に否定助動詞拝史をつけると、「寒くさせない」となる。

圭屯艾拝史
語幹圭屯は、「飢える」を示す。『女真訳語』が記録する同義語幹同同*jojo-とは音韻上すこし異なる。対応する満洲語には、juju-（飢える）とjojo-（窮乏する）がある。

羊犀羊旻
語根羊は、「落ちる」「倒れる」を本義とするが、ここでは転じて「帰する」とする。この語根を『大金得勝陀頌碑』は羊炅とし、『女真訳語』は舟枭とする。ツングース諸語において『永寧寺記碑』tu-の音韻形式に近いものとしては、ウリチ語、ナナイ語のtu:-（転ぶ、降りる）、オロッコ語のtu:-（墜落する、倒れる）がある。しかし満洲語のtuhə-（倒れる、落ちる）は『大金得勝陀頌碑』のそれに類似する。ここから、明代遼東女真語の特徴の一つが窺われる。

第十一節　女真大字碑文の考証と解読

尾羊は、動詞命令形語尾であり、満洲語の動詞命令形語尾-kiniとは文法的意味を共有する。

語気助詞㕛は、尾羊の下に附くことによって分析型第三人称命令形を構成する。羊尾羊㕛に対応するモンゴル文atuɢai kemeǰüも、動詞語根aに第三人称命令形語尾tuɢaiを附けた上kemeǰüを後続して構成されたものである。

伞㕡今

漢字碑文に見える「満涇站」に当たり、『経世大典』に「末末吉站」（今のロシア領アムグン川河口にあるマンギタ城）に作る。そこには、元・明時代に狗站が設けられており、その最終点は満涇の地である。『明実録』永楽十年十月丁卯の条に「遼東境外の満涇等四十五站を置く。」とあり、それは元代に遼陽等処行中書省が末魯孫から末末吉までの間に設置した十五カ所の狗站を復活し、重ねて四十五站を設けたのである。『遼東志』によると、明代に奴児干へ赴くには、海西衛所在の底失卜站（中国黒龍江省双城市の南、松花江沿岸の花園屯大半拉子古城）が出発点となった。伊通河にそって松花江へ出て、三十站を経ると薬乞站（ハバロフスク）に至った。ここは狗站の起点であった。そこから第二十二站で奴児干に到達する。奴児干の後方になお黒勒里站・満涇站の二カ所があり、その終点であるという。満涇站はアムグン河口に位置し、当時の交通では下流に向かう必要はなかったので、この下流地帯は吉列迷の分布地域であった[①]。

第十一行

尺禾　盂羑　华　巳　此刈　夆房尺　並史　更右　皮盉　肯朿　枭史
haisu　ərgə　du　tar　alin　bandiluhai　dəgən　bimǝi　nusuru　saiso　ǰuləgən
　左　　方　　に　その　山　　成長すること　　高い　　かつ　相応しい　よい　　先の

ǰegün aɢula törügsen öndür bögetele ǰoqis-tu sajin-u tula uridan-u kigsen
　左　　山　　成長したこと　高い　　かつ　　相応しい　よい　ために　先の　造った

叅束　帀斗　史　庋更　天卓　伍右　㚅　炙圥　㑈炎
gon-im　taŋ　bə　kalabi　taira　ǰisuməi　burka　labi　goron
観　音　堂　を　改める　　寺　　建て　　仏　造り　遠い

gön jim ger-ün ɢadaɢʃi süm-e bosuɢaǰu burqan-i ǰoruʃin saɢulɢaba qolakin ba
観　音　堂の　　外に　　寺　　建て　　仏を　造り　　坐らせた　遠くの　および

---

① 鳥居龍蔵「奴児干都司考」、『鳥居龍蔵全集』第六巻、朝日新聞社。1976年。

195

第三章 『永寧寺記碑』

  女真文　　　女真文　　　女真文　　　女真文　　　女真文
tikhun i niarma kəkəŋləməi ʥuktəgisa niarma urǧun əlhə doro ʃira dohi
近くの 人 叩頭し   祭れば 人 喜び 平安になろう 昔より

ojirakin kümün mörgüʥü bujan eribesü bügüde amumu-ʥ-a erten etʃe
近くの 人 叩頭して 福 祈れば すべて 平安になろう 昔 より

【漢字碑文：站之左、山高而秀麗。先是、已建観音堂于其上、今造寺塑仏、形式優雅、粲然可観。国之老幼、遠近済済争趣、□□高□□□□□威霊、永無厲疫而安寧矣。】

女真文

「左」である。会同館『女真訳語』ではhasu（注音漢字は「哈速」）とする。満洲語の「左」はhashūであり、同根語にはhasutai（左利き）がある。

女真文

『永寧寺記碑』第7行の女真文 *nuʃibaとは同根語であり、「適当な」「適合する」との意。女真文は、満涇站の左側にある山の地勢が寺の建造に「具合がよい」ことを意味する。

女真文

語根女真文は、「良い」の意。『大金得勝陀頌碑』に動詞女真文（挨拶する）が見え、女真文は女真文に由来するものであり、『女真訳語』では女真文とする。

女真文

漢語「観音堂」の音訳。「前の観音堂を改めて寺を造り」は、漢字碑文の「先是、已建観音堂于其上、今造寺塑仏」の一句に当たる。永楽十一年（1413）以前のいつ建てられたのか不明だが、あるいは元代において奴児干に東征元帥府が設置された時に仏教を現地に広める政策の一環として建てられたのかもしれない。考古学的発見によるとアムール川流域への仏教移入はおよそ10～11世紀頃にあった[①]。

女真文

語幹女真文は「改める」となる。同語根は『朝鮮慶源郡女真国書碑』に女真文とあり、金代女真語の語根末にはなおn子音を帯びていたが、明代においてはすでに脱落していたことが確認される。

女真文

---

① V.E.メドヴェーチェフ『ウスリー島の中世の遺跡』ノヴォシビルスク、1982:100.『紀元後1000年紀末～2000年紀初頭のアムール川流域（女真時代）』ノヴォシビルスク．(A.R.アルテーミエフ『ヌルガン永寧寺遺跡と碑文—15世紀の北東アジアとアイヌ民族—』より）

語幹㐱は、「する、つくる」ことを意味し、「書く」ことをも意味する。ここでは、「塑像をつくる」という意味を示す。la-は、すなわち満洲語のara-である。

㕭禾㐫⿱

語幹㕭禾㐫は、『女真進士題名碑』では「志」を示し、『女真訳語』では「尊」を示す。ここではモンゴル文bujan eribesü（福を祈れば）に対応し、「祀る」の意がある。満洲語ʤuktə-（神を祀る）に相当する。⿱は、条件副動詞語尾である。

乑

推量語気を込める感嘆語である。満洲語のdərə（であろうか）に相当する。

先𠃑犀

先は、『女直字書』においては「古」の表意字である。『女真訳語』においては表音字を下に附けた先夅とする。

𠃑犀は、男性奪格b語尾である。モンゴル文のertenは女性語なので、下に附けられた奪格語尾は女性形のeʃeとなる。

第十二行

卆 □ 쑤 朱帀㐫 㐌𡰪 史 镸㐫右 周㳄史 □□ 矢㡀 卆　乑
tək　　du iʃitala　irgən bə ʤiləməi uʤiru　　　gəsə ai ʤui
今　　に至るまで　民　を 慈しみ　養う　　　　如く なに 子

edüge kürtele irgen-i asaran teʤijekü tegün eʃe ülegü jaɢun bui köbegüd
今に　至るまで 民を　慈しみ　養うこと それより ほかに なにかあるか 子たち

左旲 弋 厇㐫𠃑 朱　受甲尢 㐨壬 㐫丈　史　尤㐎　㡀史右
omolo i ʤala do iʃi tahabi husun buru bə goiji ʤobəməi
孫　　の 世代　に 至る(まで)従って力を尽くすことを せず　妨害し

aʃinar-un üj-e-dür kürtele küʧün ögküiben……busu magun törüʤü
孫たちの　世代に　至るまで　力　尽くす　　せず 悪事 生じ

尢 关𠀎丈 㐆 更付 写䀘丹 方 枀𠃑 㡀丈 夬房
ono dəndəru gi biha ilibuhəi tumən ania do ʤoburu folu
どうしてできるだろうか　建てた 万 年 に 偲ばせる 銘

第三章 『永寧寺記碑』

ker tʃidaqu bitʃitʃü tümen tümen on……delgeregülbei
どうしてできる 書写して 万　　　万　　年　　　　広く伝えた

【漢字碑文：既而曰、亙古以来、未聞若斯。聖朝天□民之□□□上忻下至、吾子子孫孫、世世臣服、永無異意矣。……故為文以記、庶万年不朽云爾。】

牟□
牟は、副詞兼名詞型「今、現在」である。次の字はすでにつぶれており、残った下半部は共のように見える。牟□芈朱帋夾は、「今□に至るまで」だが、『大金得勝陀頌碑』の牟羋朱甬夾とほぼ同じである。

㕦夾右
語幹㕦夾は、「慈しむ、哀れむ」の意である。『女真訳語』では、その下に附くのは非完了副動詞語尾の男性形夨であるが、『永寧寺記碑』では、女性形の右が附く。こうした語幹母音との調和を欠く語尾の事例は、金代石刻にも散見する。

冃夵丈
語幹冃夵は、「養う」の意である。丈は、現在未来時形動詞語尾である。モンゴル文 tetʃijeに附くのは同語尾の女性形küである。

尼夾
「世」、「代」の意をもつ。金代石刻の尼米と『女真訳語』の尼夾米はともに語尾n子音を帯びる形式であり、『永寧寺記碑』の綴り方によれば、語尾n子音がすでに脱落していることを証明しうる。語尾n子音の脱落は、『永寧寺記碑』に記録された遼東女真語の一大特徴といえ、この特徴は会同館『女真訳語』にもあまねく反映されている。

朱
「至る」の語根である。対応するモンゴル文が限界副動詞語尾-teleを帯びるところから、朱の下に漏れた字があるべきで、それは帋夾に違いない。

乎主乏丈
乎主は、「力」の意である。乏は、動詞「与える」の語幹字であり、丈は現在未来時形動詞語尾である。乎主乏丈は、合わせて「力を尽くす」になる。それに対応するモンゴル文は、küfün ögküibenである。『女真訳語』に乏丈の同根詞である乏店冬があり、「与」（与える）と訓しているが、これは乏丈と取り違えたもので、「還す」を意味するはずである。

尤未
否定後置詞。金代の発音はgoijiであるが、『女真訳語』ではすでにgoijuのような音韻変化が起

第十一節　女真大字碑文の考証と解読

こっている。『永寧寺記碑』においては音韻変化を示す手掛かりがないので、しばらくgoijiと措定しておく。金代石刻で属格語尾または名詞に附くことを接続条件とすることはモンゴル文のbusuと同じだが、『永寧寺記碑』では対格語尾圠に附く用法が初見する。あるいは圠の下に書き漏らされた形動詞があるのではないだろうか。

岑圠右

語根岑圠は、「妨害する」の意となる。満洲語のʤubəʃə-（陰で人をそしる）に相当する。

岑夂

語根岑は、「偲ぶ」の意となる。満洲語のʤon-（追想して語る）に相当する。金代石刻は岑夌とするが、明代では語根音節の尾子音nが脱落しているため、表記上では夌が省かれている。夂は、【使役・受動態語尾＋形動詞語尾】を示す合体表音字である。

夨房

語根夨は、「刻む」の意である。金代石刻が玫乕とするのは、語尾n子音を帯びる形式だが、『永寧寺記碑』の綴り方は、語尾n子音がすでに脱落していたことを示す。夨房は、満洲語のfolon（銘）に相当する。

第十三行

天乗夂	呆米呆	千	一	永	九	月	二	千	二	日	写□
daimiŋ	juɲlo	ʤua	əmu	ania	ujəwun	biɡa	ʤua	ʤua	ʤua	inəŋgi	ili-
大明	永楽	十一		年	九	月	二十		二	日	立てた

dai miŋ juŋ lau arban nigedüger on jisün sar-a-jin qorin qojaduɡar ödür bajiɡulba
大明　永楽　　第十一　　　年　九　月の　　第二十二　　　　日　建てた

【漢字碑文：永楽十一年九月廿二日立。】

二千

『女直字書』・金代石刻および『女真訳語』において「二十」はみなえとし、すなわち満洲語のorinであるが、『永寧寺記碑』だけはえ払（二十五）と二千二日（二十二日）のような二通りの表記を行っている。ここから、えから二千への変化が最初に日付において発生したことを推測しうる。傍証としては、会同館『女真訳語』に「十一月」を*amʃo biaとせず「荘額木別」*ʤuan əmu biaとし、「十二月」を「拙児歓別」*ʤorhon biaとすることに見える。

写□

写の下になお一字がつぶれているが、動詞語尾にちがいない。

第三章 『永寧寺記碑』

第十四行

  反刃枀　雨盂舟　朩甬刹　朩乍朩叐　朩乍甪刃戾
  nuingon　iʃika　ʥadaʃin　ʥaŋtuŋʼər　ʥaŋdinga
  内官　　亦失哈　扎答申　　張童児　　　張定安

 ʥɛrlɢ-ijar ʥaruɢdaɢsan nuigon iʃiq-a gidaq-a ʥaŋ……ʥaŋ diŋ an
 勅により　遣わされた　内官　亦失哈　吉答哈　張　　張　定　安

【漢字碑文：欽差内官　亦失哈、成□勝、張童児、張定安】

朩甬刹

　「亦失哈」と「張童児」との間に置かれたもう一人の内官の名である。女真大字の語頭二字はややぼんやりしており、漢字碑文もはっきりしないが、「成□勝」のように読み取れる。『李朝実録』世宗十三年八月に「内官昌盛、張童児、張定安嘗一同奉命往東北。」とあることより、朩甬刹は「昌盛」のことで、モンゴル文はgidaq-aとする。

第十五行

  □　丼灻叏　夷金尚　反叏叏　丼呇　夭尺　件　弋　矢爱乑　圧
   duʥihoi ʧənbaihu nurgən dusï lahai niarma i gəbusə han
   都指揮　千百戸　奴児干　都司　造った　人　の　名［複数］漢

 ……ba ʧəŋqu baiqu-ijar dusi egüdügsen nurgel……bügüde-ji kitad
  および　千戸　百戸により　都司　創建した　奴児干　すべてを　漢

  伩　苹　夭尺　更仑　血礼　伩　夭尺　件　夯止叐　羊　血礼　斤乍戾
  bithə du lahai biɡə ʥuʃə bithə lahai niarma liaoduŋ ni ʥuʃə kaŋga
  文　に　書いてある　女真　文　書いた　人　遼東　の　女真　康安

 biʃig……biʃiʥü amu
  文　　　書いてある

第十一節　女真大字碑文の考証と解読

moŋɡul bitʃig……arambuq-a ortʃiɡuluɡsan
モンゴル　文　　　阿魯不花　　　訳した

【漢字碑文：書蒙古字、阿魯不花。書女真字、康安。】

圧

圧*han、「漢」の音訳。四夷館『女真訳語』の人物門では「漢人」を記していないが、会同館『女真訳語』の人物門では「漢人」を「泥哈捏麻」と作る。「泥哈」は、明らかに満洲ツングース諸語に見えるnikan（満洲語）、n'iŋka（オロチ語・ウリチ語）、niŋka（ウデヘ語）、n'ĭŋkā（ナナイ語）、nĭkan（ネギダール語）、nixā（ソロン語）に対応する語である。その語源を探れば、金代の女真人が漢人のことを「南家」と呼ぶことにまで遡る。しかし後金国時代の女真人がnikanを明朝にも使うのに対し、明朝領内に属する遼東の女真人がそれを使わずかわりに音訳の圧*hanを使うことから、当時nikanという語に漢人を貶す意味が含まれるようになっていたのかと思われる。

夊尺更乇

尺更乇は、動詞持続相である。

血永

「女真」である。『女真訳語』は夷峇*dʒuʃənとするが、『永寧寺記碑』の綴り方では語尾n子音が表現されていない。

冇牟㞢

漢字碑文に「書女真字康安」とあり、冇牟㞢は「康安」の対訳である。康安という人物は、明宣徳八年（1433）に建てられた『重建永寧寺記碑』にも見え、「通事　百戸康安」とあることから、これから二十年後、通訳に携わる上に百戸という職にも就いた女真字に精通する人材であるが、『明史』に伝が残されていないことは遺憾である。

㞢は、㐬*gaの異体字である。正体の㐬が碑文において㞢のように書かれることに対照すればその異体字であることがわかる。

血永伕夊尺仵羊㞢文羊血永冇牟㞢は、すなわち「女真文を書いた者は遼東女真康安」となる。モンゴル文ではこの文がなく、それに対応する部分に「モンゴル文は……阿魯不花が訳した」とある。

第十二節　女真大字・モンゴル字碑文語彙総録

一　女真大字碑文語彙

a

　孞*abuga『永1, 3, 4, 7』天

　厌*adi『永6, 9』など

　単*ai『永3, 12』なに

　単刃*ajin『永9』ない

　釆*alawa『永1, 5』勅

　牝夯*aliba『永9』与えた

　牝凥*alibuwi『永8』受け取って、与えられて

　牝刃*alin『永11』山

　斤土*alʤun『永10』金

　关*am『碑側』唵

　　关充羊夯兲尚*am ma ni ba mi hu『碑側』唵嘛呢叭𡁠吽

　冬*amba『永6, 8, 9』大きい

　𨙻*ania『永3, 6, 8, 10, 12, 13』年

　弅*atʃi-『永9』動揺する

b

　夯*ba『永1, 9』男性対格語尾

　夯*ba『碑側』叭

　　关充羊夯兲尚*am ma ni ba mi hu『碑側』唵嘛呢叭𡁠吽

　金帯岸*baitaga『永9』物品

　肎*baha『永7』得た

　坙癸尺*bandibuhai『永2』生活させた

　坙房尺*bandiluhai『永8, 11』生まれた、成長した

　史*bə『永4, 5, 8, 9, 10, 11, 12』女性対格語尾

　凨羙*bəisə『永6』官［複数］

　月*biğa『永13』月

　更仑*biğə『永15』あった（持続相助動詞）

　更冋*biha『永12』であろうか

第十二節　女真大字・モンゴル字碑文語彙総録

吏右 *biməi『永1, 11』あって、〜して（接続詞）
吏南 *bii『永1』碑
　　吏南朵臭 *bii wəhə『永1』碑石
伎 *bithə『永15』字、文
伎攵 *bithəʃi『永6〜7』吏
孔毛 *bolo ərin『永10』秋季
免亦金 *bosï tʃau『永8』布鈔
奎 *buğa『永1, 4, 5, 6, 7, 10』地方
炙 *burka『永11』仏
乏夊 *buru『永10』また
乏丈 *buru『永12』与える
　　乎主乏丈 *husun buru『永12』力を尽くす

d
乘右 *daʃiməi『永1』覆い
天共 *dai mi『永1』大明
天共久 *dai miɲ『永13』大明
並夊 *dəgən『永1, 11』高い
売夊为 *dəgdənbuma『永3』貢がせて
並升 *dəhəi『永7』昇った
关並丈 *dəndəru『永1, 12』できる
关並焉夊 *dəndə usui『永4』できなかった
为 *dəigi『永2』士
角彐 *ditɕə-『永3』赴く
角尺 *dihai『永3』舟
角甲 *diha『永6』舟
厓右 *diraməi『永1』厚い
臬 *do『永12』男性与位格語尾
臬犀 *dohi『永11』男性奪格b語尾
飛俊夊 *dolgora『永7』興奮する
臬炎废 *donbo『永3〜4』ドンボ（地名または部落名）
伋走 *dondibi『永4』聞いて

第三章 『永寧寺記碑』

仴夷*dondiʃi『永1』聞けば、聞くと
乖*doro『永11』(感嘆語)
乖乕*doro『永8』印信
羊*du『永1, 2, 3, 6, 7, 8, 9, 10, 11, 12, 15』女性与位格語尾
丹夵夬*du ʨi hoi『永15』都指揮
丹犀*duhi『永9』女性奪格b語尾
肖夊*duligən『永8』中央
丹朱*du sĭ『永6, 15』都司

ʨ

共甬利*ʨa da ʃin『永14』扎答申(人名)
尺*ʨakun『永3』八
尽犮*ʨala『永12』世、代
今*ʨam『永10』站
共乕冰夬*ʨaŋ tuŋ ər『永14』張童児(人名)
共乕角刃民*ʨaŋ diŋ ga『永14』張定安(人名)
夵夬*ʨi hoi『永15』指揮
長犮右*ʨilaməi『永12』慈しみ
伍右*ʨisuməi『永1, 11』造り、建て
岸丈*ʨoburu『永12』偲ばせる
岸夬右*ʨobəməi『永12』妨害し
盂盃伕*ʨugu bithə『永3』表文
盂禾夋氺*ʨuktəgisa『永11』祀れば
乖*ʨui『永12』子
朱夊*ʨuləgən『永8, 11』前の、もとの
朱盃*ʨuləʃi『永3』東
盂氿*ʨuʃə『永15』女真
　　盂氿伕*ʨuʃə bithə『永15』女真字
半*ʨua『永8, 10, 13』十
　半朶*ʨua ania『永8』十年
　　半一朶*ʨua əmu ania『永10, 13』十一年
二*ʨuə『永13』二

第十二節　女真大字・モンゴル字碑文語彙総録

二千二日 *ʤuə ʤua ʤuə inəŋgi『永13』二十二日

ə

席旻臮 *əʤəhə『永8』官職
夲臮 *əlhə『永2, 5, 6, 7, 11』平安
夲臮 *əlhə『永9』平安
夲夹 *əltʃi『永5』使者
一 *əmu『永6』一
　　一玊 *əmu miŋgan『永6』一千
盂奍 *ərgə『永11』方、方位
屯 *ərin『永6, 8, 10』季
秂 *əʒən『永6』君、主
𣞫舟 *ətuku『永9』衣服
𣞫厷舟 *ətuku『永8』衣服
抂夬 *əigən『永6, 10』しない（否定助動詞）
抂亥 *əitə『永10』一切の

f

戈芊 *falia『永3』部落
舟夵伩 *fəʤilə『永3, 4』下に
舟 *fən『永3』蕃
贾伩 *fərilə『永10』西
失厈 *folu『永12』銘
氶乓屯 *funtʃərin『永7』余り

g

可 *gai『永1』感嘆詞
矢奀夵 *gəbusə『永15』名字[複数]
抱東 *gəduru『永4』行く
斉 *gəmu『永5, 7, 9, 10』皆
抱容圽 *gənəgisa『永7』行けば
伻臮 *gəŋgiən『永1』明るい
矢巿 *gəsə『永7, 12』如く（後置詞。属格語尾または体詞に附く）
斥 *gi『永1, 2, 3, 5, 12』造格語尾

205

第三章 『永寧寺記碑』

斥佐兵*giləmi『永4』吉列迷
奈*gon『永6, 8, 14』官、『永11』観
奈朿帀斥*gon im taŋ『永11』観音堂
佅炗*goron『永4, 11』遠い
 佅炗朰乇戈*goron tikhun-i『永11』遠くの近くの
 佅炗昊犀*goronlohi『永2』遠くの（形容詞的方位詞）
尤支*goiji『永12』なくし（否定後置詞。対格語尾に附く）
围土*gurun『永3』国

h
疌支*hafan『永6, 8』衙門
岙乇*haǧan『永1, 2, 3, 5, 8』可汗
示*haha『永9』男
圧*han『永15』漢
 圧伐*han bithə『永15』漢字
屯刈*haʧin『永10』物品
尺夵*hai si『永9』海西
 尺夵丹犀*hai si duhi『永9』海西より
尺禾*haisu『永11』左
仺*həhə『永9』女
犀*hi『永9』形容詞的方位詞語尾
犀羊*hini『永8, 10』動詞命令形語尾
尚昊*holo『永3』谷
尚*hu『永8』戸
尚*hu『碑側』吽
 关兂羊歹兵尚*am ma ni ba mi hu『碑側』唵嘛呢叭嚩吽
乎主*husun『永12』力
 乎主乏丈*husun buru『永12』力を尽くす

i
戈*i『永3, 4, 6, 7, 10, 11, 12, 15』属格語尾（非鼻子音または母音で終わる語に附く）
头*ilan『永5』三
 头亦羊*ilan-ʧəni『永5』三回、三度

第十二節　女真大字・モンゴル字碑文語彙総録

写*ili-『永3』呈する?

写□*ili-?『永13』立つ

写皿*ilibu『永6,8』建て

写皿升*ilibuhəi『永12』建てた

写夬*iliburan『永1』建てる

禹尺*imahai『永6』完全な、整った

　　禹尺抂史*imahai əigən『永6』不完善な

日*inəŋgi『永13』日

氏屈*irgən『永5,6,8,12』民

南盂刋*iʃika『永6,8,9,14』亦失哈（人名）

朱*iʃi『永12』至る

朱夬*iʃigisa『永8』至れば

朱右*iʃiməi『永4』至り

朱帯攴*iʃitala『永9,12』至るまで

肯仐*itəl『永2,7,10』民[複数]

屮斥*iʃəgi『永10』新たに

j

刔席*jə'ə『永8』によって、に従って（後置詞。名詞に附く）

丯屯攴*jorinburu『永10』飢えさせる

　　丯屯攴抂史*jorinburu əigən『永10』飢えさせない

杲杲*i[juŋ] lo『永6』永楽（明成祖年号）

杲米杲*juŋ lo『永8,10,13』永楽

杲米□天卓*juŋ [niŋ] taira『永1』永寧寺

k

厌更*kalabi『永11』改める

厈屮氏*kaŋga『永15』康安（人名）

免厈仸右*kəkəŋləməi『永4,7,11』叩頭し

舟南*ku'i『永9』苦夷（民族名）

l

矢尢*labi『永10,11』作る、やる

矢尺*lahai『永15』作った、書いた

第三章 『永寧寺記碑』

  ᡯᡳᡣᡝ*laɦai biɣə『永15』書いてある
  ᠯᡳᡣᠣ*liao duŋ『永15』遼東
  ᠯᡝᡥᡳ*ləhi『永2』形容詞的方位詞女性形語尾
  ᠯᠣᡥᡳ*lohi『永2』形容詞的方位詞男性形語尾

m
  ᠮᠠ*ma『碑側』嘛
   ᠠᠮᠮᠠᠨᡳᠪᠠᠮᡳᡥᡠ*am ma ni ba mi hu『碑側』唵嘛呢叭𡁮吽
  ᠮᡝᡩᡝᡵᡳᠨ*mədərin『永9』海
  ᠮᡝᠩᡤᡠᠨ*məŋgun『永10』銀
  ᠮᡝᡵᡥᡝ*mərhə『永3』賞
  ᠮᡳ*mi『碑側』𡁮
   ᠠᠮᠮᠠᠨᡳᠪᠠᠮᡳᡥᡠ*am ma ni ba mi hu『碑側』唵嘛呢叭𡁮吽
  ᠮᡳᠩᡤᠠᠨ*miŋgan『永6』千
  ᠮᠣᠮᡤᡳᠨᵭᠠᠮ*mom giŋ ʥam『永10』滿涇站
  ᠮᡠᠵᡳᠯᡝᠨ*muʒilən『永6』心

n
  ᠨᡳ*ni『永1, 2, 3, 5, 6, 7, 15』属格語尾（鼻子音で終わる語に附く）『永10』造格語尾
  ᠨᡳ*ni『碑側』呢
   ᠠᠮᠮᠠᠨᡳᠪᠠᠮᡳᡥᡠ*am ma ni ba mi hu『碑側』唵嘛呢叭𡁮吽
  ᠨᡳᠠᡵᠮᠠ*niarma『永2, 3, 6, 7, 8, 9, 11, 15』人
   ᠨᡳᠠᡵᠮᠠᠨᡠᡵᡠ*niarma-nuru『永7』人ごとに
  ᠨᡳᡝᠨᡳᡝᠨ ᡝᡵᡳᠨ*niənien ərin『永6』春季
  ᠨᡠᡵᡠ*nuru『永7』毎（後置詞。体詞に附く）
  ᠨᡠᡵᡤᡝᠨ*nurgən『永1, 3, 6, 9, 10』奴児干
   ᠨᡠᡵᡤᡝᠨ ᡩᡠ ᠰᡳ*nurgən du sï『永15』奴児干都司
  ᠨᡠᡧᡳᠪᠠ*nuʃiba『永7』睦まじい、穏やか
  ᠨᡠᠰᡠᡵᡠ*nusuru『永11』適当な
  ᠨᡠᡳᠨ*nuin『永6, 8, 14』内
   ᠨᡠᡳᠩᠣᠨ*nuingon『永6, 8, 14』内官

o
  ᠣ*o『永6』成れ

第十二節　女真大字・モンゴル字碑文語彙総録

车尚 *oho『永3』成った
甲房 *olu『永5』成るようにする
左旱 *omolo『永12』孫
光 *ono『永12』どうして
又 *orin『永6』二十
　　又払 *orin ʃunʨa『永6』二十五
羽旡 *oro『永1』地域、地
冬 *oso『永9』小さい

s

兄尺 *sahai『永8』知った、統轄した
兄犀羊 *sahini『永8』知るように、統轄するように
　　兄犀羊殳 *sahini səmə『永8』知るようにと、統轄するようにと
吞天 *saldai『永9』老人
肙 *sai『永10』善
肙朿 *saiso『永11』良い
采 *sə『永5』言う
采夯 *səbuma『永6』言わせる
殳 *səmə『永7, 8, 10』と（語気助詞）
朵 *sï『永6, 15』司
圣 *susai『永3』五十

ʃ

盃罡 *ʃiha『永9』若者
尿昃犮 *ʃimŋunburu『永10』寒くさせる
　　尿昃犮拜史 *ʃimŋunburu əigən『永10』寒くさせない
先 *ʃira『永11』古
　　先枭犀 *ʃira-dohi『永11』古より
兒 *ʃiɡun『永7』太陽
払 *ʃunʨa『永6』五

t

受甲□□ *taha-?『永9』服従する、従う
受甲㐰 *tahabi『永7, 12』服従して、従って

妥申夭 *tahara 『永2』服従する、従う（現在未来時形動詞）

冇 *taŋgu『永7』百

㠯 *tar『永11』その

朿朵 *tasa『永8』朝廷

天癶夂 *tai piŋ『永3,4』太平

天卓 *taira『永1, 10, 11』寺

舟史 *təbi『永3』坐る

舟血 *təbu『永6』乗せ

舟岀 *təbu『永5』住まわせ

攴刋屴 *təjərə『永4』～けれども、～であっても（後置詞。動詞語尾-ruに附く）

卆 *tək『永12』今、現在

仸 *ti『永3』奪格語尾

厃庠伩犀 *tikə-ləhi『永2』近くの（形容詞的方位詞）

厃千 *tikhun『永11』近い

冬屯 *tuğə ərin『永8』冬季

羊犀羊 *tuhini『永10』帰するように

　　羊犀羊叐 *tuhini səmə『永10』帰するようにと

关休犀 *tuli-hi『永9』外の（形容詞的方位詞）

方 *tumən『永1, 3, 8』万

　　方乑 *tumən aina『永12』万年

　　方尚 *tumən hu『永8』万戸

ʧ

　　㕥 *ʧau『永8』鈔

　　㕥尺 *ʧauhai『永6』軍

　　　　㕥尺仸 *ʧauhai niarma『永6』軍人

　　夹金尚 *ʧən bai hu『永15』千百戸

　　亦羊 *ʧəni『永5』回、度

u

　　失㞊 *udigən『永4』野、野人

　　用朶右 *uʨiməi『永1』養い

　　用朶丈 *uʨiru『永12』養う

第十二節　女真大字・モンゴル字碑文語彙総録

 仗*ujəwun『永3,6』九
　　仗氺*ujəwun ania『永6』九年
　　仗月*ujəwun biğa『永13』九月
　　仗□凡舟*ujəwun ? ʥakun fən『永3』九（夷）八蕃
 夷刅*ulin『永9』財貨
 叐更*uŋgibi『永5,6,9』遣わす
 叐刔*uŋgijə『永8』遣わした
 店昊*urğun『永11』喜び
 店昊旻右*urğunʥəməi『永9』喜んで
 店昊旻夿*urğunʥərə『永2,7』喜ぶ
 尪佅*uriti『永3』北
 焉夵*usui『永4』しなかった、していない（過去時否定助動詞）
 杀乇*uʃir『永2』恩沢
 夵圧*uihan『永1』生霊
 夵朴*uitau『永3』それら、そんな

w
　朵臮*wəhə『永1』石

二　モンゴル字碑文語彙

a

　 aɢula『永11』山
　 aɢulʥan『永7』面会し
　 altan『永10』金
　 amitan『永1』生霊
　 amumu-ʥ-a『永11』安んずるであろう
　 amuɢul[a]ŋ『永2, 5, 6』、 amuɢulaŋ『永10』平安、安寧
　 amuɢulba『永7』安んじた
　 arambuq-a『永15』阿魯不花[人名]
　 arban『永10, 13』十
　　　 　『永13』十一番目
　 arbaduɢar『永8』十番目

第三章 『永寧寺記碑』

asaran 『永12』慈しみ
　　　『永12』慈しみ養う
atuɢai 『永10』有れ
atʃinar 『永12』孫[複数]

b

ba 『永9, 11, 15』と、および
baiqu 『永15』百戸
bajasultʃamu 『永7』互いに喜ぶ
bajiɢulba 『永1』立てた
bajiɢultɕu 『永6』建て
basa 『永7, 8』また
bitʃitɕü 『永12, 15』書く
　　　『永15』書いてある
bitʃig 『永15』文、字
boɢda 『永6』神聖な
bolba 『永3』成った
bosuɢatɕu 『永1』造り、建て
bui 『永12』ある
bujan 『永11』福、善
burqan 『永11』仏
busu 『永12』〜ではない、〜にあらず
bögetele 『永1, 11』且つ
bügüde 『永5, 7, 10, 11, 15』すべて、全体
bürkün 『永1』覆い
　　　『永1』覆い得る

d

da 『永6, 9, 10』与位格語尾
dai 『永1, 13』大
　　　『永1, 13』大明
dalai 『永8』海
　　　『永8』海外の

第十二節　女真大字・モンゴル字碑文語彙総録

daʧa『永7』奪格語尾
degel『永9』衣服
delgeregülbei『永12』広く伝えた
dour-a『永3, 4』下に
dur『永6, 8』、dür『永12』与位格語尾
dusi『永6, 15』都司
　『永6』都司衙門

ʤ

ʤaɢun『永7』百
ʤalaɢus『永9』若者
ʤaŋ diŋ an『永14』張定安［人名］
ʤrlɢ『永1, 5, 14』勅
ʤaruʤu『永5, 8』遣わし
ʤaruɢdaɢsan『永14』遣わされた
ʤegün『永3』東『永10』左
　『永3』東方
ʤoqis-tu『永11』相応しい
ʤoruʃin『永11』造り
ʤuʤaɢan『永1』厚い

e

ed『永9』物品
edüge『永11』今、当今
eʤen『永6, 10』君、主
egüdügsen『永15』創建した
eldeb『永10』様々な、いろいろな
elʧin『永5』使者
em-e『永9』女
eŋke『永10』平穏な、穏やかな
　『永10』安寧、平安
er-e『永9』男
eribesü『永11』求めれば

213

第三章 『永寧寺記碑』

    〰️ erten『永11』昔
    〰️ etʃe『永8, 11, 12』奪格語尾

g

    〰️ ɢadaɢʃi『永11』外へ
    〰️ ɢadarkin『永8』外の
    〰️ ɢaʨar『永1, 7, 8, 10』地
        〰️ 〰️『永1』輿地
        〰️ 〰️ 〰️『永10』地方の民
    〰️ ɢaʨar-a『永1, 6』地方に
    〰️ gegegen『永1』明るい
    〰️ gidaq-a『永14』吉答哈［人名］
    〰️ gilemi『永4』吉列迷
        〰️ 〰️『永4』吉列迷野人
    〰️ gurban『永5』三
        〰️ 〰️『永5』三度
    〰️ 〰️ 〰️ gön jim ger『永11』観音堂

i

    〰️ i『永1, 4』対格語尾（子音で終わる語に附く）
    〰️ ijar／ijer『永1, 2, 3, 5, 10, 14, 15』造格語尾
    〰️ ilebe『永8』派遣した
    〰️ ileʨü『永6』派遣し
    〰️ irgen『永3, 5, 6, 7, 8, 10, 12』民
    〰️ irged『永3』民［複数］
    〰️ iʃiq-a『永6, 8, 14』亦失哈［人名］
        〰️ 〰️『永6, 8』亦失哈など

j

    〰️ jadaba『永4』～し得なかった、～できなかった
    〰️ jaɢun『永12』なに
    〰️ jamun『永6, 8』衙門
    〰️ jeke『永6, 7, 9』大きい
        〰️ 〰️『永6』大きな船

第十二節　女真大字・モンゴル字碑文語彙総録

　　〜〜　〜〜　『永7』大きな称号
　　〜〜　〜〜〜　『永9』大小
〜 ji『永5, 7, 15』対格語尾（母音で終わる語に附く）
〜 jin『永3, 4, 6, 8, 13』属格語尾（母音で終わる語に附く）
〜〜 jisün『永13』九
〜〜〜〜 jisüdüger『永6』九番目
〜〜 juŋ『永額, 1, 6, 8, 10, 13』永
　　〜〜 〜〜『永6, 8, 10, 13』永楽［明成祖年号］
　　〜〜 〜〜 〜〜『永額, 1』永寧寺

k

〜〜〜 kemeʤü『永10』といって
〜〜 kemen『永7, 8』と
〜〜 ker『永12』どうして
〜〜〜 keregtü『永9』必要な
〜〜 kiged『永9』および
〜〜 kigsen『永11』造った
〜〜 kitad『永15』漢人
　　〜〜 〜〜『永15』漢文
〜〜〜 köbegüd『永12』子［複数］
〜〜 kümüd『永7』人［複数］
〜〜 kümün『永7, 11』人
〜〜〜 kürtele『永8』、〜〜〜 kürtele『永11, 12』至るまで
〜〜 kürün『永4』至り
　　〜〜 〜〜『永4』至り得なかった
〜〜 küʧün『永12』力
　　〜〜 〜〜『永12』力を尽くす
〜〜 〜〜 küü gii『永9』苦夷

q

〜〜〜 qabur『永6』春
　　〜〜 〜 〜〜『永6』春の月
〜〜〜 qaɢan『永1, 2, 3, 5』可汗

第三章 『永寧寺記碑』

　　qai si 『永8』海西
　　qola 『永4』遠い
　　qolakin 『永11』遠くの
　　　　　　　『永11』遠くと近くの
　　qorin 『永6, 13』二十
　　　　　　『永6』二十五
　　　　　　『永13』第二十二
　　qojaduɢar 『永13』二番目

l
　　lau 『永6, 8, 10, 13』楽

m
　　maɢun 『永12』悪い
　　medegsed 『永8』管理した
　　medetügei 『永8』管理せよ
　　meküjin 『永1』屈み、腰を曲げて
　　　　　　『永1』伏して聞けば
　　metü 『永7』〜のように、〜の如く
　　miŋ 『永1, 13』明
　　miŋɢan 『永6』千
　　moŋɢul 『永3, 15』モンゴル
　　　　　　『永15』モンゴル文字
　　mön giŋ ʤam 『永10』満涇站
　　möŋgün 『永10』銀
　　mörgüʤü 『永11』叩頭して
　　mörgün 『永4』叩頭し

n
　　namur 『永10』秋
　　　　　　『永10』秋の月
　　naran 『永7』太陽
　　nigen 『永6』一
　　　　　　『永6』一千

216

第十二節　女真大字・モンゴル字碑文語彙総録

niŋ『永額, 1』寧
nojad『永6』官[複数]
　　… 『永6〜7』官吏
nuigon『永6, 8, 14』内官
nurgel『永額, 1, 3, 6, 8, 10, 15』奴児干

o

od『永3』年[複数]
odbasu『永7』行けば
odsu『永7』行こう
ojirakin『永2, 11』近くの
on『永6, 8, 10, 12, 13』年
oŋɢuʧa『永6』船
orʧiɢuluɢsan『永15』訳した
orun『永1, 6』地方
　　『永1, 6』地方に
öbül『永8』冬
　　『永8』冬月
ödür『永13』日
ögküiben『永12』与える
öndür『永1』高い
örüne『永10』西
　　『永10』西方
ötegüs『永9』老人
　　『永9』老若
öʧüken『永9』小さい

s

saɢulɢaba『永11』坐らせた
saɢulɢaʧu『永6』乗せて
saɢulɢan『永5』住まわせ
sajin『永10, 11』良い
sar-a『永6, 8, 10, 13』月

第三章 『永寧寺記碑』

〽️ sartaGul『永3』沙陀（回回）
〽️ sedgil『永6, 10』心
〽️ sojurqabasu『永9』賜えば
〽️ sojurqaʧu『永7』賜い
〽️ sonusbasu『永1』聞けば
〽️ sonusʧu『永4』聞いて
〽️ süm-e『永額, 1, 10, 11』寺

t

〽️ tabin『永3』五十
〽️ tabun『永6』五
〽️ taGan『永8』与位格語尾
〽️ taibiŋ『永3, 4』太平
〽️ teʤijeʤü『永1』養い
〽️ teʤijekü『永12』養うこと
〽️ tegüben『永2』そのように
〽️ tegün『永12』それ
〽️ tmG-a『永7』印信
〽️ tŋri『永1, 3, 4』天
　〽️ 〽️『永3, 4』天下
〽️ torGan『永9』緞子
〽️ tula『永4, 11』〜のために、〜によって
〽️ tutum『永7』ごとに
〽️ törügsen『永2, 8, 11』生活した、成長した
〽️ törüʤü『永12』生じ
〽️ tümen『永1, 2, 3, 8, 12』万
　〽️ 〽️『永1』万物
　〽️ 〽️『永2』万民
　〽️ 〽️ 〽️ 〽️『永3』万国の民
　〽️ 〽️ 〽️『永8』万戸衙門
　〽️ 〽️ 〽️ 〽️『永12』万万年

ʧ

第十二節　女真大字・モンゴル字碑文語彙総録

ᠴᠧᠩᠬᠦ tʃeŋqu 『永15』千戸

ᠴᠧᠷᠢᠭ ᠦᠳ tʃerig-üd 『永6』兵たち

ᠴᠢᠳᠠᠬᠤ tʃidaqu 『永1, 12』できる

ᠴᠢᠯᠠᠭᠤᠨ tʃilaɢun 『永1』石

ᠴᠣᠯᠠ tʃola 『永7』称号

u

ᠤ u／ü 『永1, 2, 5, 6, 8, 10, 11』属格語尾（n子音で終わる語に附く）

ᠤᠮᠠᠷᠠ umar-a 『永3』北

　　ᠤᠮᠠᠷᠠ ᠵᠦᠭ ᠲᠦᠷ 『永3』北東方

ᠤᠨ un／ün 『永1, 3, 6, 7, 10, 11, 12』属格語尾（n子音以外の子音で終わる語に附く）

ᠤᠷᠭᠤᠭᠰᠠᠨ urɢuɢsan 『永7』昇った

ᠤᠷᠢᠳᠠ urida 『永8』先に、前に

ᠤᠷᠢᠳᠠᠨ ᠦ uridan-u 『永11』先の

ᠦᠳᠢᠭᠡᠨ üdigen 『永4』野人

ᠦᠵᠡ üj-e 『永12』世代

ᠦᠯᠡᠭᠦ ülegü 『永3, 7, 12』余り

本章参考文献

白鳥庫吉『白鳥庫吉全集』第4巻・塞外民族史研究上、岩波書店、1970年。

白鳥庫吉『白鳥庫吉全集』第5巻・塞外民族史研究下、岩波書店、1976年。

鳥居龍藏『鳥居龍藏全集』第6巻、朝日新聞社。1976年。

鳥居龍藏『鳥居龍藏全集』第8巻、朝日新聞社、1976年。

金光平・金啓孮『女真語言文字研究』文物出版社、1980年。

北海道開拓記念館『ロシア極東諸民族の歴史と文化』北海道開拓記念館・開拓の村文化振興会、1994年。

菊池俊彦『北東アジア古代文化の研究』北海道大学図書刊行会、1995年。

金啓孮・烏拉熙春編著『女真語・満洲通古斯諸語比較辞典』明善堂、2003年。

金啓孮・烏拉熙春編著『女真文大辞典』明善堂、2003年。

中村和之・山田誠・川村乃・泊功「石碑の復元による中世アイヌ民族の生活史の研究」、『基盤的研究開発育成事業（共同研究補助金）』研究成果報告書。

洪牧「永寧寺碑新考」、『黒龍江省集郵学術文選2006～2007』黒龍江人民出版社、2007年。

愛新覚羅烏拉熙春「黒水城発見の女真大字残頁」、井上充幸・加藤雄三・森谷一樹編『オアシス地域史論叢―黒河流域2000年の点描―』松香堂、2007年。pp. 81～92。

A. R. アルテーミエフ『ヌルガン永寧寺遺跡と碑文―15世紀の北東アジアとアイヌ民族―』菊池俊彦・中村和之監修、

第三章　『永寧寺記碑』

垣内あと訳、北海道大学出版会、2008年。

附　録　「明王慎徳、四夷咸賓」

　王世貞(1529-93)『弇州山人四部稿』(1577年頃成書)巻一百六十八「説部　宛委余編十三」に、「甲戌、余從典屬國所、以旅獒全文、合象胥九而書之。今録明王慎徳四夷咸賓八字、以見同文之盛云爾。」とあり、「西天、女直、韃靼、高昌、回回、西番、百夷、緬甸、八百」の順にそれぞれの文字による「明王慎徳、四夷咸賓」の訳文を附している。「女直」の左に、倖夷　余　厎吏圭　伐　卡　冉伫　俌　圣甬見の８組14個の女真大字が録されている。同書巻一百三十二「文部　墨跡跋下」の「外国書旅獒巻」に、女真字の由緒を記し、「余於燕中邂逅王太常汝文、談諸譯人多精於其国書者、乃以旅獒明王慎徳至所賓惟賢則邇人安百六十五字令書之、得九紙、為西天、女直、韃靼、高昌、回回、西番、百夷、緬甸、八百媳婦。大約多類籀草、而西天獨雄整、女直有楷法而小繁複、不知其為陳王谷神所製否也。」とある。「甲戌」は、万暦二年(1574)に当たる。

　さらに、明万暦間の製墨家たる方于魯(?-1607)『方氏墨譜』(方氏美蔭堂刊本は万暦十六年［1588］頃刊行)巻一「国宝　越裳重訳」においても、同じ14字が２行に分けられ、墨錠図案の中央に飾られている。

　両者に録された女真大字は、同じ出所によるものと思われるが、『弇州山人四部稿』の書き写し方は『方氏墨譜』より正しくできている。後者においては、圭と俌の二字に、左下に余計な点が附けられ、見の字に、右に余計な「飾り」が付けられている。

　文法から見ると、やはり『女真訳語』に見えるような漢語文法と女真語彙が混じり合ったピジン言語に属する。つまり女真人から出たものではなく、漢人の文士が捏造したものにすぎない。

　ただし、注目すべきは、厎吏圭という語であり、それは『女真訳語』に収録されておらず、書き写した出所が『女真訳語』以外に存在したはずであることは、興味深く思われる。

附録 「明王慎德、四夷咸賓」

伋㪅 侌 尣㪅丯 伐 卡　 冉仸 侑 㐂甬貝
gəŋgiən oŋ　tikʃi-jo　dəi　dujin　tuli-lə　hiən　andahai
　明　　王　　慎　　德　　四　　夷　　咸　　賓
　　（「明王」は、『書』周官の注に「聖帝」とある）

結　語

　わたくしの女真の歴史に対する探求は、契丹史と同じく言語文字を基盤として始まった。ところが、明朝編纂の『女真訳語』には漢語対訳はあっても、かなり多くの語彙と文字の音義が誤っていて正確には復元されえないところから、まず女真文字資料の全般的考察を企てねばならなかった。三菱財団人文科学研究助成に２回連続で採択されたおかげで、既発見の女真大字のすべてを電子化することができ、それらと解読済みの契丹大字との比較研究に努めた。女真大字の電子化は、筆者が始めて実現したものであり、女真学の先賢たちが手書きによって女真文字を研究していた状況を一変させ、文字の音韻さらには語彙の構造についての時代ごとの変化を歴然として読み取りうるようになり、いままでの解読に残された諸々の不備や遺漏を補う役割を果たしている。2006年からの２年間に主に明代の女真大字資料を中心とした解読成果をまとめ、漢文史料の記述との対比を踏まえた明代における女真人の最新の実像を作り上げた。本書の築き上げた女真大字資料に基づく明代女真人の歴史は、現在盛行しつつある東北アジアの中世に関する研究に新たな知見を提供し、研究の一層の発展を可能にするものである。

　女真史研究において、久しく新しい窓口が開かれてこなかった原因の一つは、自民族文字の資料が次から次へと絶えず出現する趨勢にある契丹史とは異なり、漢文史料への依存を余儀なくされてきたためであった。1960年代に、金光平・金啓孮「女真文字の史学に対する貢献」（『女真語言文字研究』第7章。内蒙古大学学報特集号、1964年。文物出版社、1980年所収）がすでに指摘していたように、金代女真大字碑文の解読成果が『金史』未載の猛安・謀克や女真姓氏、金末女真文科挙の内容並びに仏教の東北各猛安・謀克における流布などの解明に大きく裨益した。筆者はその驥尾に附して、1986年にモンゴル国で発見された『蒙古九峰石壁女真大字石刻』を解読し、金章宗明昌七年（1196）に右丞相完顔襄が帝命を奉じ軍隊を率いて北朮孛を討伐した際の進軍ルートおよび斡里札河で残敵を殲滅した史実を明らかにした。1994年に中国黒龍江省金上京遺跡から出土した『金上京女真大字勧学碑』を解読し――その解読結果は「文字之道、夙夜匪懈」である――、金世宗の時代に女真府学が創立された結果、上京において女真文字教育が隆盛を極めていたことを確認した。2009年に中国内蒙古自治区から出土した『女真大字石函銘文』――従来の女真大字石刻とは異なり石函前壁に刻まれたものである――を解読し、これが『金史』未載のヒリジャラ謀克孛董一族の石函墓であることを解明した。

　明代の女真人については、漢文史料だけに限られた先学の研究は莫大な成果を収めたが、女真文字資料の利用には必ずしも十分な成果が得られなかった。永楽十一年（1413）に建立された『永寧寺記碑』は、史上唯一の漢字・モンゴル字との三体合璧碑文として、当時の遼東女真語における音

結語

韻・文法などの特徴の解明に大きく役立つものであり、加えて明朝成立後、半世紀近くの間に、遼東より黒龍江下流域にいたる広大な地域に使用されていた女真文字の隆盛を窺わせるものであり、女真文字によって伝達された女真文化を、明代女真史および東北アジア史との関連を意識して探究すれば、いままでにない成果をあげることが可能となる。

『永寧寺記碑』には八・九カ所も字が書き漏らされており、『女真訳語』には誤記・誤植や漢語文法と女真語彙が混在したピジン言語的状況が頻見する。これらは、均しく女真語を知らない漢人の所為に由来するが、前者がただ鐫字匠の個人的行為に過ぎないのに対し、後者はまさに明朝正統年間（1436-49）以後の、建州・海西における女真文字使用の衰退を物語っている。しかしその一方で、朝鮮史料には明成化十八年（1482）に至っても、相変わらず女真字の「書契」が朝鮮に届いたという記事が見え、明代における女真文字使用の伝統が百年以上続いていた可能性がある。明朝時代の女真文字資料の再発見がなおさら期待されるゆえんである。

擱筆に際して、わたくしの女真学と契丹学の研究を高く評価し大きな支持をいただいた三菱財団に深くお礼申し上げる。本書の出版を快諾いただいた京都大学学術出版会にも心から感謝の意を表するものである。前著『契丹文墓誌より見た遼史』に引き続き、良き師良き友なる吉本道雅京都大学教授には歴史学の立場から有益な助言をいただいた。あわせて感謝したい。

愛新覚羅 烏拉熙春
大阪 不輿斎にて

Jurchens in the Ming Era:
From the *Nüzhenyiyu* to the *Yongningsijibei*

by
Aisin Gioro Ulhicun

This book attempts a comprehensive analysis of the language used by the Liaodong Jurchen scribe who wrote the *Yongningsijibei* 永寧寺記碑 and the slightly different language found in the *Nüzhenyiyu* 女真訳語 from the 15th century in terms of the characters, phonology and grammar used in both on the basis of a complete deciphering of the *Yongningsijibei*, written in 1413, and the "Zazi" 雑字 section of the *Nüzhenyiyu*, which was edited by the Siyiguan in the early Ming era. The work also attempts an ethnological consideration of shifts in the cultural history and development and migration of the Jurchen tribes.

Previous studies on the history of Jurchens in the Ming era have seldom used sources written in the Jurchen scripts. However, studies of the history of Jurchens during the Ming era must view the Jurchen world from Jurchens' viewpoint. Written from this standpoint, this book attempts to study primary sources written in the Jurchen scripts to obtain a true grasp of the Jurchen people of the Ming era. The *Yongningsijibei* records in the Jurchen large script the rule of the Ming dynasty in Northeastern Asia and the history of Manchu-Tungus and Palaeo-Asian peoples who inhabited the borderlands of the Far East. It is valuable as a primary source. The "Zazi" of the *Nüzhenyiyu* are derived from the *Nüzhizishu* 女直字書 of the Jin era. The abundance of vocabulary items and the clarity of the phonologic shifts found in the work mark this as a unique historical source to reconstruct the Jurchen cultural history in the Ming era. In this sense, this new book will surely have epoch-making significance similar to that of the author's previous book, *A Study of the History of the Liao Era in View of Khitai Epitaphs*, which made a major contribution by reexamining the history of Khitai people by using sources written in the Khitai scripts. This volume will undoubtedly serve as a starting point for future studies of the history of Asian peoples.

Eleven of the twelve extant stone monuments inscribed in the Jurchen large script are concentrated during the 12th and 13th centuries of the Jin dynasty, and two of the three sources written on paper also come from the same era. There is lacunae of more than 180 years in primary sources written in Jurchen script between the *Nüzhen Jinshi Timing bei* 女真進士題名碑 from the end of the Jin era, and the *Nüzhenyiyu* 女真訳語 from the early Ming era. The *Yongningsijibei* and the *Nüzhenyiyu* are thus indispensable sources in the study of the history of Jurchen people of the 15th century. The term *Yeren Nüzhen* 野人女真 seen in the Chinese historical sources of the Ming era simply refers in fact to the *Zhuzhong Yeren* 諸種野人 recorded in the stele, which generally corresponds to present-day southern Tungus peoples. The fact that the government of the Ming dynasty intentionally carved the Jurchen large script on this stele demonstrates that the government treated these peoples as *Yeren*, who were seen as culturally more undeveloped than the Liaodong Jurchen, but it also indicates that these peoples belonged linguistically to the Jurchen-language group in the broad sense of that term and that the use of the Jurchen script flourished in the northeast Asia of the time. It likewise reveals the significance of studies of Jurchen sources.

Studies of Jurchens of the 15th century have a long history and have proven extremely fruitful.

However, as inter-disciplinary studies that have paid special attention to relations between northeastern Asian peoples and the Japanese islands have been flourishing in recent years, it has become necessary to reexamine the Jurchens of the 15th century from new viewpoints. A consideration of the written records composed by Jurchens themselves will provide an opening that makes it possible to create a new historical image differing from that of the past. Situating this newly acquired historical image of the Jurchens in this manner within the context of the history of northeastern Asia and China will surely make a great contribution to historical studies on the Yuan and Ming dynasties as well as the Ainu people.

Studies of the history and culture of the Jurchens have a long history in Japan, Russia, China, and Korea, because the Jurchens historically had relations with many peoples such as the Nivkh, Ainu, and the Chinese on Sakhalin, Primorye, and China proper. The interpretation of the primary sources written in the Jurchen large script of the 15th century presented in this book provides an opportunity to overcome the dependence on Chinese sources that has predominated internationally. *Buddhist Temples of the 15th century in the Lower Amur*, which was published in Russia in 2005, is the important product of several excavations of the Yongningsi site by Russian archaeologists, but it makes only a cursory introduction of the invaluable stele inscriptions in the Jurchen large script. *History and Archaeology of Medieval Northeastern Asia*, which was published in Japan as a result of Grant in Aid for Scientific Research on Priority Areas for 2003-2007, referred to the Jurchens of the 15th century, but it did not dwell deeply on the content of primary sources written in the Jurchen scripts. This volume in this manner presents extremely significant sources for various studies of medieval northeastern Asia.

The contents of this book are as follows.

Chapter 1: Jurchens in the Yuan and Ming eras
In the Yuan and Ming eras, Jurchens maintained a remarkable level of contact with Mongolian, Chinese, and Korean peoples, and these contacts left a deep impact on the Jurchen culture and economy, influencing directly and indirectly the history of disunion, union, and migration of Jurchen tribes. Jurchen culture of the Jin era changed under the influence of Mongolian culture for a century during the Yuan era, and a new, deeply Mongolized Jurchen culture was gradually formed during the Ming era. This became the foundation of the Manchu culture of the Qing era. The Jurchens who remained in Manchuria during the Yuan era were influenced by the Chinese and Korean cultures, and their agricultural economy gradually spread northward. As a result of the tribute trade with the Ming dynasty and Korea, Jurchen trade developed remarkably and a commercial economy emerged. Economic development deeply changed Jurchen society, and wars of unification among tribes gradually made Ming rule ineffective. At the end of the Ming era, Nurhachi of the Jianzhou Jurchen unified the Jurchen tribes and established the Later Jin dynasty.

Chapter 2: The *Nüzhenyiyu*
The "Zazi" section of the *Nüzhenyiyu*, which was edited by the Siyiguan of the Ming dynasty in the early 15th century, was a collection of vocabulary items written in the Jurchen large script. It was directly related to the *Nüzhizishu*, which had been compiled in 1119 and remains the sole textbook of the Jurchen script from the Jin dynasty. In this chapter, the author attempts a comprehensive

study of the Jurchen large script collected in the *Nüzhenyiyu*, contrasting it with the scattered remnants of manuscripts of the *Nüzhizishu* and stone monuments written in Jurchen scripts. First, the author accurately calculates the number of characters and vocabulary items, resulting in totals of 699 characters and 815 vocabulary items based on collected original texts. Second, the author comprehensively explains the phonetic system of the Jurchen large script, whose origin can be traced back to the Khitai large script. Based on this analysis and using the shared characters that are also seen in the *Nüzhizishu* and stone monuments as clues, she classifies the scripts into ideograms, imperfect ideograms, and phonograms, reconstructs phonemes of the characters and vocabulary items, and explains declined endings in terms of their grammar. Third, the author corrects many scribal errors seen among the "Zazi," checks "Chinese-style Jurchen" vocabulary elements, that have been intermixed into various categories to a much greater extent than would be anticipated, and seeks to restore the original "Zazi" section. Fourth, the author examines several problems of transliteration into Chinese characters found the "Zazi" section, dividing them into seven categories, such as those transliterated on the basis of sheer expediency, and those transliterated on the basis of an arbitrary link to the meaning of a Chinese word. Furthermore, through a comparison with the contemporary Liaodong dialect as recorded in the *Yongningsijibei*, the author confirms the language recorded in the *Nüzhenyiyu* differs only slightly from the Liaodong dialect. Fifth, the author concludes that the present text of the *Nüzhenyiyu* is not the original because the number of vocabulary items in each category is inconsistent, because supplemental vocabulary items from different eras have been added, and because many of its collocations did not originate with the Jurchens themselves, but were fabricated by Chinese translators of the Siyiguan. The author also theorizes the date of the addition of these supplemental collocations was the Zhengtong era (1436-49) of the Ming, when the use of the Jurchen language started to decline.

Chapter 3: The *Yongningsijibei*

In this chapter, the author presents the newest and the most comprehensive decipherment of the version in the Jurchen large script on the stele, which inscribed trilingually in Chinese, Mongolian, and Jurchen. She deciphers 231 words and reconstructs 676 characters, the most deciphered so far. The *Yongningsijibei* is the only stone monument erected after the fall of the Jin dynasty to have been discovered, and it is remarkably different from the stone monuments created during the Jin era in several aspects, such as the form of characters and phonological representations. The Jurchen language that was used on the stele was a Jurchen dialect employed by the Liaodong Jurchen Kang An himself, the scribe of the Jurchen large script, and it postdated that of the *Nüzhenyiyu* produced by the Siyiguan and differed from both that of the *Nüzhenyiyu* of the Siyiguan and that of the *Nüzhenyiyu* of the Huitongguan, and it was especially far removed from the Haixi Jurchen dialect used in the latter. The most important phonological characteristic of the Jurchen language on the stele is the universal omission of final consonants or syllables of word or stem endings. Reflected in such a change in the script is the emergence of the phenomenon called a "return to ideograms," the frequency of which exceeds that of the *Nüzhenyiyu* of the Siyiguan. Another characteristic is a decrease of grammatical endings due to a laxness in maintaining vowel harmony. Given these facts, one sees that there is a clear indication of a tendency to consolidate nonverbal endings, dative-locative endings, and accusative endings. The author concludes that the Mongolian and the Jurchen versions of the text on the monument were more abbreviated than the Chinese text and that they all originated from the same text. By comparing the Mongol script with the Jurchen large script, she also concludes the Jurchen large script was the original of the two, though both texts fundamentally correspond. By deciphering the words, she reconfirms that the Liaodong Jurchen language recorded in the Jurchen large script on the stele was profoundly related to the southern Tungus languages. Although the Chinese of the *Chongjian Yongningsijibei,* erected in 1433, had no corresponding Jurchen text, it records that Kang An acted as a translator and was appointed as an official, i.e. baihu, so it is clear that the use of Jurchen language was declining in the region.

Jurchen studies have not been as popular as Manchu studies because of the scarcity of primary sources and difficulty of interpreting the Jurchen scripts. The achievement of reconstructing a large number of Jurchen characters and deciphering of vocabulary items guarantees that this book will have remarkable significance, offering new prospects for future study, and that it will have a great international impact. It can be anticipated that greater attention to Jurchen studies will result from the publication of this book.

Contents

Foreword ··· i

Chapter 1: Jurchens in the Yuan and Ming eras ··· 1

  Section 1: The Nüzhen and Nüzhi in history ··· 1

  Section 2: Ethnic culture of the Jurchens ··· 3

    1. Language and scripts ··· 6

    2. Literature ·· 7

    3. Given names and family names ·· 10

    4. Customs ·· 11

    5. Religion ··· 12

    6. Cultural history ·· 15

  Section 3: Relations between the Jurchens and neighboring peoples ················· 16

    1. Relations with Korea ·· 16

    2. Relations with the Ming Dynasty ··· 19

    3. Relations with the Mongols ··· 22

  Section 4: Economy ··· 24

    1. Livestock farming, hunting, and gathering ····································· 24

    2. Agriculture ··· 25

    3. Manufacture ··· 26

    4. Trade ·· 26

  Section 5: Jurchen tribes ·· 27

Chapter 2: *Nüzhenyiyu* ··· 31

  Section 1: Bibliographical introduction ··· 31

  Section 2: The "Zazi" section ·· 34

  Section 3: Ideograms, imperfect ideograms, and phonograms ··························· 36

  Section 4: The phonetic system ··· 60

    1. Agglutination ··· 60

    2. Consolidation ··· 61

    3. Loan ··· 62

    4. Repetition ·· 62

  Section 5: Problems of the Jurchen large script in the "Zazi" of the *Nüzhenyiyu* ··········· 63

    1. Mistaken characters: (1) when the original character is known ··············· 64

  2. Mistaken characters: (2) when the original character is unknown ·············· 67
  3. Variant characters ··· 67
Section 6: Jurchen vocabulary in the "Zazi" of the *Nüzhenyiyu* ···························· 69
Section 7: Problems of Jurchen vocabulary in the "Zazi" of the *Nüzhenyiyu* ········· 96
  1. Vocabulary items with case ending ··· 96
  2. Misspelled vocabulary items ·· 98
  3. Misinterpreted vocabulary items ·· 98
  4. Miscategorized vocabulary items ·· 99
  5. Collocations unconfirmed in Jurchen grammar ··· 100
  6. Inconsistency of verb forms ·· 104
Section 8: Chinese transliteration ·· 110
  1. Based on expediency ··· 113
  2. Based on an arbitrary link to Chinese vocabulary ·· 116
  3. That does not correspond to Jurchen phonology ·· 118
  4. That does not treat consonant syllable endings uniformly ···························· 120
  5. That does not indicate consonant of syllable endings ·································· 122
  6. That has no uniform principle for imperfect ideograms ······························· 124
  7. Distinction between those based on characters or words ····························· 125
Section 9: A model of the "Zazi" of the *Nüzhenyiyu* ··· 125
  1. Chinese transliterations of some imperfect ideograms in the *Nüzhenyiyu* are the
    original phonemes of ideograms in the *Nüzhizishu* ··································· 127
  2. Phonemes represented by phonograms in the *Nüzhenyiyu* are the phonemes of
    the Yuan era ··· 127
  3. The Jurchen script in the *Nüzhenyiyu* is more similar to that in the *Nüzhizishu*
    than that of the stone monuments in the Jin era ·· 129
  4. The similarity of categories and vocabulary items in the *Nüzhenyiyu* and the
    Nüzhizishu ·· 130

Chapter 3: *Yongningsijibei* ·· 139

Section 1: Process of the establishment of the stone monument ······························ 139
Section 2: Discovery of the stone monument and related records ···························· 140
Section 3: Characteristics of the stone monument ·· 144
Section 4: History of studies on the inscription in the Jurchen large script ············· 146
Section 5: Linguistic background of the inscription in the Jurchen large script ······· 148
  1. Characteristics of phonemes ··· 148
  2. Characteristics of vocabulary ··· 153

    3. Characteristics of grammar ··· 155
 Section 6: Characteristics of writing of the inscription in the Jurchen large script ········ 159
 Section 7: *Jiliemi* and *Zhuzhong Yeren* as seen in the inscription ···················· 161
 Section 8: Reconstruction of the inscriptions in the Jurchen large script and Mongolian
    script ·· 167
 Section 9: Translation of the inscription in the Jurchen large script ······················ 170
 Section 10: Transcription of the inscription in Chinese characters ······················· 170
 Section 11: Investigation and deciphering of the inscription in the Jurchen large script · 172
 Section 12: Comprehensive collection of vocabulary items of the inscriptions in the
    Jurchen large script and Mongolian script ································· 202
  1. Vocabulary items of the inscription in the Jurchen large script ················ 202
  2. Vocabulary items of the inscription in Mongolian script ······················· 211

Appendix: "Mingwang shende, siyi xianbin" ·· 221
Afterword ··· 223

著者略歴

愛新覚羅 烏拉熙春〔Aisin Gioro Ulhicun〕

立命館アジア太平洋大学教授、京都大学ユーラシア文化研究センター研究員、文学博士。
専攻：契丹・女真・満洲をはじめとするユーラシア諸民族の言語文字と歴史文化。

主要著作：
『満語語法』内蒙古人民出版社、1983年
『満語読本』内蒙古人民出版社、1985年
『満族古神話』内蒙古人民出版社、1987年
『満洲語音韻研究』玄文社、1992年
『最後の公爵──愛新覚羅恒煦』朝日新聞社、1996年
『女真文字書研究』風雅社、2001年
『女真語言文字新研究』明善堂、2002年
『契丹語言文字研究』（記念金啓孮先生学術叢書之一）東亜歴史文化研究会、2004年
『遼金史與契丹女真文』（記念金啓孮先生学術叢書之二）東亜歴史文化研究会、2004年
『契丹大字研究』（記念金啓孮先生学術叢書之三）東亜歴史文化研究会、2005年
『契丹文墓誌より見た遼史』松香堂、2006年
『愛新覚羅烏拉熙春女真契丹学研究』松香堂、2009年

本書は、平成21年度日本学術振興会成果公開促進費（学術図書）による出版である。

明代の女真人 『女真訳語』から『永寧寺記碑』へ

2009年11月10日 初版第一刷発行

著　者	愛新覚羅 烏拉熙春
発 行 者	加 藤 重 樹
発 行 所	京都大学学術出版会

606-8305 京都市左京区吉田河原町 15-9 京大会館内
電話 075 (761) 6182　　FAX 075 (761) 6190
URL　　http://kyoto-up.or.jp/
印 刷 所　　亜細亜印刷株式会社

Ⓒ Aisin Gioro Ulhicun 2009

本書の一部または全部を無断で複製・転載することは、法律で認められた場合を除き、著作権の侵害となります。

Printed in Japan　　　　　　定価はカバーに表示してあります

ISBN978-4-87698-794-8　C3022